설교자들이 알아야 할
절기와 상황 설교

설교자들이 알아야 할
절기와 상황 설교

초판 발행	2016년 12월 7일
초판 2쇄	2023년 3월 6일
지은이	채경락

발행처	도서출판 생명의 양식
등록번호	서울 제22-1443호(1998년 11월 3일)
주소	06593 서울시 서초구 고무래로 10-5 (반포동)
전화	02-533-2182
팩스	02-533-2185
홈페이지	www.edpck.org

북디자인	노성일 designer.noh@gmail.com

ISBN   978-89-88618-92-9 (03230)
책값은 뒷표지에 있습니다.

이 책은 저작권법에 의해 보호를 받는 출판물입니다.
기록된 형태의 출판사의 허락이 없이는 무단 전재와 복제를 금합니다.

이 도서의 국립중앙도서관 출판예정도서목록(CIP)은 서지정보유통지원시스템 홈페이지
(http://seoji.nl.go.kr)와 국가자료공동목록시스템(http://www.nl.go.kr/kolisnet)에서
이용하실 수 있습니다. (CIP 제어번호: CIP 2016029321)

우리나라 설교학자의 생동감 있는 설교안내서

설교자들이 알아야 할

절기와 상황 설교

채경락 지음

생명의 양식
THE BREAD OF LIFE

추천의 글

이 책은 한편으로는 상황에 맞추다가 말씀의 정체성을 잃어버린 '카멜레온 설교'를 노골적으로 배격하고, 다른 한편으로는 본문을 고수하나 현장성을 상실한 '고목나무 설교'를 은근히 비판합니다. 그리고 말씀과 상황, 본문과 현장의 관계를 통합적으로 고려하고 수렴한 '본문 중심 현장적응형 설교'를 주창합니다. 이 책은 바른 설교론에 대한 깊은 신학적 기초, 교회 절기와 목회 상황에 맞춘 치밀하고도 균형잡힌 구성, 매 절기에 따른 설교의 원리제시와 유형별 예시, 누구나 쉽게 다가갈 수 있는 구어체적 문체와 명료한 표현, 말씀에 근거하여 바르면서도 현장에 맞는 좋은 설교에 대한 저자의 열정이 어우러진 탁월한 설교이론서요, 표준적 설교지침서입니다. 실로 매주의 주일설교, 매시의 특별설교, 매해의 절기설교로 고민하는 이 땅의 모든 목회자들이 내내 이 책만 들춰 보면서 설교 준비에 전념하지 않을까 걱정됩니다.

전광식 박사 (고신대학교 총장)

설교자의 딜레마 중 하나는 절기 설교와 상황 설교입니다. 매년 절기는 어김없이 찾아오고 비슷한 상황은 재연되기 때문입니다. 꼭 같은 설교를 반복해도 좋을지… 고민이 안 될 수 없습니다. 그리고 그 상황에 맞지 않으면 낭패이기 때문입니다. 성경적이면서도 어떻게 상황에 맞는 설교를 할 수 있을까?

이 해묵은 질문에 대하여 채경락 교수께서 좋은 처방을 주셨습니다. 성경을 하나님의 말씀으로 고백하는 이들에게 성경의 기초를 견고히 하면서 여전히 그 절기와 때에 맞는 설교의 예들을 잘 제시해 주셨습니다. 이론과 실제가 조화된 여러 설교의 예들은 탁월합니다. 동시에 자신도 어떻게 준비할 것인가에 대한 빛을 제공합니다.

이 한 권의 책으로 한국교회 목회자들의 짐이 많이 덜어질 것 같습니다. 그러나 이 한 권의 책을 그대로 베끼는 것이 아니라, 그 순서와 항목별로 자신들의 절기 설교와 상황 설교를 만들어 보기를 제안합니다. 시간이 주어질 때마다 그렇게 해서 각 절기마다 상황마다 베스트를 준비해 보십시오. 이제 우리는 모든 절기와 모든 상황을 기쁨으로 기다리게 될 것입니다. 시시때때로 강단에 부어질 은혜의 기름 부으심을 기도합니다.

이동원 목사 (지구촌교회 원로, 지구촌 미니스트리 네트워크 대표)

책을 펼치는 순간 제 입술에는 환호가 터져 나왔습니다. 채 교수님이 꼭 필요한 책을 내셨구나하는 기쁨 때문이었습니다. 책을 읽어가면서 제 가슴에는 감사가 터져나왔습니다. 하나님의 말씀을 전하는 모든 신학도와 목회자에게 이정표가 될 책이라는 확신 때문이었습니다. 설교에 대한 책은 이중적인 책임을 지닙니다. 성경의 가르침을 신학적으로 풀어내는 능력과 강단의 필요를 설교적으로 담아내는 감각을 동시에 요구하기 때문입니다. 채경락 교수님의 책은 설교라는 학문적 배경과 목회라는 실천적 현장을 균형 있게 보여주면서 읽는 사람에게 오늘 현장에서 바로 적용 가능한 모델을 잘 제시하고 있습니다.

절기와 상황에 맞는 설교는 설교자라면 누구나 고민하는 영역입니다. 지난 10년 동안 설교학을 가르친 후에 목회현장으로 부름 받은 저는 시간이 갈수록 본문을 잘 드러내면서 상황에 맞는 설교의 필요성을 절감합니다. 현장목회와 설교학적 전문성을 겸비하고 신학교에서 후학을 세우는 저자의 책은 때에 맞는 설교로 고민하는 목회자들에게 생수 같은 만족을 선물할 것입니다. 특히 저자의 글은 단숨에 읽고 이해하고 적용할 수 있도록 쉽게 집필되어 책을 펼치는 순간 강단에 변화를 기대하게 될 것입니다.

류응렬 목사 (전 총신대학교 신학대학원 설교학 교수, 현 와싱톤중앙장로교회 담임)

"절기와 목회 상황 설교를 위한 실천적 지침서"

이 책은 설교자들이 설교현장에서 직면하는 어려운 문제 두 가지를 매우 실천적으로 다룹니다. 첫째는 해마다 때가 되면 다가오는 교회 절기들에 대한 설교 문제이고, 둘째는 목회 현장에서 반복적으로 직면하는 특정 상황들에 대한 설교 문제입니다. 설교자에게 신선한 절기설교와 목회의 각 상황에 부응하는 설교가 어려운 것은 본문과 주제의 제한성 때문일 것입니다. 그 절기나 상황에 딱 맞는 성경본문들도 제한되어 있고, 선포할 메시지도 제한되어 있는 것이죠. 이러한 상황에서 설교자에게는 어떻게 빤한 설교가 아닌 새로운 설교를 할 것인가 하는 것이 매번 커다란 고민과 부담으로 다가올 수밖에 없습니다. 저자는 설교자들의 이러한 고민을 정확하게 인식하고 이 문제를 돕기 위하여 이 책을 내놓았습니다.

물론 교회가 절기를 지켜야 되는가, 일상의 주일 예배로만 일관해야 하는가에 대하여는 신학적 입장에 따라 첨예한 대립이 있는 게 사실입니다. 구속사의 결정적 사건들로만 절기가 구성되어야 한다는 입장이 있는가 하면, 국가 기념주일 그리고 목회차원에서 선정한 기념일들도 절기로 삼을 수 있다는 입장도 있습니다. 절기에 행할 설교의 본문은 성서일과표에 따라야 한다는 입장이 있는가 하면, 설교자가 자유롭게 본문을 선정해야 한다는 입장이 있기도 합니다.

저자는 절기에 대한 신학적 논쟁 혹은 다양한 입장이 있음을 인식하고 있지만 현장의 설교자들이 직면하는 설교 상황에 관심을 집중합니다. 그리고 설교학자로서 그러한 상황에 있는 설교자들이 어떻게 다양한 관점에서 다양한 설교를 수행할 수 있을 것인가를 고민합니다. 이 책은 현장의 설교자들을 도우려는 저자의 관심과 열심이 만들어낸 현실적이고 실천적인 결과물입니다.

설교자들은 이 책을 통하여 절기와 목회상황의 설교에 효과적인 신선한 관점과 아이디어를 경험하게 될 것입니다.

정창균 교수 (합동신학대학원대학교 설교학, 설교자하우스 대표)

보통의 설교자들이 한편의 설교에 묶어서 이야기하던 것을 각각의 강조점으로 구분한 점, 매년 한 번씩 하던 것을 시리즈로 해 보라고 다소 무리하게 요구하되 팁을 제공한다는 점, 학자로서 가이드라인만 던지지 않고 설교자로서 설교문도 준다는 점, 전혀 새로운 내용은 아니어서 설교자들에게 "이렇게 하면 되겠구나" 하는 접근성을 준다는 점, 실제 설교문을 제공하나 전체 설교문이 아니기에 우릴 여전히 자유와 성실로 초대한다는 점, 그 어렵다는 두 마리 토끼잡기 즉 '본문에 충실하고 상황에 민감'한 설교를 하라고 도전하는 점, 그리고 쓰는 책마다 "작은 도움이 되길 바란다"라고 겸손히 말하나 사실 큰 도움이 된다는 점에서 이 책을 시대와 말씀 앞에 선 동역자들에게 추천합니다.

오현철 교수 (성결대학교 설교학, 한국복음주의실천신학회 부회장)

성경 말씀을 바르게 이해하는 데 본문의 문맥(context)이 중요하다면, 설교 말씀을 효과적으로 전달하는 데 회중의 상황(context)도 그만큼 중요합니다. 진리를 전할 때 상황은 절호의 기회이기 때문입니다. 평소 바르고 힘센 설교의 길을 강조하시는 채경락 교수님의 《절기와 상황 설교》는 성도를 사랑하는 설교자에게 바로 그 절호의 기회를 놓치지 않는 법을 가르쳐 줍니다. 이 땅을 살아가며 반복적인 시간의 흐름을 경험하는 성도들, 때로는 결코 잊지 못할 인생의 희로애락의 때와 장소 앞에 서야 할 성도들에게, 말씀이 지닌 바른 방향과 힘을 동시에 전하고자 한다면, 이 책을 서재에 두고 상황에 따라 일독해 보시기 바랍니다.

김대혁 교수 (총신대학교 신학대학원 실천신학)

현장 설교자가 텍스트인 성경과 현장인 상황에서 적절한 균형을 유지하는 것이 쉽지 않습니다. 한쪽으로 치우친 설교자들을 종종 보게 됩니다. 하지만, 바람직한 말씀의 종이 되기 위해서는 성경을 분명히 이해하고 가르치는 교사가 되어야 하고, 또한 청중들을 마음으로 품는 목회자가 되어야 합니다. 채경락 박사께서는 성경을 정확하게 연구하는 신학적 전문성과 다양한 목양의 경험을 바탕으로 '절기와 상황'에 대한 균형 잡힌 설교 안내서를 출간하셨습니다. 성경적이고 역동적인 설교를 꿈꾸는 말씀의 종들에게 본 도서를 강력히 추천드립니다!

임도균 교수 (침례신학대학교 신학대학원 설교학)

들어가며 13

제1부　절기 설교

제1장　신년 설교를 어떻게 할 것인가? 29
제2장　고난주간 설교를 어떻게 할 것인가? 45
제3장　부활절 설교를 어떻게 할 것인가? 71
제4장　어린이/어버이 주일 설교를 어떻게 할 것인가? 97
제5장　성령강림절 설교를 어떻게 할 것인가? 123
제6장　감사절 설교를 어떻게 할 것인가? 151
제7장　성탄절 설교를 어떻게 할 것인가? 175
제8장　송구영신 설교를 어떻게 할 것인가? 199

제2부　목회 상황 설교

제9장　결혼 설교를 어떻게 할 것인가? 227
제10장　출생 설교를 어떻게 할 것인가? 247
제11장　문병 설교를 어떻게 할 것인가? 267
제12장　장례 설교를 어떻게 할 것인가? 289
제13장　임직 설교를 어떻게 할 것인가? 311

나가며 333

들어가며
: 상황에 맞는 설교

설교와 상황[*]

 부활절에 꼭 부활 설교를 해야 하는가? 다소 도발적인 질문일 수 있는데, 부활절에는 반드시 부활에 관한 설교만 해야 할까? 짐작컨대 대부분 긍정의 답일 것이다. 필자도 마찬가지, 지금껏 부활절에 부활과 무관한 메시지를 선포한 기억이 없고, 청중의 자리에 있을 때도 다른 메시지를 들은 기억이 없다. 부활절은 곧 부활 메시지를 듣는 날이었다. 그런데 광복절은 어떨까? 광복절이 낀 주일에는 꼭 광복에 관한 설교를 해야 할까? 혹은 선거철이 다가올 때 선거에 관

---

[*] 〈기독교보〉에 기고한 글을 기초로 작성한 것임.

한 설교를 해야 할까? 여기에 대해서는 의견이 많이 엇갈릴 것이다. 이건 어떨까, 결혼식에서는 반드시 결혼이나 가정에 관한 메시지를 전해야 할까? 장례식 때는? 어버이주일에는? 기타 등등.

질문이 다양하지만 결국 하나의 질문인바, 설교와 상황의 관계에 관한 물음이다. 우리의 설교는 상황에 얼마나 민감해야 하는지를 묻는다. 설교는 성경(what)을 선포하고 청중(to whom)에게 선포하지만, 그게 설교의 전부는 아니다. 설교에는 상황이 있다. 설교는 구체적인 시간과 장소(when and where)에서, 즉 구체적인 상황 속에서 선포된다. 설교가 본문에 충실해야 함에는 이견이 없는데, 우리의 설교가 상황에는 얼마나 민감해야 할까?

규격화된 대답은 불가능할 것이다. 그리고 규격화된 대답이 꼭 필요하다고 할 수도 없다. 모두가 획일적인 길을 갈 필요는 없으니 말이다. 신학적 판단과 목회적 소신에 따라 조금 다른 길을 걸을 수 있다. 상황에 민감할 수도 있고, 조금 덜 민감할 수도 있다. 다만 어느 길을 가든 설교자로서 진지한 고민을 거치는 것이 마땅하다. "의심하고 먹는 자는 정죄되었나니 이는 믿음을 따라 하지 아니하였기 때문이라. 믿음을 따라 하지 아니하는 것은 다 죄니라."(롬 14:23) 설교자는 자신의 설교 행위에 대해 분명한 소신이 있어야 하고, 그 소신은 우발적인 선택이 아니라 진중한 검토와 고민의 산물이어야 한다.

절기 설교를 할 것인가, 말 것인가?

그런 차원에서 자문하기를, 절기 설교를 할 것인가, 말 것인가? 다시 말해 설교 준비에 절기 상황을 반영할 것인가, 말 것인가? 일단 필자의 대답은 '예스'다. 설교에 어느 정도 절기 상황을 고려하는 것은 설교자의 지혜라고 생각한다. 절기를 존중하는 설교는 목회적으로 그리고 설교학적으로 일정한 유익이 있기 때문이다. 어떤 유익이 있을까?

우선, 메시지 수납의 효율을 높인다. 운동선수들이 자주 '홈그라운드의 이점'을 이야기하는데, 유사한 이점이 절기 설교에 있다. "성도 여러분, 예수님이 부활하셨습니다!" 같은 말이지만, 이 말을 다른 날 하는 것과 부활절에 선포할 때의 효력은 분명 차이가 있다. 부활절이라는 상황 자체가 부활 메시지에 힘을 실어주기 때문이다. 주님이 우리를 위해 오셨다는 것은 언제 들어도 반가운 소식이지만, 성탄절 장식과 함께 거룩하면서도 흥겨운 분위기와 어우러지면 한층 힘을 받는다.

또한 절기 설교는 청중의 기대에도 부응함으로써 메시지의 수납 효율을 높인다. 특정한 절기에는 청중의 마음에 특정한 메시지에 대한 기대가 있다. 성탄절에는 성탄 메시지를, 부활절에는 부활에 관한 메시지를 기대한다. 어버이 주일에는 많은 성도들이 부모의 역할과 자녀의 도리에 관한 말씀을 기대하면서 예배로 나온다.

물론 청중의 기대를 거슬러 전혀 다른 메시지를 선포할 수도 있다. 예측 불가의 새로움이 설교에 신선함을 더할 수 있다. 그러나 지나친 파격은 신선함보다 생경함이 되어, 오히려 청중을 피로하게 만들 수 있다. 약간의 색다름은 필요하겠지만, 청중의 기대에 어느 정도 부응하는 것도 효율적인 설교의 지름길이다.

둘째, 절기는 '중요한' 메시지를 '중요하게' 설교할 수 있는 기회를 제공한다. 절기는 대체로 복음의 핵심부와 연계되어 있고, 절기는 그 핵심 메시지를 반복 선포할 수 있는 장을 마련해 준다. 시드니 그레이다누스(Sydney Greidanus)는, 모든 성경은 권위 면에서는 동등하지만, 중요도 면에서는 차이가 난다고 주장한다. 동일한 성령으로 영감된 하나님의 말씀이라는 권위 면에서는 모든 성경이 동등하지만, 설교에 관한 한 다른 본문보다 더 중요하게 설교되어야 할 본문이 존재한다는 말인데, 많은 설교자들이 공감할 것이다. 동일한 성경이지만, 더 중요하게, 그리고 더 자주 설교되어야 할 본문이 분명히 존재한다. 그리고 그런 본문의 상당수는 절기와 연관되어 있다.

절기는 일종의 기억 장치로서, 우리 신앙의 역사적 기초를 기억하게 한다. 구약의 절기는 출애굽이라는 역사적 사건을 중심으로 구성되는데, 유월절과 초실절, 그리고 장막절 등이 대표적이다. 신약의 절기는 예수님의 십자가와 부활 사건을 중심으로, 고난주간과 부활절, 성탄절, 성령강림절 등으로 구성된다. 공히 하나님이 이루어 가시는 구원 역사의 핵심부를 터치하는데, 우리의 신앙이 철학적 사색이 아니라, 구체적인 역사적 사건에 기초함을 드러낸다. 우리의 신앙이 이론적 사변이 아니라, 역사적 현실임을 드러낸다. 역사가 허물어지면 우리의 신앙은 기초를 상실할 수밖에 없다. 매년 반복되는 절기는 우리 신앙의 역사적 기초를 반복 설교할 수 있는 기회를 마련해 준다. 그런 의미에서, 절기 상황을 어느 정도 설교에 반영하는 것은 설교자의 지혜요 본분이라고 생각한다.

어느 절기까지 설교에 반영할 것인가?

다음으로 생각할 문제는, 절기의 범위다. 설교에 있어, 어디까지 혹은 어느 절기까지 설교에 반영할 것인가? 설교자마다 입장이 다르고, 교회의 전통도 조금씩 차이 나기 때문에 획일화할 수는 없다. 부활절과 성탄절에 대해서는 대체로 동의가 이루어지겠지만, 이마저도 만장일치는 아니다. 소위 연속 강해설교자 중에는 부활절에도 원래 강해하던 본문의 순서를 그대로 고수하는 경우가 있다. 나름의 신학적인 소신을 갖고 취하는 태도이기에 함부로 폄하하기 어렵다. 이에 필자는 대표적인 입장들을 소개하고, 어느 길을 택할지에 관해서는 각 설교자들의 진중한 고민과 판단에 맡기고자 한다.

우선은 절기를 철저히 무시하는 입장이다. 대표적으로, 연중 연속 강해를 실천하는 경우인데, 권별 성경을 하나 택하여, 절기에 상관없이 단락별로 끊어서 끝까지 설교하는 방식이다. 예를 들어 마태복음을 택하여, 마태복음 강해라는 이름으로 처음부터 끝까지 설교할 수 있다. 여기에는 나름의 신학적인 근거가 있는데, '설교자가 선택한 본문'이 아니라 '설교자에게 주어진 본문'을 설교하겠다는 결단이다. 다른 말로, 본문 선택에 설교자의 판단이 개입하지 못하게 한다는 것이다. 설교 준비의 가장 결정적인 순간 가운데 하나인 본문 선택에 설교자가 개입할 경우, 자칫 설교 전체에 인간적인 선택이 개입될 수 있기 때문이다. 엄밀한 의미에서는 마태복음을 선택한 것도 설교자의 선택이지만, 이는 불가피한 최소한의 선택이고 이어지는 연속 강해를 통해 인간적인 선택을 최소화한다.

필자가 목격한 가장 극단적인 경우는, 결혼식에서의 이신칭의 설교였다. 지인의 결혼식이었는데, 순서지를 보니 설교 본문이 '하필' 로마서였다. 설마 했는데, 그 날 설교자는 결혼이나 가정에 대해서는 아무런 언급도 하지 않은 채, 오직 이신칭의 복음만 선포했다. 당시 설교자가 교회에서 로마서 연속 강해를 하고 있었던 모양이다. 하객인 필자로서는 매우 당황스러웠는데, 주례하는 설교자나 신랑 신부는 매우 만족해하였다. 다소 극단적인 향취가 느껴지지만, 신학적 소신만큼은 신중히 고려해 볼만한 가치가 있다. 설교가 상황에 휘둘려서는 안 된다는 소신 말이다.

반면에 반대쪽 극단으로는 철저히 절기에 맞춘 설교가 있는데, 소위 교회력을 따른 설교다. 교회력은 예수님의 구원 사역을 일년 주기로 연중 기념할 수 있도록 만든 장치로서, 사순절, 부활절, 성령강림절, 성탄절, 대림절 등이 골격을 이루고 있다. 그리고 이러한 교회력에 기초하여 성서일과(lectionary)라는 이름으로 설교할 본문이 정리되어 있다. 성서일과는 대체로 3년 주기로 구성되는데, 구속사의 주요 사건들을 중심으로, 성경의 주요 본문을 포괄한다. 한 주에 서너 본문씩 할애되어 있는데, 그 가운데 하나를 택하여 설교하는 방식이다. 보편적인 방식은 아니지만, 일부 교회에서는 지속적으로 실천하는 방식이다.

그런데 묘한 점이 있는데, 표면적으로는 양극단에 위치한 두 입장이, 내면적인 소신에 있어서는 상당 부분 중첩된다. '주어진 본문'으로 설교한다는 원리 면에서 그러하다. 절기를 무시하고 연속 강해를 실시하는 이유는, 본문을 그때그때 설교자가 선택하지 않고, 주어진 본문으로 설교하기 위함이라고 했다. 그런데 교회력을 따른 설교도, 설교자가 본문을 선택하지 않고, 교회력을 따라 주어진 본문을 설교한다. 외양적인 길은 정반대의 길이면서도, 원리 면에서는 유사한 소신에서 나왔다는 점이 흥미롭다.

세 번째는 중도적인 입장으로, 절기를 '어느 정도까지만' 설교에 반영하는 경우이다. 절기를 설교에 반영하되, 일부만을 반영하는 입장이다. 비율상 가장 많이 설교자들이 택하는 입장으로 판단된다.

대체로 성탄절과 부활절, 고난주간은 대부분의 설교자가 설교에 반영하지만, 그 외의 절기에 대해서는 유동적으로 반영한다. 설교자에 따라서 어버이주일, 어린이주일 등(절기라는 이름과는 조금 차이가 있지만)을 설교에 반드시 반영하는 경우도 있고, 성령강림절에는 반드시 성령강림이 설교되어야 한다고 역설하는 설교자도 있다.

지금까지 설교에 있어 절기 상황을 반영하는 길, 혹은 절기에 대한 민감도를 정리해 보았는데, 그렇다면 설교자로서 나는 어떤 입장을 취할 것인가? 글 초두에 개진한 대로 모든 설교자들이 획일적으로 동일한 길을 갈 필요는 없다. 설교자의 소신과 판단에 따라 어느 정도 자율적으로 선택할 수 있다. 다만 어느 길을 가든, 진중한 신학적 고민과 신중한 목회적 판단의 결과물이어야 한다. 설교가 목회 사역에서 차지하는 커다란 비중을 감안할 때, 깊이 고민하고 신중하게 판단해야 할 것이다. 더불어 나와 다른 입장을 취한 설교자에 대한 인정과 겸손도 필요하다.

절기 설교의 다양성 확보

이제 다룰 주제는 절기 설교의 실제적인 원리에 관한 것인데, 절기 설교를 어떻게 준비할 것인가? 절기 설교의 최대 고민은 다양성 확보라고 생각된다. 절기의 특징은 매년 돌아온다는 것이다. 선포할 메시지는 제한적인데, 선포할 시간은 매년 돌아온다. 해결책은 다양성 확보다. 매년 돌아오는 성탄절에 늘 같은 메시지를 선포할 수는 없지 않은가. 다양한 메시지를 확보해야 하는데, 어떻게 확보할 것인가? 설교학의 원칙을 따라 두 가지 방안을 제시하고자 한다.

우선, 본문에 충실한 설교다. 설교의 다양성을 확보하기 위해 본문에 충실하라? 얼핏 이해가 되지 않는 대답일 수도 있는데, 가장 설교학적인 답변이다. 다양한 설교를 확보하는 지름길은, 개별 본문의 의미에 충실하는 것이다. 왜냐하면 성경 본문이 다양하기 때문이다. 성경 본문이 선포하는 메시지가 다양하기 때문이다. 여기서 말하는 다양성은, 옳고 그름의 신학적인 차이를 말함이 아니라, 메시지의 초점 혹은 강조점의 차이를 말한다.

예수님의 생애를 두고 네 개의 복음서가 기록되었는데, 익히 아는 대로 각 복음서마다 바라보는 관점 혹은 강조점의 차이가 있다. 예를 들어, 주님의 족보부터 차이가 난다. 마태는 아브라함에서 시작하지만, 누가는 아담까지 거슬러 올라간다. 누가복음에서는 천사들이 찬양했다면, 마태복음에서는 이방의 박사들이 주님을 경배한다. 주님을 배척한 일에 대해서도, 마태가 헤롯 왕을 지목한다면, 누가는 장거리 여행으로 내몬 가이사 아구스도와 여관에 방을 잡고 있던 자들에 대한 서운함을 표현한다. 요한복음은 아예 탄생 기사를 생략하는데, 계시록 12장에 여자와 용의 묵시적인 언어로 주님의 탄생 정황이 암시된다. 이렇게 성경 본문 자체가 관점과 강조점에 있어서 이미 다양성을 확보하고 있다. 그러니 해당 본문에 충실한 설교를 한다면 자연스레 다양성이 확보될 것이다.

둘째, 절기 설교의 다양성을 확보할 수 있는 또 하나의 방편은 적용 초점의 변화, 혹은 주제 초점의 변화다. 이것은 꼭 절기 설교만이 아니라 일반적인 설교의 원칙이기도 하다. 한 본문에서 한 편의 설교만 나오는 건 아니다. 같은 본문에서도 여러 편의 설교가 마련될 수 있다. 대다수 설교학자들이 이구동성으로 동의하는 대목인데, 그 근거는 적용의 다양성이다. 설교는 해석을 넘어 적용이고, 해석은 수렴하지만 적용은 발산한다. 그리고 설교의 중심이 되는 주제는 해석의 결과가 아니라 적용의 결과이다. 그런 의미에서 한 본문에서 다양한 주제를 가진 다양한 설교가 가능하다.

성탄절을 예로 든다면, 단도직입적으로 오신 주님이 우리의 구원자임을 선포할 수도 있지만, 조금 방향을 틀어서 임마누엘의 은혜를 설교할 수도 있다. 약속을 이루시는 하나님의 신실하심에 초점을 맞출 수도 있고, 한걸음 나아가 재림의 확실성을 설교할 수도 있다. 성탄절에 재림 설교? 초림과 재림이 원리상 연계되어 있다는 점에서 충분히 가능하다. 초림 때 주님을 제대로 맞이하지 못한 이들의 실패를 타산지석으로 삼아, 다시 오시는 주님을 제대로 맞을 준비를 하라는 권면의 설교도 가능하다. 요한계시록 3장 20절의 "문 밖에 서서 두드리"는 주님의 모습은, 지금도 우리에게 밀려나 마구간으로 내몰리는 주님의 모습을 떠올리게 한다. 본문에 충실하면서도, 적용 초점 혹은 주제 초점의 변화를 주어 매년 돌아오는 절기에 풍성한 메시지를 선포할 수 있을 것이다.

시리즈 설교의 가능성

덧붙여 절기 설교의 한 방법으로, 시리즈 설교를 제안한다. 부활과 성탄, 주님의 십자가 고난 등은 한 편의 설교로 마무리하기엔 의미의 무게가 너무 크다. 모든 복음 메시지가 그러하지만, 특히 주요 절기의 메시지는 더욱 그러하다. 최소 3주에서 5주 정도에 이르는 시리즈 설교를 기획한다면, 중요한 메시지를 충분히 중요하게 선포할 수 있을 것이다. 매년 돌아오는 절기 설교에 더하여 시리즈까지, 설교자로서 중압감이 클 수 있지만, 실천할 가치는 충분하다고 생각한다.

고난주간에는 이미 특별새벽기도라는 이름으로 시리즈 설교가 실천되고 있다. 한 주간을 통째로 주님의 고난에 대해 충분히 묵상하게 된다. 그런데, 부활절 시리즈는 어떨까? 부활절 즈음에 몇 주를 할애하여 부활 시리즈를 구상하는 것이다. 주님의 십자가가 가지는 의미도 크지만, 못지않게 중요한 것이 주님의 부활이 아닌가. 그런데 부활에 관해서는 '달랑' 부활절 한 주만 묵상하고 넘어가는 것이 많은 강단의 현실이다. 부활의 신학적 의미와 실존적인 의미, 그리고 부활의 과학성까지 주제는 매우 다양하다. 고린도전서 15장을 찬찬히 강해하는 시리즈도 가능할 것이다. 성령강림절에는 성령님에 관한 시리즈 설교를 구상할 수도 있다. 이 책에서 필자는 한 절기당 여러 편의 설교를 소개하였는데, 경우에 따라서는 시리즈로 엮을 수 있는 설교들이다.

목회 상황과 설교

설교자가 고려할 상황은 절기만 있는 게 아니다. 절기와 더불어 목회(적) 상황이 존재한다. 목회적 상황이라 함은 성도의 삶에서 발생하는 모든 일들을 포괄한다. 우리의 삶은 사연도 많고 곡절도 많다. 기쁜 일도 있고, 슬픈 일도 있고, 가슴 벅찬 일도 있고, 힘겨운 일도 있다. 감사한 일도 있고, 안타까운 일도 있고, 감사로 잠 못 이루는 날고 있고, 속상함으로 뒤척이는 밤도 있다. 그리고 이 모든 삶의 여정에 목회가 동행한다. "즐거워하는 자들과 함께 즐거워하고 우는 자들과 함께 울라."(롬 12:15) 모든 성도에게 주시는 말씀이지만, 더 큰 무게감으로 말씀을 선포하는 목회자에게 주신 말씀이라고 생각한다.

목회자는 언제나 말씀을 들고 성도에게 다가간다. 지혜로운 설교자라면, 절기 상황을 설교에 고려하듯, 목회적인 상황도 말씀 준비에 적절히 고려할 것이다. 대표적으로 출생, 결혼, 질병, 장례 등을 생각할 수 있다. 목회는 구속사의 지평과 더불어, 사람의 일생, 즉 인생의 여정과도 긴밀하게 조율되어 있다. 인생이 걸어가는 주요 길목에 목회 활동이 동행한다.

절기 상황과 마찬가지로, 목회 상황도 성도들로 하여금 선포되는 말씀에 더욱 간절하게 그리고 겸손하게 마음을 열게 한다. 병상에서 듣는 말씀은 평소 건강할 때 듣는 말씀과 다르다. 선포되는 말씀은 동일해도, 듣는 귀는 분명히 다르다. 갓 태어난 아기를 품에 안고 처음 듣는 축복의 말씀을 통해 많은 산모들이 눈물짓는다. 그만큼 마음 밭이 간절한 순간이다. 그런 의미에서 절기와 더불어 목회적 상황은, 설교자에게 주어진 또 하나의 요긴한 기회다.

결혼 주례를 준비하면서 자주 들었던 생각이, 내가 뭐라고 이 사람들의 결혼을 주례할까. 도대체 내가 뭐라고. 그런데도 연세 지긋한 부모님들이 이 젊은 목사에게 찾아와서 자녀들의 인생의 중대사를 부탁했다. 사람이 죽는 순간, 의사도 물러나고, 판사도 물러나고, 많은 성도들은 오직 목사만 바라본다. 내가 뭐라고. 도대체 내가 뭐라고. 영광스러운 부담이라고 부를 수 있을 것이다. 인생의 주요한 국면을 목회자는 주님의 이름으로 집례하고 인도한다. 주의 이름으로 결혼을 주례하고, 주의 이름으로 새롭게 태어난 아기를 축복하고, 주의 이름으로 병중에 있는 성도를 위로하고, 심지어 부활의 소망을 품고 육신의 마지막을 배웅한다. 이 모든 일은 매우 영광스러우면서도, 한편으론 매우 부담스러운 일이다.

그래서 준비가 필요하다. 그것도 매우 진중하게, 그리고 미리 준비하는 것이 필요하다. 특히 갓 목회의 길에 들어선 초보 목회자들로서는 더욱 신중하게 준비할 필요가 있다. '다음에 더 잘'할 수도 있겠지만, 해당 성도로서는 그 '다음'이 없을 수도 있다. 목회자에게는 여러 장례 가운데 하나일 수 있지만, 그 성도에게는 처음이자 마지막 장례다. 첫 순간부터 최선의 집례와 최선의 말씀으로 섬겨야 한다. 거룩한 부담으로 진중하게 준비해둘 필요가 있다.

기존 자료를 활용할 수도 있겠지만, 각 설교자가 자신만의 설교를 확보하는 것이 필요하다. 설교자로서의 성실함으로, 그리고 말씀을 받는 성도들을 향한 사랑과 신실함으로 말이다. 여러 목회적 상황을 감안하여, 선포할 말씀을 미리 구상하고 준비해 두어야 한다. 준비과정에서 주어진 자료를 적절히 참고할 수 있을 것이다. 이미 많은 자료가 있지만, 필자도 그간 행한 설교를 중심으로 가능한 메시지들을 정리해 보았다. 부족하지만, 설교자들에게 특히 후배 사역자들에게 작은 참고가 되기를 바란다.

이 책에 수록된 대부분의 글과 설교는《묵상과 설교》(성서유니온)에 연재한 것들이다. 글을 쓰는 최선의 길은 숙제라는 걸 자주 경험한다. 누군가 나를 믿고 숙제를 내주는 사람이 있으면, 어떻게든 써가게 된다. 그런 점에서 필자를 믿고 3년여 기간 동안 과분한 격려 속에 숙제를 내준 박대영 목사님께 지면을 빌려 감사를 전한다.

신년
NEW YEAR'S DAY
고난주간
PASSION WEEK
부활절
EASTER
어린이 주일
CHILDREN'S DAY
어버이 주일
PARENT'S DAY
성령강림절
PENTECOST SUNDAY
감사절
THANKSGIVING SUNDAY
성탄절
CHRISTMAS
송구영신
WATCH NIGHT SERVICE

제1부 절기와 설교

결혼
WEDDING SERVICE
출생
INFANT PRESENTATION
문병
HOSPITAL VISITATION
장례
FUNERAL SERVICE
임직
ORDINATION SERVICE

제1장
신년 설교를 어떻게 할 것인가?

신년 설교는 어떤 메시지가 좋을까?

매년 어김없이 새해 첫날이 다가온다. 여느 날과 다를 바 없는 날이지만, 그럼에도 무언가 다른 날이다. 늘 떠오르는 태양이지만, 오늘만큼은 더 설레고 더 붉게 타오른다. 무슨 신(神)이라도 되는 양 두 손 모아 복을 비는 사람도 있는 걸 보면, 새해의 태양에는 신령한 기운마저 느껴지나 보다. 이 묘한 설렘은 어디서 오는 것일까? 새로움과 더불어, 특히 처음이라는 상황이 주는 느낌일 것이다. 처음은 그 자체로 참 설레고 두려운 순간이다. 두근두근 첫사랑, 보무도 당당한 첫 출근, 하얀 눈 위에 첫 발자국, 그리고 설교자에게는 가슴 콩닥거리는 첫 설교까지. 무언가 조심스럽고, 무언가 더 잘

해야 할 것 같고, 희망이 가득하면서도 무언가 두려운 순간이 바로 처음이다.

처음을 어떻게 설교해야 할까? 새해의 처음 설교는 어떤 메시지가 좋을까? 거룩한 무덤덤으로 시작할 수도 있겠지만, 조금은 특별하게 시작하는 것도 좋겠다. 세 가지 길을 생각해 보았는데, 축복하는 설교, 도전하는 설교, 그리고 올해의 표어 설교하기다.

구상 1. 축복하는 설교

지구의 첫날은 창조주의 축복으로 가득하였다. "하나님이 그 일곱째 날을 복되게 하사 거룩하게 하셨으니."(창 2:3) 엿새 동안 하늘과 땅을 창조하신 하나님은 창조 후 첫날인 일곱째 날에 만물을 축복하셨다. 친히 빚으신 만물을 향하여 복을 선포하셨는데, 새해 첫 설교가 그 길을 따라가는 것도 의미가 있을 것이다. 축복의 설교는 언제 들어도 행복하지만, 새해 첫 말씀으로 주어진다면 눈밭에 찍힌 첫 발자국처럼 성도들의 마음에 더 아름답게 새겨질 수 있지 않을까.

요한삼서 1장 2절이 좋은 후보가 된다. "사랑하는 자여 네 영혼이 잘됨 같이 네가 범사에 잘되고 강건하기를 내가 간구하노라." 글에도 온도가 있는지, 글귀 자체가 참 따뜻하다. 요한은 성도들을 곧잘 자녀로 부르는데, 자녀를 향한 부모의 따뜻함이 그대로 묻어나는 듯하다. 메시지 내용과 더불어 이 따스함을 설교에 담아낼 수 있다면, 성도들을 향한 살아있는 하나님의 말씀이 되리라 믿는다. 설교 구성은, 이미 많은 설교자들이 실천한 대로 영혼이 잘되는 복, 범사가 잘되는 복, 그리고 강건함의 복을 순서대로 선포하면 된다. 순서를 바꾸어 영혼이 잘되는 복을 맨 마지막으로 옮겨서 강조하는 것도 좋은 방법이 될 것이다. 훈계와 교훈만이 설교는 아니다. 위로의 설교도 가능하고, 오늘처럼 주께서 베푸시는 복을 선포하는 것도 충분히 의미 있는 설교가 될 수 있다.

축도(강복선언) 구절을 강해하는 것도 좋은 길이다. 매주 축도를 통해 성도들에게 하나님의 복을 선포하는데, 설교를 통해 먼저 그 선언에 담긴 의미를 풀어준다면 축도의 시간이 더 은혜롭지 않겠는가. 특히 그것이 새해 첫 주일이라면 말씀의 여운이 더 오래 전해질 것이다. 신약에서는 고린도후서 13장 13절, 구약에서는 민수기 6장 24-26절이 주로 축도에 사용되는데, 두 구절 모두 대지 설교를 하기에 적합한 구조로 되어 있다. 고린도후서 13장 13절의 경우 삼위 하나님의 은혜와 사랑, 그리고 교통하심을 진중하게 강해하면 될 것이고, 민수기 6장 24-26절은 각각 한 절씩 지키심의 복(24절), 은혜의 복(25절), 그리고 평강의 복(26절)이 임하기를 선포하면 된다.

구상 2. 도전하는 설교

축복과 더불어 처음이라는 시간은 다짐하기에 좋은 시간이다.

작심삼일로 그치는 경우도 많이 있지만, 그럼에도 불구하고 새해는 새로운 다짐으로 시작하는 것이 삶의 지혜요 성도의 염치라고 본다. "항상 기뻐하라 쉬지 말고 기도하라 범사에 감사하라."(살전 5:16-18)는 말씀은 평소에도 귀하지만, 설교자의 도전을 통해 새해의 다짐으로 마음에 새겨진다면 성도들의 삶에 더 귀한 길잡이가 되어 줄 것이다. 시편 1편을 가지고 올해는 말씀을 더욱 가까이 묵상하는 한 해가 되기를 결심하는 것도 좋고, "구하라 그리하면 너희에게 주실 것이요 찾으라 그리하면 찾아낼 것이요 문을 두드리라 그리하면 너희에게 열릴 것이니"(마 7:7)라는 말씀을 붙들고 기도하는 한 해를 결단하는 것도 좋을 것이다.

필자는 "한숨 대신 고백으로!"라는 설교로 한 해를 시작한 일이 있다. 시편 3편이 본문이었는데, 한 해의 시작 혹은 하루의 시작을 두려움이나 낙심이 아니라 믿음의 고백으로 시작하자고 도전하는 설교였다. 처음이라는 시간은 설렘의 시간이기도 하지만, 두려움의 시간이기도 하다. 한 해의 시작도 그렇고, 하루의 시작도 그렇다. 움츠러드는 어깨를 펴고, 믿음으로 승리하자는 도전의 설교가 어울리는 시간이다. 한때 텔레비전을 통해 유행했었던 "한숨 대신 함성으로"를 패러디하여 "한숨 대신 고백으로"를 반복하면서, 성도들의 마음에 고백의 중요성을 새기려고 노력하였다.

구상 3. 올해의 표어 설교

신년 첫 설교로 제일 기본적으로 추천하고 싶은 방법은 올해의 표어 설교하기다. 교회마다 새해가 되면 표어를 정하고 주제 성구를 정하는데, 그것을 첫 설교 제목과 첫 설교의 본문으로 삼는 것이다. 이미 많은 설교자들이 그렇게 하고 있고, 필자도 짧은 목회 경력에 자주 그렇게 하였다. 부활절이나 고난주간과 같은 절기에는 본문도 주제도 어느 정도 고정된다. 절기 상황 자체가 선포될 메시지(what)를 상당 부분 정초한다는 말이다. 그러나 신년 상황은 그와 달리 다짐하고 결심한다는 '동사'만 있을 뿐, 구체적으로 무엇을 다짐하고 결심할지를 지시하는 고정된 '목적어'(what)는 없다. 그 해의 표어가 그 목적어, 즉 설교 메시지가 된다. 새해 첫 설교가 반드시 그 해의 표어와 일치될 필요는 없지만, 최소한 내용적으로 의미 있게 연계되는 것이 자연스러울 것이다.

설교 1. 축복하는 설교

네 영혼이 잘됨 같이 (요삼 1:2)

[서론 : 주의 복이 임하기를]

　새해가 밝았습니다. 올 한 해 성도 여러분의 가정과 삶에 우리 하나님의 크신 복이 임하기를 주님의 이름으로 축원합니다. 아멘. 오늘은 여러분을 이렇게 부르고 싶어요, 사랑하는 자여! 평소에도 자주 부르는 이름이지만, 오늘은 특히 본문을 좇아 하나님의 마음으로 여러분을 부르고 싶습니다, 사랑하는 자여! 듣기에 좋으시죠? 부르는 제 마음도 따뜻해집니다. 성령의 감동 안에서 사도 요한이 성도들을 부른 이름이고, 사실은 하나님이 친히 저와 여러분을 부르시는 이름입니다. 하고 많은 이름 가운데 주께서 택하신 여러분의 호칭이, 사랑하는 자여! 이유가 뭘까요? 하나님이 저와 여러분을 정말로 사랑하시기 때문에. 성도 여러분, 하나님이 여러분을 사랑하십니다. 아멘.

　새해 첫 주일인 오늘은 우리를 사랑하시는 하나님이 저와 여러분을 위해 예비하신 복을 묵상합니다. 짧은 구절이지만 얼마나 깊고 풍성한 복이 들어 있는지 몰라요. 함께 묵상하실 때 올 한 해 이 귀한 복들이 저와 여러분의 삶에 임하기를 바라면서 설교를 시작합니다.

[대지 1. 영혼이 잘되는 복]

우선 첫째, 성도 여러분, 영혼이 잘되는 복을 받으시기 바랍니다. 사랑하는 자여, 하며 따뜻한 이름으로 부르신 후 이어지는 말씀이 "네 영혼이 잘됨 같이." 성경 원문에는 맨 뒤에 나오는 항목입니다. 우리말과는 어순이 다르잖아요. 여하튼 왜 마지막에 나오느냐? 중요성이 떨어져서 마지막이 아니에요. 오히려 중요하니까 마지막입니다. 주인공은 늘 마지막에 나오잖아요. 그래서 오늘은 우리말 번역을 따라 제일 먼저 묵상하고 제일 먼저 이 복을 여러분에게 선포합니다. 성도 여러분, 영혼이 잘되는 복을 받으시기 바랍니다.

복에도 종류가 있어서 정말 좋은 복이 있고 조금 덜한 복도 있겠죠. 설령 안 받아도 별 아쉬움이 없는 복이 있는가 하면, 너무 귀하고 중해서 절대로 놓쳐서는 안 되는 복도 있어요. 우리 인생이 받아야 할 최고의 복, 절대로 놓치지 말아야 할 복이 뭘까요? 영혼의 복이죠. 쉽게 말해서 예수 믿고 구원받는 복입니다. 우리의 목자이신 주님과 동행하는 복입니다. 이 복이 저와 여러분에게 임하기를 바랍니다. 아니, 이미 임하였기를 바랍니다. 또한 우리가 복의 통로가 되어서 우리가 사랑하는 모든 사람에게 이 복이 임하기를 바랍니다.

"영접하는 자 곧 그 이름을 믿는 자들에게는 하나님의 자녀가 되는 권세를 주셨으니."(요 1:12) 예수 그리스도의 보혈은 사람을 존귀하게 합니다. 그것도 지극히 존귀하게 합니다. 하나님의 자녀가 되는 일이 얼마나 존귀한 일이겠어요. 우리의 몸을 넘어 우리의 영혼을 영원토록 존귀하게 만드는 예수 그리스도의 보혈. 바라기는 저와 여러분, 그리고 우리가 사랑하는 모든 사람들에게 영혼이 잘되는 복이 임하시기를 주님의 이름으로 축원합니다. 아멘.

[대지 2. 범사에 잘되는 복]

두 번째, 범사에 잘되는 복이 여러분에게 임하시기 바랍니다. 오늘은 제 온 힘을 다해 여러분을 축복하고 싶습니다. 지겨울 정도로 "축원합니다! 축원합니다!"를 외치려 합니다. 아멘으로 받으실 때에 주의 복이 임하실 줄로 믿습니다. 아멘.

성도 여러분의 일터에도 주의 복이 임하시기를 주님의 이름으로 축원합니다. 아멘. 경기가 어렵다는 말을 너무 오래 들어온 것 같습니다. 엄살이 아니라 여러 가지로 경제지표가 어렵고 청년들의 취업률도 많이 낮은 상태입니다. 그러나 올 한 해 여러분의 영혼이 잘됨 같이 여러분의 생업에도 주의 은혜가 넘치기를 바랍니다.

목사로서 여러분을 위해 최선을 다해 기도하겠습니다. 구하라 그러면 얻으리라 하신 말씀 믿고, 주의 도우심을 구하겠습니다. 여러분도 기도하면서 삶의 현장에서 승리하시기 바랍니다. 취업을 바라는 청년에게 취업의 문이 열리기를 바라고, 공부하는 자녀들에게서 좋은 열매가 맺히길 위해 기도하겠습니다. 무엇보다 가족을 부양하기 위해 힘써 일하는 이 땅의 가장들에게 주께서 힘주시도록 저도 힘써 기도하겠습니다. 각자 삶의 현장에서 나를 도우시는 하나님이 살아계심을 경험하는 한 해가 되시기를 바랍니다.

[대지 3. 강건한 복]

마지막으로 강건함의 복이 여러분에게 임하기를 바랍니다. 오늘 본문 마지막에 이르기를, 네가 "강건하기를 내가 간구하노라." 이 대목이 유난히 크게 다가오시는 분들 계시죠. 건강이 안 좋은 분들이 너무 많아요. 흔히 하는 말이, "돈을 잃으면 조금 잃은 것이고 건강을 잃으면 다 잃은 것이다." 그만큼 우리 인생에 건강이 큰 자리를 차지한다는 말이죠. 지금도 병상에 누워계신 분들이 있는데, 쾌유를 기원합니다. 승리하시기 바랍니다.

우리 주님의 치유하심이 우리 성도들에게 임하시기를 주님의 이름으로 축원합니다. 우리 주님이 이 땅에 오셔서 주로 하신 일이 가르치시고, 복음을 선포하시고. 그리고 병을 고치신 일입니다(마 4:23). 우리 주님은 말씀의 스승이면서 동시에 최고의 치유자가 되십니다. 그 누구도 상대하지 못한 죽음이라는 질병조차 우리 주님은 물리치셨습니다. 주님의 뜻이면 우리를 괴롭히는 질병에서 승리할 줄로 믿습니다.

[결론 : 복된 한 해가 되기를]

기복신앙에 대해 부정적인 이야기들이 더러 있어요. 일리가 있는 말입니다. 우리 그리스도인의 삶은 그저 "복, 복" 거리는 삶이 아닙니다. 그리스도인의 삶은 때로 의를 위해 고난을 감내하는 거룩한 삶입니다. 그러나 그렇다 해서 우리가 박복한 삶을 사는 것이 주님의 뜻이냐? 결코 그렇지 않아요. 우리 주님은 우리에게 좋은 것 주시기를 원하고, 우리의 삶이 복된 삶이 되기를 원하십니다. 주님의 이름으로 여러분에게 주의 복을 선포하기를 원합니다. 사랑하는 성도 여러분, 올 한 해 여러분의 영혼이 잘됨 같이 범사가 잘되고 강건하시기를 주님의 이름으로 축원합니다. 아멘.

설교 2. 도전하는 설교

한숨 대신 고백으로! (시 3:1-8)

서론	한숨 대신 고백으로
대지 1.	하나님을 고백하라
대지 2.	나를 고백하라
결론	고백으로 시작하는 하루

[서론 : 한숨 대신 고백으로]

　새해가 밝았습니다. 새해 첫 강단에 주께서 우리에게 주시는 말씀은 "한숨 대신 고백으로!"입니다. 어디서 들어본 말인가요? 원래 문구는 "한숨 대신 함성으로, 걱정 대신 열정으로." 한때 개그 프로에 나와서 꽤 유행했던 문구인데, 의미가 깊어요. 살다보면 한숨 나오는 일들이 더러 있잖아요. 그러나 우리의 소중한 삶을 한숨으로 채울 수는 없죠. 걱정 없는 사람이 어디 있으랴마는, 소중한 삶을 걱정으로 채울 수는 없잖아요. 그래서 한숨 대신 함성으로, 걱정 대신 열정으로. 오늘은 이 문구를 조금 수정합니다. 말씀을 좇아서, 그리고 우리의 신앙을 담아서 한숨 대신 무엇으로? 한숨 대신 고백으로!

믿음의 선배 다윗이 고난을 이겨낸 비결입니다. 다윗의 삶도 우리 삶처럼 결코 쉬운 인생이 아니었어요. 오늘 시의 제목을 보시면 "다윗이 그의 아들 압살롬을 피할 때에 지은 시"라고 되어 있습니다. 자기 아들한테 쫓기고 있는 겁니다. 내가 낳은 아들이 날 해치러 쫓아와요. 얼마나 힘겨웠을까요? 1절에 "여호와여, 나의 대적이 어찌 그리 많은지요. 일어나 나를 치는 자가 많으니이다." 한숨이 보이죠. 2절도 마찬가지 한숨이 묻어납니다. "많은 사람이 대적하여 말하기를 그는 하나님께 구원을 받지 못한다 하나이다." 그러나 3절에서 8절까지 여섯 절을, 다윗은 고백으로 채웁니다. 삐져나오는 한숨을 완전히 떨쳐버릴 수는 없었지만, 다윗은 한숨을 이겨냅니다. 무엇으로? 고백으로. 이 시간 다윗의 고백을 묵상합니다. 힘겨운 시간이 닥칠 때, 한숨 대신 이 고백으로 승리할 수 있기를 바랍니다.

[대지 1. 하나님을 고백하라]

무엇을 고백할 것인가? 성도 여러분, 하나님을 고백하십시오. 고난이 닥칠 때 그 고난을 고백하기보다, 나의 하나님을 고백하십시오. 3절에 "여호와여 주는 나의 방패시요, 나의 영광이시요, 나의 머리를 드시는 자이시니이다." 나를 덮친 고난이 나를 찌르는 창이라면, 성도 여러분 고백하십시오, 하나님은 그 창을 거뜬히 막아낼 나의 방패십니다! 나를 덮친 고난이 나의 수치라면, 그래서 고개를 떨구게 만드는 부끄러움이라면, 성도 여러분 고백하십시오, 결국 나를 아름답게 회복시킬 하나님은 나의 빛나는 영광이십니다! 고백할 때는 학창 시절 기억을 더듬어 문학 소년이 되어도 좋겠습니다. 나의 모든 수치를 벗겨내고 결국에는 나를 존귀한 사람으로 빚어 가실 살아계신 하나님은 벅찬 나의 자존감이십니다. 아멘!

못난 사람의 눈은 언제나 고난을 바라봅니다. 못난 사람은 언제나 고난을 묵상합니다. 고난이 무슨 집안 어르신도 아닌데, 눈만 뜨면 고난을 알현하고, 하루도 그르지 않고 한숨과 걱정으로 '나의 주 고난님'을 문안하며 하루를 시작합니다. 그러면 어떻게 되느냐? 말 그대로 고난이 내 삶의 주인이 되는 겁니다. 걱정이 내 삶의 인도자가 되는 겁니다. 그렇게 정성스럽게 온 마음과 정성을 다하여 모시니, 내 삶의 주인이 될 수밖에요.

하나님의 사람은 달라요. 달라야 합니다. 하나님의 사람은 고난을 주인으로 모신 사람이 아니라, 하나님을 주님으로 모신 사람입니다. 걱정이 아니라 하나님을 내 주님으로 모신 사람. 그래서 눈을 뜨면 고난이 아니라, 마음과 뜻을 다하여 살아계신 내 하나님께 문안하는 사람, 그 사람이 바로 하나님의 사람입니다. 걱정이 아니라 무엇으로? 고백으로. "여호와여 주는 나의 방패십니다." 나에게 닥친 고난을 묻기 전에, 나와 함께하시는 하나님을 묻고 하나님을 먼저 고백하는 사람. 저와 여러분의 모습이기를 바랍니다.

[대지 2. 나를 고백하라]

또 무엇을 고백하느냐? 이번에는 나를 고백하십시오. 4절에 "내가 나의 목소리로 여호와께 부르짖으니 그의 성산에서 응답하시는도다." 4절은 하나님에 대한 고백이기도 하지만, 뒤집으면 나를 향한 고백입니다. 내가 어떤 사람이냐? 하나님의 응답을 받는 사람이야, 나 이런 사람이야, 그 말입니다. 내가 기도할 때에 하나님이 귀 기울여 들으시고 응답하셔서, 나 그런 사람이야. 사람들은 혹 내 말에 귀 기울이지 않아도, 사람들은 혹 내 말을 한 귀로 듣고 무시해도, 하나님은 나의 음성에 귀를 기울이셔. 나 그런 사람이야.

성도 여러분, 스스로를 과소평가하지 마세요. 함부로 자신을 낮추어보는 분들이 있어요. 특히 고난 앞에서. 이해는 됩니다. 고난 앞에 서면 나라는 사람이 참 연약하고, 참 못나고, 그래서 참 초라합니다. 내가 그렇지 뭐. 그저 바람처럼 왔다가 이슬처럼 사라지는 먼지 같은 존재지 뭐. 이해는 되지만, 성도 여러분, 옳은 행동이 아닙니다. 5절에 "내가 누워 자고 깨었으니 여호와께서 나를 붙드심이로다." 내가 잠든 순간 누가 지켜요? 하나님이 지키십니다. 내가 힘들고 지쳐 쓰러질 때, 밤새워 내 머리맡을 지키시는 분이 계십니다. 누구예요? 살아계신 하나님. 거룩하신 하나님. 천지만물의 주인이신 존귀하신 하나님이 내 곁을 지키십니다. 왜? 내가 소중한 존재니까. 적어도 하나님께 나는 너무나 소중한 사람이니까. 심지어 독생자 예수님을 내주어도 아깝지 않은 존귀한 사람이니까.

성도 여러분, 자신을 과소평가하지 마세요. 하나님이 소중히 여기는 사람을 멸시하는 죄가 될 수 있습니다. 알고 보면 우리는 꽤 존귀한 사람입니다. 왜? 하나님이 소중히 여기는 사람이니까. 알고 보면 우리는 꽤 강한 사람입니다. 왜? 하나님이 나를 지키시니까. 6절에 "천만인이 나를 에워싸 진 친다 하여도 나는 두려워하지 아니하리이다." 왜 두려워하지 않을까요? 천만인보다 강하신 하나님이 나를 지키시니까. 나는 비록 약하여도 나의 하나님은 강하시니까, 그래서 나는 두려워하지 아니하리로다. 다윗의 고백이고, 또한 우리의 고백이기를 바랍니다. 왜? 다윗의 하나님이 또한 우리의 하나님이기 때문에.

[결론 : 고백으로 시작하는 하루]

새해 첫 주일에 주께서 우리에게 주신 말씀, 한숨 대신 고백으로! 올 해 여러분의 하루는 한숨이 아니라 고백으로 시작되기를 바랍니다. 우리의 하루는 걱정이 아니라 믿음의 고백으로 시작되기를 바랍니다. 고백은 뒷북이 아닙니다. 일이 다 끝난 뒤에 나오는 찬양만은 아닙니다. 고백은 내 삶을 이끌어가는 힘이 됩니다. 하나님을 나의 주인으로 모시는 초청장이요, 보기보다 훨씬 강하고 생각보다 훨씬 존귀한 나를 만나는 문이 됩니다. 한숨 대신 고백으로. 걱정 대신 고백으로. 고백으로 승리하시는 한 해가 되시기를 주님의 이름으로 축원합니다. 아멘.

설교 3. 올해의 표어 설교

나는 복음이 좋아요! (롬 1:16)

[서론: 올해의 표어]

　새해 첫 주일 하나님께서 우리에게 주시는 말씀은 "나는 복음이 좋아요!" 옛날 어느 산골소년이 외쳤다던 말하고 비슷하죠. "나는 공산당이 싫어요!" 우리는 외치기를 "나는 복음이 좋아요!"

　올해 교회의 표어입니다. "복음의 비밀을 누리고 나누는 행복한 사람들." 복음 때문에 행복한 사람들이란 의미로 잡았습니다. 길고 약간 복잡한 느낌도 있죠. 줄일 수 있습니다. 여덟 글자로 줄이면 뭐가 될까요? "나는 복음이 좋아요!" 우리 평생의 고백이지만, 특히 올해 저와 여러분의 진심어린 고백이 되기를 바랍니다. 아멘.

　모든 사람이 복음을 좋아하지는 않습니다. 오늘 본문에서 바울이 말하기를, "내가 복음을 부끄러워하지 아니하노니." 표현이 좀 묘하죠. 단순하게 나는 복음이 좋아요, 이러면 되는데 왜 복음을 부끄러워하지 아니한다는 말을 할까. 주변을 둘러보니 모두가 자기 마음 같지는 않은 거예요. 복음을 부끄러워하는 사람도 있고, 심지어 싫어하는 사람도 있는 거예요. **(이하 생략)**

제2장
고난주간 설교를 어떻게 할 것인가?

고난주간 '특새' 기획하기

올해도 어김없이 고난주간이 다가온다. 한 해 중 우리 그리스도인들의 마음이 제일 무거운 시즌이다. 우리를 위해 고통당하신 주님의 은혜와, 말 그대로 주님의 고난을 묵상하는 시간이다. 맛있는 외식도 자제하고, 표정도 조금은 어두운 얼굴이 어울리는 일주일이다. 그런데 주님께는 송구하지만, 설교자는 또 다른 이유로 마음이 무거운데, 고난주간 특새를 준비해야 한다. 특별새벽기도회의 준말인 특새는 이제 꽤 익숙한 단어가 되었지만, 특새 준비는 매년 해도 어렵다. 혹자는 말하길, 주님의 고난은 힘들어도 단번이었지만, 특새 준비는 매년 반복되니 어쩌면 이게 더 힘들지도 몰라. 진심이랴만, 매년 돌아오는 특새 준비가 부담은 부담인가 보다. 어김없이 돌아온 고난주간, 올해 특새는 어떻게 준비하면 좋을까?

신년 특새는 특별 강사를 초청하거나 교역자들이 돌아가면서 설교하는 경우도 많지만, 고난주간 특새는 대체로 담임목사 혼자서 인도한다. 고난주간의 특성상 떠들썩한 축제보다는 차분하고도 진중한 묵상이 어울리기 때문일 것이다. 준비하는 입장에서는 조금 부담되더라도, 지혜로운 방법이라 생각한다. 모든 설교의 중심은 언제나 우리 주님이지만, 특히 고난주간 메시지의 주인공은 단연 주님이어야 한다. 오직 주님께만 마음을 모아야 한다. 설교자가 바뀌다보면 아무래도 설교자에게 눈길이 모아질 가능성이 있다. 그런 뜻에서도 고난주간에는 익숙한 담임목사가, 오직 말씀으로, 성도들의 마음을 오직 주님께 모으도록 돕는 것이 좋지 않을까.

특새는 상황적으로 시리즈 설교를 요청한다. 몇 편의 설교가 한 꾸러미로 엮어지는 연속 설교 말이다. 설교자가 시리즈로 기획하든 하지 않든, 설교를 듣는 성도들 입장에서는 이미 시리즈로 연계해서 들을 수밖에 없다. 그러니 준비하는 입장에서도 낱알로 떨어진 설교보다는 애초에 꾸러미로 엮어지는 시리즈로 기획하는 것이 지혜일 것이다.

시리즈 설교에는, 필자의 판단으로 크게 두 유형이 있다. 본문 시리즈와 주제 시리즈다. 성경 본문을 연속적으로 이어서 설교하는 본문 시리즈, 그리고 본문은 여기저기서 끌어오지만 일관된 주제로 엮은 주제 시리즈다. 고난주간 특새에는 두 유형이 모두 가능한데, 본문 시리즈를 원한다면 QT 본문을 그대로 따라가면 된다. 많은 교회가 QT 교재를 새벽기도 본문으로 활용하는데, 고난주간에는 대체로 주님의 고난과 관련된 본문이 할당된다. 주로 복음서인데, 그 본문 편성대로 하루하루 설교하면 본문 시리즈가 마련된다. 물론 설교자가 스스로 선택한 연속 본문도 가능하다.

한편 주제 시리즈는 신구약 본문을 자유로이 오가면서 특새 본문을 정하면 된다. 이사야 53장을 포함하여 신구약을 혼재하여 고난주간 본문을 편성할 수 있다. QT 교재가 그렇게 구성되기도 한다. 본문은 흩어져 있어도, 주님의 고난이라는 주제가 일주일의 설교를 한 통으로 꿰어낸다. 혹은 가상칠언을 활용한 시리즈도 가능하다. 십자가에서 주님이 뱉으신 일곱 마디 말씀인 가상칠언은, 주님의 고난이라는 주제와 더불어 가상칠언이라는 관용어가 주는 연계성으로 인해 더욱 탄탄한 시리즈로 엮어질 수 있다.

완성도 높은 시리즈 설교를 위한 요건들

시리즈 설교가 갖추어야 할 조건은 어떤 것이 있을까? 필자의 경험을 바탕으로 다음 세 가지를 제안하는 바이다. 우선, '개별성에도 불구한 연결성'이다. 각 설교는 개별적인 고유한 메시지를 구성하지만, 시리즈 전체가 하나의 주제로 꿰어져야 한다. 본문 시리즈라 하더라도, 전체 설교를 관통하는 하나의 큰 주제가 있는 게 바람직하다. 그래야 시리즈라는 이름이 어울리지 않겠는가. 고난주간 특새는 '대체로' 주님의 고난이 그 자리를 차지한다. 대체로? 이어지는 셋째 조건에서 소개하겠지만, 주님의 고난 안에서도 다양한 초점이 가능함을 염두에 둔 단서다.

둘째는 '연결성에도 불구한 개별성'이다. 표면상 첫째 조건의 역(逆)조건인데, 시리즈 전체가 하나의 큰 주제로 엮어져야 하지만, 그럼에도 불구하고 오늘 설교는 내일 설교와 달라야 한다는 말이다. 매일의 설교는 각각 고유한 메시지를 확보하고, 선포해야 한다. 주님의 고난을 묵상한다고 해서, 오늘도 주님이 아프고, 내일도 아프고, 일주일 내내 주님의 통증만을 설교할 수는 없지 않은가. 오늘은 어제와 다른 무언가가 선포되어야 하고, 내일은 또 무언가 구별된 메시지를 담아내야 한다. 그런데 이게 생각보다 쉽지 않다.

그런 의미에서 '절제'와 '배분'의 기술이 필요하다. 절제와 배분? 오늘 본문에 나온 모든 의미를 선포해서는 안 된다는 말이다. 로이드 존스 목사의 설교를 보면, 로마서 한 절을 가지고도 성경 복음을 통째로 펼쳐내기도 한다. 참 귀한 은사이고, 본문에 대한 깊이 있는 해석이 정말로 남다른 분이다. 나에게도 주님이 그런 은사를 주셨다면 잘 활용하기 바란다. 그러나 고난주간 특새 시리즈에서는 그 귀한 은사를 조금은 자제하고 절제할 필요가 있다. 왜냐? 내일도 주님의 고난을 설교해야 하고, 또 그 다음날도 그러하기 때문이다. 내일을 위해, 또 다음 날을 위해 메시지를 조금씩 남겨두는 것이 지혜이다. 더 바라기는, 일주일 설교 전체를 미리 구상하면서 선포할 메시지를 적절하게 배분하는 기획도 필요하다.

마지막 셋째는 '지난해와 다른 올해의 초점'이다. 매일의 설교가 각각 고유한 메시지를 확보하듯이, 통으로 보아서 지난해 시리즈와 올해 시리즈의 초점에도 조금은 변화를 주는 것이 목회적인 지혜. 주님의 고난이라는 큰 틀은 동일하지만, 그 안에서 미세하지만 의미 있는 초점의 변화가 필요하다는 말이다. 성경이 전하는 메시지가 워낙 풍성하고 다양하니, 설교자의 성실성이 가미된다면 충분히 다양한 메시지 발굴이 가능하리라 믿는다.

필자의 경우 대체로 본문 시리즈를 실천하는데, 한 해는 주님이 당하신 '고난의 양상'에 초점을 맞추었다가, 다음 해에는 주님을 아프게 하는 '사람들의 말(言)'에 초점을 두고 시리즈를 준비했다. 그 다음 해에는 주제 시리즈로 전환하여, 가상칠언을 중심으로 특새를 준비하기도 했다. 다양성 자체가 설교의 목적이 되어서는 안 되겠지만, 주님의 고난이 가지는 의미의 깊이와 넓이를 성도들이 충분히 이해하고 감사할 수 있도록 돕는다는 점에서 의미 있는 노력이라고 생각한다. 이제 그동안 필자가 선포했던 고난주간 시리즈 설교를 간략하게 소개하도록 하니, 작은 참고가 되기를 바란다.

시리즈 구상 1. - 마가복음 본문 시리즈
주님이 당하신 고난

마가복음을 본문으로 한 본문 시리즈인데, 큰 주제는 "주님이 당하신 고난"이다. 설교 제목이 사실상 그 날의 메시지를 요약하고 있는데, 전체적인 흐름 이해를 위해 제목과 본문만을 우선 소개하면 다음과 같다.

하나,	이해받지 못하는 외로움	(막 14:32-42)
둘,	배신의 입맞춤	(막 14:43-52)
셋,	나는 당신을 모르오	(막 14:53-72)
넷,	불의한 재판	(막 15:1-15)
다섯,	벌거벗은 부끄러움	(막 15:16-32)
여섯,	죽음의 십자가	(막 15:33-47)
일곱,	생명의 떡	(요 6:47-58)

전체적인 구성은, 주님이 당하신 고난의 양상을 매일 한 대목씩 묵상하는 시리즈다. 주님이 이런 고난도 당하셨고, 저런 고난도 당하셨는데, 그 모두가 우리를 위한 희생의 고난이었다는 메시지

다. 6일을 그렇게 설교하고, 마지막 7일째는 요한복음 본문을 가지고 주님의 고난이 성찬으로 이어짐을 선포하였다. 요약 형태로 설교문을 소개하면 다음과 같다.

고난의 조각 하나. "이해받지 못하는 외로움" (막 14:32-42)

주님의 고난을 묵상하는 주간입니다. 속 모르는 사람은 주님을 나약하다고 말합니다. 제 한 몸도 지키지 못해서 죽임당한 나약한 예수. 그러나 정말 무지한 소리죠. 십자가에 달리심은 그분의 약함 때문이 아니라, 우리를 향한 그분의 사랑 때문입니다. 누군가에게 돈을 주는 것도 사랑이고, 어깨 한 번 다독거려주는 것도 사랑이지만, 진정한 사랑은 누군가를 대신하여 고난당하는 것입니다. 그래서 나는 십자가에 달린 예수님을 나의 주님으로 고백하고, 나의 영혼을 그분께 의탁합니다.

감사한 것은, 고난당하심이 그분의 선택이었다는 겁니다. 36절에 "이르시되 아빠 아버지여 아버지께는 모든 것이 가능하오니 이 잔을 내게서 옮기시옵소서. 그러나 나의 원대로 마시옵고 아버지의 원대로 하옵소서." 주님께도 십자가는 정말 무거운 짐이었습니다. 그래서 피할 수 있다면 피하고 싶었어요. 그런데 감사하게도 주님은 십자가를 지기로 선택하셨습니다. 누구를 위해서? 우리를 위해서. 우리를 위해 십자가의 고난을 선택해주신 주님의 은혜에 진심으로 감사를 드립니다.

그런데 그보다 더욱 감사한 것은, 주님은 아무도 이해해주지 않는 상황 가운데서도 우리를 위해 고통을 당하셨습니다. 그래서 더욱 감사해요. 힘든 일도 사람들이 이해해주면 그나마 쉬워요. 누군가 이해하고 격려하고, 응원까지 해주면 그나마 좀 덜 힘들어요. 그런데 우리 주님의 십자가는 참 외로웠어요. 37절에 "돌아오사 제자들이 자는 것을 보시고 베드로에게 말씀하시되 시몬아 자느냐 네가 한 시간도 깨어 있을 수 없더냐." 제자들이 자는 모습을 보면서 주님의 마음이 얼마나 아프셨을까요? 아무도 이해해주지 않는 길. 십자가의 수혜자들까지도 이해하지 못하는 길. 그 외로운 길을 주님은 묵묵히 걸어가셨습니다. 왜? 누구를 위해? 우리를 위해.

주님의 십자가는 한 대목 한 대목 감사의 제목이지만, 오늘은 이 감사의 기도를 드렸으면 합니다. 이해받지 못하는 상황 속에서도 묵묵히 십자가 지신 주님의 은혜에 진심으로 감사를 드립니다. 아멘.

고난의 조각 둘. "배신의 입맞춤" (막 14:43-52)

우리 예수님은 세상에서 가장 안타깝고도 아픈 죽임을 당하셨습니다. 죽음 치고 안타깝지 않은 죽음이 어디 있으랴만, 주님의 죽음은 더 아팠던 것이, 배신의 죽음이었기 때문입니다. 칼로 찌르는 것도 아프고, 몽둥이로 때리는 것도 아프지만, 배신의 아픔이 정말로 아파요. 아시는 분들은 아실 거예요. 누군가에게 배신당하는 아픔.

배신에도 급이 있어서, 누가 배신했느냐에 따라 강도가 차이가 납니다. 다른 사람은 몰라도, 이 사람은 날 배신해서는 안 되는 사람이 있잖아요. 주님께는 제자였을 겁니다. 3년을 한솥밥을 먹고 함께 동고동락한 제자. 하필 주님은 그 제자에게 배신당합니다. 아프셨겠죠. 배신의 장소도 뼈아파요. 하루 일과를 마치고 주님이 제자들과 함께 하루를 정리하던 추억의 장소가 있습니다. 다른 사람은 잘 모르는 추억의 장소. 하필 유다는 그 자리에서 주님을 배신합니다. 그리고 배신의 방법마저 잔인해요. 존경과 친밀함의 표시인 입맞춤을 통해서 주님을 배신합니다. "내가 입 맞추는 자가 그이니 그를 잡아."(44절) 유다의 속을 빤히 아시는 주님이, 유다가 입 맞추러 다가올 때 어떤 심정이었을까요? 이러나저러나 배신은 아프고 쓰리지만, 주님이 당하신 배신은 그 중에서도 참 마음 아픈 배신이었습니다.

그런데 우리가 여기서 생각할 것, 주님이 왜 이렇게 아픈 죽임을 당하셔야 했을까? 죽음 자체도 아픈데, 왜 이렇게 아픈 죽임을 당하셨을까? 이유인즉 우리의 죄를 바닥까지 속죄하기 위함이었습니다. 주님의 고난과 죽음은 우리의 죄에 대한 대가였습니다. 그래서 예수님은 죽어도 '그냥 죽으면' 안 돼요. 왜냐하면 우리의 죄가 '그냥 죄'가 아니기 때문에. 우리의 죄가 그냥 가볍고 얄팍한 죄라면, 우리 주님도 그냥 편안하게 죽기만 하면 되겠죠. 그런데 불행히도 우리의 죄가 그렇지 않은 모양이죠. 우리의 모든 죄를 넉넉히 사하시기 위해서, 주님은 가장 아픈 죽임을 당하셨습니다.

또한 주님이 그렇게 아픈 배신 가운데 죽임당하신 목적, 모두의 친구가 되시기 위해서라고 믿습니다. 이 땅에는 불행한 인생들이 참 많아요. 버림받고, 심지어 배신당한 안타까운 인생들. 그런데 그런 인생들에게도 주님이 필요하고, 그래서 주님은 그런 인생들의 아픔에도 함께하기를 원하셨습니다. 그래서 주님은 세상에서 가장 아픈 배신의 죽임을 당하셨습니다. 우리를 위해 가장 아픈 죽임을 당해주시고, 우리의 구원자와 친구가 되어주신 주님의 은혜에 진심으로 감사를 드립니다. 아멘.

고난의 조각 셋. "나는 당신을 모르오." (막 14:53-72)

해서는 안 되는 말이 있습니다. 입을 가지고 있으니, 무슨 말이든 할 수는 있어요. 내 입 가지고 내가 내 말을 하겠다는데 누가 말리겠어요. 그러나 할 수는 있지만 해서는 안 되는 말이 있어요. 오늘 베드로가 한 말입니다. "나는 예수를 모르오." 살면서, 말실수할 때도 더러 있지만, 성도 여러분, 일생 우리 이 말만은 하지 않기를 바랍니다.

왜냐? 우선은 거짓말이잖아요. 우리는 예수님을 알잖아요. 그러니 나는 예수를 모르오, 이런 거짓말은 우리 입에 담지 않기를 바랍니다. 그리고 이 말이 나에게 너무나 큰 재앙을 초래할 수 있어요. 영혼의 자살 언어잖아요. 나의 영혼을 지옥에 던지는 말입니다.

우리에게 구원의 소망이 있다면 뭐겠어요? 내가 예수님을 알고, 내가 그분을 믿는다는 거잖아요. 그러니 이 말은 안 돼요. 그리고 우리가 깊이 생각할 것이, 주님을 아프게 하는 배신의 말이라는 사실입니다. 유다의 배신도 그렇지만, 베드로가 "나는 예수 저 사람을 모르오." 이렇게 말할 때 주님의 마음이 얼마나 아팠을까요? 유다의 배신이 아프셨을까요, 베드로의 이 말이 아프셨을까요? 거기에 우리까지 가세한다면, 그건 정말 염치가 없는 짓이죠. 그러니 저와 여러분, 평생에 이 말만은 입에 담지 않기를 바랍니다.

더불어 우리가 그 말을 입에 담지 말아야 할 정말로 큰 이유, 우리 주님이 먼저 그렇게 해주셨기 때문입니다. 61절 말미에 대제사장이 묻기를 "네가 찬송 받을 이의 아들 그리스도냐?" 이때 주님이 십자가를 두려워하여, "아니요, 난 그런 사람 아니에요. 사람 잘못 봤소. 나는 그리스도가 아니오." 이러셨다면 어떻게 되었겠어요? 우리에겐 아무 소망이 없는 거죠. 아무런 구원의 소망이 없는 거죠. 그런데 감사하게도 주님은 그러시지 않으셨습니다. 십자가 앞에서도 당당하게 62절, "예수께서 이르되 내가 그니라." 그리스도로 고백하며 십자가로 나아가셨습니다.

베드로가 우리 주님이 아닌 게 얼마나 다행인지 몰라요. 두려워서 주님을 부인한 베드로가 우리 주님이 아니라, 십자가 앞에서도 굴하지 않고 "내가 그니라." 나를 위해 그리스도로서 십자가에 달려주신 주님의 은혜에 진심으로 감사를 드립니다. 바라기는 우리도 주님처럼 "나는 예수님을 압니다. 알고말고요." 그 어떤 경우에도 "나는 예수 믿는 사람입니다." 이 고백으로 살아가는 신실한 그리스도인이 되시기를 바랍니다. 아멘.

고난의 조각 넷. "불의한 재판" (막 15:1-15)

유전무죄 무전유죄. 그 탈옥수의 말이 사실이라면, 우리는 참으로 불행하고 불의한 사회를 살고 있는 셈입니다. 재판이 그렇게 불의하게 이루어진다면, 얼마나 불행해요. 우리 사회의 현실이 아니기를 바랍니다. 그런데 적어도 우리가 알기로, 정말로 불의하고 또 불의한 재판이 있었습니다. 바로 우리 예수님의 재판입니다.

재판장 빌라도가 아무리 죄를 찾아도 예수님의 죄를 찾을 수가 없었어요. 죄를 고발하는 증인들의 증언도 일치하지 않고, 증거는 애초에 없고. 피고석에 선 예수님께 죄가 있다면, 그저 당대 권력자들의 눈 밖에 났다는 거였습니다. 말도 안 되는 여론몰이 재판으로 결국 주님이 사형 언도를 받게 됩니다. 많은 사람이 이 재판에 대해 분노합니다. 세상에 저런 엉터리 재판이 어디 있느냐. 사도신경 고백할 때마다 본디오 빌라도가 욕을 얻어먹어요.

그런데 성도 여러분, 다른 사람은 몰라도, 우리는 그런 말할 자격이 없어요. 왜냐? 그 불의한 재판의 최대 수혜자가 누구냐? 바로 저와 여러분입니다. 우리의 구원이 어디서 나왔느냐? 바로 그 불의한 재판에서 나왔습니다. 대제사장의 모함에서 나왔고, 재판장 빌라도의 안이함에서 나왔지만, 실상은 우리의 죄를 위한 주님의 희생이었습니다. 그래서 나는 이 재판에 대해 할 말 없어요. 이 재판을 향하여 우리가 품어야 할 마음은 분노보다는 오히려 감사여야 합니다.

그런데 불의한 재판은 하나가 아니라 둘이었습니다. 예수님의 재판이 하나이고, 또 하나는 바라바의 재판입니다. 이 재판 역시 불의하기 짝이 없어요. 민란을 일으키고, 사람을 죽이다가 현행범으로 체포된 사람입니다. 당시 국법으로는 당연히 사형에 처해야 할 중죄인입니다. 그런데 오늘 이 사람이 무죄 방면됩니다. 혹자는 말할 거예요. 이런 엉터리 재판이 어디 있냐?

그런데 말이죠, 다른 사람은 몰라도 저와 여러분은 그런 말 함부로 하면 안 돼요. 왜냐? 그게 사실은 저와 여러분의 재판이기 때문입니다. 언젠가 우리도 우주의 재판정에 서게 될 겁니다. 우리의 죄가 낱낱이 드러나겠죠. 바라바보다 더 흉한 죄도 나올지 모르죠. 그런데 선고는 뭐예요? 무죄 방면. 왜? 나를 대신하여 십자가에 달린 예수님이 있기 때문입니다. 그래서 나는 이 재판에 대해서도 할 말 없어요. 말할 자격이 없어요. 주님의 불의한 재판이 있었기에, 우리의 불의한 재판이 가능합니다. 나를 위해 불의한 재판의 희생양이 되어주신 주님의 은혜에 감사를 드립니다. 아멘.

고난의 조각 다섯. "벌거벗은 부끄러움" (막 15:16-32)

수치심이 고통이 될 수 있습니다. 매로 맞는 것도 아니고, 불에 그슬리는 것도 아니지만, 수치심이 사람을 참 아프게 합니다. 어려서 성폭행을 당한 이후 평생 그 아픔으로 힘들어하는 분들이 있잖아요. 수치심의 고통이죠. 혹 우리 가운데 있다면 주님의 위로가 임하시기를 바랍니다. 주님은 그분들을 위로하실 수 있어요. 십자가의 고통에 수치심의 고통도 포함되어 있어요. 주님의 십자가를 묵상할 때, 우리가 자주 간과하는 대목이 바로 이 고통입니다. 성경이 이 부분에 대해서는 그리 적극적으로 기록하지 못해요. 민망하니까. 그저 행간을 읽으면서 주님의 고통을 짐작해야 합니다. 십자가에 달린 죄인은 벌거벗은 몸으로 달렸습니다. 달력 그림에는 천으로 몸을 가린 것으로 나오지만, 그건 화가가 그려 넣은 것이고, 실제로는 아무것도 걸치지 않으셨어요. 글로 표현하기도 어렵고, 상상해보는 것도 주님께 죄송한 민망함이 있는 상황입니다.

17절에 "예수에게 자색 옷을 입히고 가시관을 엮어 씌우고." 군인들이 지금 예수님한테 장난을 치고 있어요. 남자의 자존심이 주님이라고 왜 없었겠어요. 18절 "경례하여 이르되 유대인의 왕이여 평안할지어다 하고." 놀리는 거죠. 무엇보다 가슴 아픈 장면은 19절 "갈대로 그의 머리를 치며 침을 뱉으며 꿇어 절하더라." 갈대를 가지고 주님의 머리를, 표현도 죄송하지만, 톡톡 치는 거예요. 거기다 침을 뱉고, 그것도 얼굴에. 그래놓고는 절을 하고. 남자 아이들 자라면서 이런저런 장난을 치기도 하는데, 제 기억엔 이렇게까지 심한 장난은 없었어요. 만일 그런 수모를 당했더라면, 글쎄요, 힘이 있으면 주먹 쥐고 대들었을 것이고, 힘이 없으면 정말 자괴감으로 힘들어 했겠죠. 감사하게도 주님은 이 수모까지도 묵묵히 감당해 주셨습니다.

이유가 뭘까요? 우리 주님이 그토록 수치스러운 죽임을 당하신 이유. "배신의 입맞춤" 설교할 때 묵상했던 두 가지 이유, 그 이유입니다. 우선은 우리의 죄를 바닥까지 다 용서하시기 위해서. 우리의 죄가 그냥 죄가 아니니, 주님의 죽음도 그냥 죽음이어서는 안 되나 봅니다. 나의 죄를 깨끗이 씻어주시기 위해서 주님은 가장 아프고 또 가장 수치스러운 죽임을 당하셨습니다. 그리고 또 하나, 이 땅 모든 가련한 인생들의 친구가 되시기 위해서. 수치심으로 힘겨워하는 인생들이 많잖아요. 말 못할 부끄러움의 고통으로 힘들어하는 분들. 다른 사람은 몰라도, 주님은 위로하실 수 있고, 주님은 그 마음을 치유하실 수 있습니다. 주님의 능력도 그렇지만, 주님이 친히 그 고통을 아시기 때문입니다. 우리를 위해 세상에 가장 아프고 쓰린 죽임을 당해 주신 주님의 은혜에 진심으로 감사를 드립니다. 아멘.

고난의 조각 여섯. "죽음의 십자가" (막 15:33-47)

십자가는 인류가 고안해 낸 가장 잔인한 사형 방법이라고 합니다. 요즘도 사형이 언도되고 집행되지만, 이런 식의 사형은 지구상에 존재하지 않아요. 현대 사형의 목표는, 사형수로 하여금 고통 없이 가장 신속하게 죽음에 이르도록 하는 데 있습니다. 죽음 자체가 더할 나위 없이 무거운 형벌이기에, 죽음에 이르는 길만은 평안하게 해주자는 것이죠. 그런데 우리 예수님이 당하신 십자가형은 정반대의 목표를 가지고 있었습니다. 죄수로 하여금 가장 잔인한 고통을, 최대한 오랫동안 받게 하는 것이 십자가 사형의 목표였습니다. 죄수를 향한 극도의 적개심이 표출된 사형법입니다.

십자가형은 매질로 시작됩니다. 납덩이가 달린 가죽 채찍으로 후려치는데, 죄수의 살점이 찍혀서 나왔다고 합니다. 뼈가 드러나는 경우도 많았고, 십자가에 못을 박을 때 저항하지 못하도록, 그렇게 잔인하게 매질을 가했습니다. (이하 십자가의 육체적 고통 묘사 생략)

그러나 주님이 당하신 십자가의 고통은 그것만이 아니었습니다. 34절에 "제구시에 예수께서 크게 소리 지르시되 엘리 엘리 라마 사박다니 하시니 이를 번역하면 나의 하나님 나의 하나님 어찌하여 나를 버리셨나이까 하는 뜻이라." 하나님께 버림받는 고통, 이 고통이 어떤 고통인지는 아무도 모릅니다. 지금까지 그 누구도 경험해 본 적이 없기 때문입니다. 태초에 하나님이 천지를 창조하신 이후 우리는 늘 하나님의 보호 안에 있습니다. 물론 우리 삶에도 이런 고통, 저런 고통이 있지만, 적어도 하늘은 여전히 하늘의 자리에서 우리를 보호하고, 땅은 여전히 땅의 자리에서 우리를 보호합니다. 다시 말해 최소한의 창조 질서, 즉 최소한의 하나님의 보호하심의 울타리 안에 우리가 거하고 있다는 겁니다. 그런데 주님은 그 보호하심에서 버려지셨습니다.

죽음 앞에 당당한 사람들이 꽤 있었습니다. 악법도 법이라며 독배를 들이킨 소크라테스도 그랬고, 나의 죽음을 알리지 말라던 이순신 장군도 그랬습니다. 당당하게 삶을 마무리했습니다. 전해 내려오는 이야기에 의하면, 베드로도 당당하게 십자가에 달려 죽었다고 합니다. 그런데 우리 주님은 그러시지 못하셨어요. 겟세마네 동산에서 우리 주님은 떨고 계셨습니다. 제자들한테 같이 기도해 달라고, 약한 모습을 보이셨습니다. 왜 그러셨을까? 우리 주님이 다른 사람들보다 담력이 약해서 그럴까? 그럴 수는 없지요.

주님이 당하신 죽임이 다른 이들과 달랐기 때문이고, 다른 이들이 모르는 죽음의 실체를 주님은 아셨기 때문입니다. 하나님께로부터 버림받는 죽음. 이 자리에 있는 분들은 영원히 그 죽음, 그 고통은 맛보지 못할 것입니다. 왜냐? 우리 주님이 당해주셨기 때문입니다. 우리를 위해 하나님께 버림받아 주신 주님의 은혜에 감사를 드립니다. 사랑의 크기가 고통의 크기라면, 나를 향한 사랑의 크기가 나를 대신하여 당한 고통의 크기라면, 세상에서 나는 가장 큰 사랑을 받은 행복한 사람입니다. 주님의 십자가는 이 땅 그 누구도 감당 못할 깊고도 잔인한 고통이었고, 감사하게도 나를 위한 고통이었습니다.

성도 여러분, 우리 예수 믿고 사십시다. 우리를 구원할 신은 화려한 금빛 신상을 가진 신이 아니라, 우리를 위해 십자가에 달려주신 우리 주 예수 그리스도십니다. 이 이름 외에 우리를 죽음의 고통에서 건져낼 다른 이름은 이 땅에 없습니다. 우리를 위해 대가를 치러주신 이름, 예수 믿고 구원받으시는 복된 성도되시기를 주님의 이름으로 축원합니다. 아멘.

고난의 조각 일곱. "생명의 떡" (요 6:47-58)

자기 살로 어머니를 먹인 효자가 있었다고 하죠. 가난한 시절 먹을거리가 떨어졌을 때, 어머니께 고깃국을 끓여드리고자 자기 허벅지 살을 어떻게 했다는 효자. 생각하면 참 잔인한 이야기인데, 그 효심만은 참 따뜻합니다. 진짜 있었던 일인지, 아니면 지어낸 이야기인지 몰라도, 여하튼 아들 마음은 참 고마워요. 마음만이라도 나를 위해 그런 생각을 품어주는 사람이 있다면, 그 인생이 얼마나 행복한 인생일까요.

성도 여러분, 기뻐하시기 바랍니다. 그런 분이 우리한테 있어요. 자기 몸을 찢고, 자기 피를 흘려서 우리를 먹여 살리는 분, 누구시죠? 우리 주 예수 그리스도, 우리 주님이십니다. 나를 위해 자기 살을 도려낼 수 있는 아들을 둔 어머니가 행복한 사람이라면, 저와 여러분이 바로 그 행복한 사람입니다. 우리 주님이 바로 그런 은혜를 우리에게 베풀어주셨습니다. 십자가 위에서. 그래서 십자가는 정말로 끔찍한 흉물이기도 하지만, 저와 여러분에게는 너무나 감사한 희생입니다. 우리를 위해 몸과 피 흘려주신 주님께 감사를 드립니다. 아멘.

성찬이 뭐냐? 주님의 십자가가 나에게로 온 것입니다. 십자가에서 나를 위해 내어주신 주님의 몸과 주님의 보혈을 기념하는 예식이 바로 성찬입니다. 주님의 십자가 희생이 바로 내 앞에 당도한 것이 성찬입니다. 성찬의 떡은 주님의 몸을 상징하고, 포도주는 색깔 그대로 주님의 보혈을 상징합니다. 믿음으로 받을 때, 우리를 위해 주께서 내어주신 그분의 생명입니다. 믿음으로 받으시고, 주님이 주시는 영원한 생명을 누리시기 바랍니다.

그런데 안타깝게도 많은 이들에게 주님의 십자가가 미완의 사건으로 끝나고 있어요. 주님은 십자가의 상을 차려주셨지만, 이를 거부하는 자들이 많이 있습니다. 52절에 "그러므로 유대인들이 서로 다투어 이르되 이 사람이 어찌 능히 자기 살을 우리에게 주어 먹게 하겠느냐." 성찬을 거부하고, 십자가를 믿지 못하는 많은 사람들을 대변하고 있습니다. 48절에 "나는 생명의 떡이라." 이어서 50절에 "이는 하늘에서 내려오는 떡이니 사람으로 하여금 먹고 죽지 아니하게 하는 것이니라." 주님의 성찬은 준비되어 있습니다. 음식이 우리에게 생명을 주어야 한다면, 성찬이야말로 우리의 참된 음식입니다. 감사함으로 받으시고, 믿음으로 받으시기 바랍니다. 우리를 위해 몸과 피를 내어주신 주님의 은혜에 진심으로 감사를 드립니다. 아멘.

시리즈 구상 2. - 요한복음 본문 시리즈
살리는 말, 죽이는 말

다음은 요한복음을 본문으로 구성한 시리즈다. 주님의 십자가 사건을 전후로 주님을 포함하여 여러 인물들이 뱉은 말의 의미를 묵상하였다. 제목과 본문, 내용을 간략하게 소개하면 다음과 같다.

(1) 위험한 말, "나는 예수를 모르오"　　(요 18:15-27)
(2) 아쉬운 말, "진리가 무엇이냐?"　　(요 18:28-40)
(3) 악독한 말, "십자가에 못 박으소서"　　(요 19:1-16)
(4) 진리의 말, "나사렛 예수, 유대인의 왕"　(요 19:17-27)
(5) 희망의 말, "다 이루었다"　　(요 19:28-30)
(6) 위대한 말, "주님의 침묵"　　(요 19:31-41)

(1) 위험한 말, "나는 예수를 모르오." (요 18:15-27)

　　세상에서 가장 위험한 말이 있다면, 베드로가 한 이 말입니다. 최고의 보물인 주님을 놓치는 말이고, 나 스스로를 지옥에 내팽개치는 말입니다. 다른 말은 혹 몰라도, 설령 약해서 혹은 실수로 거짓말을 하는 경우가 있다 하더라도, 이 말만은 해서는 안 되는 말입니다. 나는 예수를 모르오. 우리 일평생 꿈에서도 이 말은 입에 담지 않기를 바랍니다. 우리의 고백은 언제나 "예, 제가 예수님을 압니다. 내가 그분의 사람입니다."이기를 바랍니다.

(2) 아쉬운 말, "진리가 무엇이냐?" (요 18:28-40)

빌라도의 말이 참 아쉬워요. 위선이라고 할 수도 있겠죠. 진리를 알려고 하는 물음이 아니었습니다. "진리가 다 뭐야, 진리가 밥 먹여 줘?" 냉소적이고 시큰둥한 말입니다. 그런데 결국 진리를 놓치는 말이 되었습니다. 진리이신 주님을 눈앞에 두고도 놓친 어리석은 말입니다. 적극적으로 주님을 향하여 다가갔더라면 얼마나 좋았을까요.

(3) 악독한 말, "십자가에 못 박으소서." (요 19:1-16)

거룩하신 주님을 향해서 참 악한 말이었습니다. 그분은 죄가 없으셨고, 십자가에 달린 만한 죄는 더더욱 없는 분이었습니다. 그분을 향하여, 십자가에 못 박으소서. 안 될 말이죠. 그러나 그럼에도 우리로서는 그들을 나무랄 수 없는 것이, 주님이 십자가에 달리셨기에 우리가 구원을 받았기 때문입니다. 그래서 할 말은 없지만, 그래도 정말로 악한 말이었던 것은 분명합니다.

(4) 진리의 말, "나사렛 예수, 유대인의 왕." (요 19:17-27)

유대인들이 떼어내려 했지만, 하나님의 섭리 속에 빌라도는 죄패를 고수하였습니다. 글귀가 쓰인 자리는 부끄럽고 초라한 죄패의 자리였지만, 적힌 문구만큼은 진리입니다. 나사렛 예수는 유대인의 왕이요, 온 세상의 구원자십니다. 십자가에 달린, 우리의 구원자이십니다. 나도 고백하기를, 나사렛 예수 나의 왕입니다. 아멘.

(5) 희망의 말, "다 이루었다." (요 19:28-30)

온 세상에 희망의 빛을 비추는 주님의 말씀입니다. 주님이 다 이루셨습니다. 우리가 이루어야 하는 게 아닙니다. 그분이 이루셨습니다. 앞으로 그분이 다 이루어야지, 이제부터 이뤄야지 다짐하는 말도 아닙니다. 이미 다 이루셨다는 선포입니다. 우리를 위해 다 이루어주신 주님의 은혜에 감사를 드립니다. 아멘.

(6) 위대한 말, "주님의 침묵." (요 19:31-41)

도살장에 끌려가는 소처럼 예수님은 침묵하셨습니다. 원망, 항변의 말을 뱉지 않으시고, 십자가에서 내려오시지도 않으셨습니다. 그저 침묵으로 그 무거운 십자가를 묵묵히 져주셨습니다. 그래서 우리의 구원이 완성된 줄 믿습니다. 주님의 말씀이 한 마디 한 대목 귀하지 않은 것이 없지만, 생각하건대 이 침묵이야말로 위대한 말씀이었습니다. 나도 때로 주님처럼 억울하게 침묵해야 할 때가 있겠지요. 우리를 위해 침묵해주신 주님의 은혜에 감사드립니다. 아멘.

시리즈 구상 3.
가상칠언 시리즈*

이번에는 가상칠언을 중심으로 특새를 기획하였다. 본문의 연속성은 없지만, 가상칠언이라는 전통적인 범주 명칭이 탄탄한 시리즈로 엮어준다. 제목과 본문, 메시지를 간략하게 소개하면 다음과 같다.

가언 하나, "아버지 저들을 사하여 주옵소서." (눅 23:33-35)
가언 둘, "오늘 네가 나와 함께 낙원에 있으리라." (눅 23:39-43)
가언 셋, "여자여, 보소서. 아들이니이다." (요 19:25-27)
가언 넷, "엘리 엘리 라마 사박다니." (마 27:45-46, 막 19:33-34)
가언 다섯, "성경을 응하게 하려 하사 이르시되 내가 목마르다." (요 19:28-29)
가언 여섯, "다 이루었다." (요 19:30)
가언 일곱, "아버지, 내 영혼을 아버지 손에 부탁하나이다." (눅 23:44-45)

---

* 〈그 말씀〉(두란노) 2012년 3월호에 실린 필자의 글을 정리한 것임.

가언 하나, "아버지 저들을 사하여 주옵소서." (눅 23:33-35)

예수님은 가장 고통스러운 십자가에서도 우리를 사랑하셨습니다. 누군가를 염려하기에 가장 부적합한 장소는 십자가입니다. 제 한 몸 돌보기 힘겨운 곳이고, 남의 사정을 결코 돌아볼 수 없는 험한 십자가입니다. 그런데 주님은 그곳에서도 우리를 기억하시고, 우리를 염려하셨습니다. "누가 우리를 그리스도의 사랑에서 끊으리요? 환난이나 곤고나 박해나 기근이나 적신이나 위험이나 칼이랴?"(롬 8:35)

가언 둘, "오늘 네가 나와 함께 낙원에 있으리라." (눅 23:39-43)

예수 십자가가 구원하지 못할 죄인은 없습니다. 예수 십자가의 구원 능력은 대상도 초월하고 상황도 초월합니다. 구원받기에 가장 부적합한 강도가, 구원받기에 가장 부적합한 십자가 형틀 위에서, 구원받기에 가장 늦은 죽음의 순간에 예수 십자가의 은혜로 구원받았습니다. 나의 모든 죄를 덮고도 남을 만큼 예수님의 십자가 은혜는 크고도 위대합니다.

가언 셋, "여자여, 보소서. 아들이니이다." (요 19:25-27)

예수님은 십자가에서 새로운 가족인 교회를 낳으셨습니다. 예수님은 십자가에서 일종의 '가족 주례'를 행하셨습니다. 어머니가 아니던 여인을 어머니로 선언하셨고, 아들이 아니던 사람을 아들로 선포하셨습니다. 예수님은 나를 위해 죽으셨지만, 더불어 우리-됨을 위해 죽으셨습니다. 예수님을 나의 주님으로 모신다는 것은, 곧 주님 안에서 우리가 서로를 가족으로 받는 것이고, 그것이 바로 교회입니다.

가언 넷, "엘리 엘리 라마 사박다니." (마 27:45-46, 막 19:33-34)

예수님이 당하신 고통의 절정은 하나님께 버림받음이었습니다. 가장 큰 고통에서 나오는 비명은 "악!" 혹은 "사람 살려!"가 아닙니다. "나의 하나님, 나의 하나님, 어찌하여 나를 버리셨나이까!" 말기암의 고통도 창조주의 손길 안에서 당하는 고통입니다. 그러나 예수님의 십자가는 창조주의 보호의 마지막 한 방울, 최소한의 보호마저 거절당한 버림받음의 고통이었습니다. 나를 위해 끔찍한 고통을 당하신 주님께 감사를 드립니다.

가언 다섯, "성경을 응하게 하려 하사 이르시되 내가 목마르다." (요 19:28-29)

예수님은 말씀대로 사셨고, 말씀대로 죽으셨습니다. 언생언사(言生言死). 우리 예수님이 사신 삶의 방식입니다. (일반적으로 "목마르다"에 메시지의 초점을 두지만, '연결성에도 불구한 개별성' 원칙을 따라 나머지 다른 본문에서 언급되지 않는 독특한 강조인 "성경을 응하게 하려 하사"에 초점을 맞추었다.) 말씀대로 우리를 위해 낮고 천한 이 땅에 오신 주님은, 말씀대로 우리와 같은 목마른 인생이 되셨고, 마침내 말씀대로 우리를 위해 죽으셨습니다. 주님의 온전한 말씀 순종이 우리의 온전한 구원이 되었습니다.

가언 여섯, "다 이루었다." (요 19:30)

예수님의 십자가는 완전한 구속 사역입니다. 더할 것도 감할 것도 없는 완전한 구원 사역이었습니다. 우리에게 참된 안식과 평화를 선물하는 완전한 십자가. 사도 바울이 행위 구원에 대해 그토록 격하게 반응한 것은 선한 행위 자체에 대한 거부감이 아니라, 예수 십자가의 완전성을 의심하는 도전에 대한 분노였습니다. 완전한 십자가 사역을 이루신 예수님, 오직 그분께 영광을 돌립니다.

가언 일곱, "아버지, 내 영혼을 아버지 손에 부탁하나이다." (눅 23:44-45)

예수님 안에서 죽는 자들은 복이 있도다. 예수님은 우리를 위해 새로운 죽음의 문을 여셨습니다. "아버지, 내 영혼을 아버지 손에 부탁하나이다." 십자가의 예수님이 우리 입에 선물하신 기도이며, 동시에 예수 안에 있는 우리에게는 있는 그대로의 현실이기도 합니다. "하늘에서 음성이 나서 이르되 기록하라 지금 이후로 주 안에서 죽는 자들은 복이 있도다."(계 14:13) 우리는 죽음을 향하여 죽는 것이 아니라 아버지의 품을 향하여 죽고, 부활을 향하여 죽습니다. 십자가에서 주님은 우리에게 새롭고도 행복한 죽음을 선물해 주셨습니다.

제3장
부활절 설교를 어떻게 할 것인가?

예수 부활, 나의 부활

역사적인 사건은 과거에만 머물러 있지 않고, 오늘 나에게도 의미 있는 그림자를 드리운다. 콜럼버스가 신대륙을 발견하던 날, 인류의 지형적인 지평이 한껏 넓어졌다. 우리로선 태어나기도 전의 일이지만, 우리 역시 그 날의 영향권 하에 살고 있다. 미국이라는 나라의 무게감까지 더하면, 콜럼버스의 그 날은 지금 우리에게도 정말 큰 날이었다.

그런데 이보다 비교할 수 없이 크고 의미 깊은 역사적인 사건이 있었으니, 우리 주 예수님의 부활이다. 생로병사의 울에 갇혀 있던 우리 인생의 지평이 영원한 부활 생명으로 넓어진 날이다. 신대

류을 넘어 영원한 신천지(이 귀한 이름이 엉뚱한 뉘앙스를 풍기게 되어 안타깝다.)를 우리에게 선물한 역사적인 사건이다.

단지 우리 인생 시간의 양만 많아진 게 아니다. 의미 면에서도, 죽음으로 끝나는 인생과 부활로 이어지는 인생은 차원 자체가 다르다. 예수 부활 이전 이 땅은 거대한 사형수 감방이었다. 집행 날짜를 모를 뿐 거부할 수 없는 운명으로 죽음의 그림자가 각 사람에게 드리어져 있고, 한 사람씩 이 모양 저 모양으로 집행이 이루어진다. 다소 염세적으로 들리지만, 정직하게 바라본 이 땅의 현실이 아닌가.

그런데 예수님의 부활이 이 땅에 새로운 지평을 열어젖혔다. 하루하루 죽음을 향해 달려가던 인생이, 이제는 하루하루 또 다른 삶으로 달려가는 인생이 되었다. 우리 삶의 끝은 어두운 죽음이 아니라, 우리 주 예수님께서 마련하신 영광스러운 부활 생명이다. 예수 부활, 나의 부활! 나를 위해, 우리를 위해 사망 권세 깨트리고 부활하신 우리 주님께 감사와 영광과 찬송을 올려 드린다. 아멘.

부활을 어떻게 설교할 것인가?

익숙한 것을 새롭게 설교하기. 부활절을 앞둔 설교자의 고민이 아닐까 생각된다. 너무나 익숙한 예수 부활을 올해는 어떻게, 지난해와 또 조금 다르게 어떻게 새롭게 설교할 수 있을까? 이래서 설교가 참 어렵다. 지난해 설교를 똑같이 할 수도 있을까? 그러나 거룩한 설교의 소임을 그런 식으로 감당할 수는 없지 않은가. 조금 더 고민하고 묵상의 땀을 한 바가지 더 흘려서, 매해 돌아오는 부활절 강단을 더 깊고 풍성하게 채워야 할 것이다.

그런 의미에서 부활 설교의 가닥을 최대한 다양하게 모색해 보려고 한다. 구분을 위해 이름을 붙여보면, 선포형(혹은 고백형), 도전형, 전망형, 그리고 고발형, 폭로형, 증명형 등이 가능하다. 이름 자체에서 과도한 의미를 추측하지 않기를 바란다. 설교의 주제와 방향을 구분하기 위한 단순 기호로 이해해주기 바란다. 유형별로 주제와 흐름을 간략하게 정리하면 다음과 같다.

구상 1. 선포 / 고백형

'부활을 믿습니까'형 설교라고 불러도 좋다. 예수님의 부활에 얽혀 있는 복음의 진리를 담백하게 확인하고 선포하는 설교다. 설득도 좋고, 논증도 좋지만, 복음은 무엇보다 선포와 고백이 아닌가. 예수 부활이 나의 부활임을 선포하고 고백하면 된다. 예수님 안에서 나도 사망 권세를 이기고 부활하여 영원한 생명을 누릴 것을 설교자가 고백하고, 성도들에게 동일한 믿음이 있는지를 확인하는 설교다.

구상 2. 도전형

부활을 믿는다면, 그 믿음대로 살라고 도전하는 메시지인데, 이름 하여 '부활을 살라'형 설교다. 입술의 고백이 우리 신앙의 기본이지만, 삶의 고백으로 이어질 때 진정한 고백이 아니겠는가. 행함이 없는 믿음은 죽은 것이라던 야고보 사도라면, 필시 삶-실천이 없는 부활 신앙은 껍데기라고 일갈할 것이다. 일상에서, 가족의 장례식에서, 그리고 언젠가 다가올 나의 죽음 앞에서, 가슴에 품은 부활 신앙을 삶으로 실천하라고 도전하는 설교다.

구상 3. 전망형

내용상 '부활, 그 날에는 무슨 일이?'형 설교라고 부를 수 있다. 무언가를 기대하게 하는 좋은 방법 가운데 하나는, 그 날을 그려보는 것이다. 주님 다시 오시는 그 날, 부활의 날에 우리에게 일어날 영광스러운 일들을, 손에 잡힐 듯 체감적인 언어로 소개하는 설교다. 설교를 통해 성도들을 이끌고 부활의 그 날로 시간 여행을 떠난다고 생각하면 된다. 회화적인 언어가 집중적으로 필요한 설교다.

구상 4. 고발형

마태복음 28장 11-20절 설교에 붙여본 이름이다. 예수님이 제자들을 파송하기에 앞서, 대제사장들이 군인들을 파송한다. 한 부활 사건에 대해 두 무리의 메신저가 파송된 것이다. 한 무리는 예수 부활의 참된 소식을 들고 세상으로 나갔고, 다른 한 무리는 시체를 도둑맞았다는 거짓을 들고 세상으로 나갔다. 당신에게는 어느 소식이 당도하였는가? 거짓 소식을 고발한다는 의미에서 '고발형' 설교라고 이름 붙였다.

구상 5. 폭로형

'죽음의 정체를 폭로'하는 설교다. 부활 선포에 죽음 논의가 빠질 수 없다. 부활장으로 불리는 고린도전서 15장 말미에도 사도 바울이 선포하기를 "사망아 너의 승리가 어디 있느냐 사망아 네가 쏘는 것이 어디 있느냐?" 부활은 곧 죽음에 대한 사망 선고다. 예수 부활 이전에 우리에게 드리어져 있던 죽음의 비참함과 두려움을 소개하고, 예수님의 부활 안에서 우리가 맞이할 새로운 죽음의 실체를 가슴 벅차게 소개하는 설교다.

구상 6. 증명형

부활은 과학적인 증명의 대상이 아니라 고백적인 선포의 대상이다. 다른 주제도 그렇지만, 설교단에서 부활의 과학성을 증명하려는 것은 어폐가 있어 보인다. 그러나 한 번쯤 현대를 살아가는 성도들을 위해 논리적이고 합리적인 언어로, 부활 신앙의 '과학적' 근거를 풀어주는 것도 의미가 있을 것이다. 다만 필자의 경험으로는 준비하기가 꽤 어렵고, 강의라면 몰라도 설교 세팅에서 성도들이 듣기에는 꽤 부담스럽다는 단점이 있다.

이제 각 유형별로 본문과 주제, 개요에 이어 요약 설교문을 소개하겠다.

설교 1. 선포 / 고백형

예수 부활이 나의 부활이요, 예수 생명이 나의 생명이다 (요 11:25-27)

요한복음 11장 25-27절을 본문으로 한 설교인데, 제목은 "예수 부활, 나의 부활"이다.

서론　"나는 부활이요 생명이니" 이 말씀(주님의 이름)에 담긴 의미는?
대지 1.　예수 부활, 나의 부활
대지 2.　예수 생명(영원한 생명), 나의 생명(영원한 생명)
결론　예수 믿고 살고 예수 믿고 부활하자.

[서론: 부활의 영광과 기쁨이 임하기를]

부활의 아침입니다. 오늘 주님께서 조금 독특한 이름으로 당신을 소개하십니다. 나는 부활이요 생명이니. 이 이름에 얽힌 의미를 묵상할 때, 부활의 기쁨과 영광이 우리 안에 풍성하기를 기원합니다.

[대지 1. 예수 부활, 나의 부활]

우선 부활, 우리 주님의 이름은 부활입니다. 이유가 뭘까요? 간단해요. 그분이 부활하셨기 때문입니다. 우리를 돌보고 이끄시는 분이니 그분의 이름이 목자였고, 우리 죄를 위해 십자가에 달리셨기에 십자가의 주님이십니다. 그런데 오늘은 왜 부활이냐? 장사된 지 사흘 만에 사망 권세를 깨트리시고 우리 주님이 다시 살아나셨습니다. 믿으십니까? 아멘. 그래서 그분의 이름이, 나는 부활이요.

그런데 감사하게도 이 이름은 그분만의 이름이 아니라 우리의 이름이기도 합니다. "나는 부활이요 생명이니 나를 믿는 자는" 그 다음이 뭐예요? "나를 믿는 자는 죽어도 살리라." 언젠가 우리에게도 죽음이 찾아올 것입니다. 주님처럼 우리에게도 죽음의 순간이 올 겁니다. 그런데 언젠가 우리에게도 부활이 찾아올 것입니다. 다시 한 번 주님처럼 말입니다. 예수 믿고 부활하시는 복된 성도들이 되시기를 주님의 이름으로 축원합니다. 아멘.

[대지 2. 예수 생명, 나의 생명]

이제 주님의 두 번째 이름, 생명입니다. 부활과 더불어 우리 주님의 이름은 생명입니다. 이 이름엔 또 무슨 사연이 있을까요? 영생입니다. 성경에서 생명은 곧 영생을 가리킵니다. 죽어가는 생명은 진정한 의미에서 생명이라 부를 수 없어요. 꺼져가는 생명. 예수님의 생명은 그런 연약한 생명이 아니에요. 사망 권세를 깨트리고 부활한 생명입니다.

그런데 한 번 더 감사하게도 이 이름이 또 누구의 이름? 저와 여러분의 이름입니다. 성도 여러분, 오래 살고 싶으세요? 예수 믿으세요. 건강 관리한다고 오래 사는 것 아니에요. 끼니마다 비타민C 두 알 먹는다고 오래 사는 게 아니에요. 정말로 오래오래 장수하는 비결은 "나는 부활이요 생명이니… 나를 믿는 자는 영원히 죽지 아니하리라." 믿으십니까? 아멘.

[결론: 예수 믿고 부활 생명 누리기를]

오늘은 부활절, 우리 인류 역사의 분수령이 된 날입니다. 막다른 벽인 줄 알았던 죽음의 벽을 뚫고, 우리 주님이 부활 생명의 길을 여신 날입니다. 예수 믿고 영원한 부활 생명을 누리시는 복된 인생이 되시기를 주님의 이름으로 축원합니다. 아멘.

부활절은 축제의 날이다. 축제의 언설은 복잡하고 심오한 말보다 단순하면서도 선포적인 언어가 제격이다. "믿습니까, 믿습니까"를 연발하는 설교에 대해 거부감을 가진 이들도 많다. 무엇이든 과하면 희화화될 수 있다. 그러나 복음을 받는 기본 루트는 누가 뭐래도 믿음이 아닌가. 오늘은 꼭 확인할 필요가 있다. 정말로 예수 부활, 나의 부활을 믿는지.

설교 2. 도전형
부활을 향하여 살라 (고전 15:12-19, 29-34)

고린도전서 15장 12-19절, 29-34절을 가지고 도전형 설교를 구성할 수 있다.

서론 예수 부활의 증인이 되라. 어떻게?
대지 1. 입술로 고백하라
대지 2. 삶으로 고백하라
대지 3. 죽음으로 고백하라
결론 부활 신앙으로 살고 부활 신앙으로 죽자

[서론 : 믿음을 보여주세요]

예수 부활, 나의 부활! 성도 여러분, 부활을 믿으십니까? 아멘. 그렇다면 여러분의 믿음을 보여주세요.

[대지 1. 입술로 고백하라]

무엇보다 입술의 고백이 있기를 바랍니다. "나는 부활을 믿습니다. 예수 부활, 나의 부활! 주님이 부활하셨듯이, 나도 부활할 것을 믿습니다." 이 고백이 여러분의 고백이 맞습니까? 아멘. 행여 나도 "사람이 죽으면 끝이지, 부활이 어디 있어?" 농담이라도 그런 말은 입에 담지 않기를 바랍니다. 바울 당시에도 그런 분들이 더러 있었나 봐요. 12절 중간에 "너희 중에서 어떤 사람들은 어찌하여 죽은 자 가운데서 부활이 없다 하느냐." 예수 부활, 나의 부활! 우리 그 어떤 순간에도 일생동안 이 고백을 품고 살기를 바랍니다.

[대지 2. 삶으로 고백하라]

행함이 없는 믿음은 죽은 것이라 했습니다. 입술에만 머문 고백은 진정한 고백이라 보기 어려워요. 삶으로 실천되어야 합니다. 본문 19절에 "만일 그리스도 안에서 우리가 바라는 것이 다만 이 세상의 삶뿐이면 모든 사람 가운데 우리가 더욱 불쌍한 자이리라." 왜냐? 정말 부활을 믿고, 그 믿음에 준해서 살아왔기 때문입니다. 부활 소망을 품고 희생하고, 부활 소망을 품고 주님을 위해 손해 보는 삶을 살아왔습니다. 만일 부활이 없다면, 바울도 누구처럼 "내일 죽을 터이니 먹고 마시자" 하며 살았을 수 있겠죠(32절). 그러나 부활을 믿기에, 그는 다른 삶을 살았습니다. 우리의 삶도 그와 같기를 바랍니다.

부활을 믿는다면 누추한 삶을 살 수가 없어요. 주님 앞에 다시 서는 부활의 날이 있음을 아는 사람이 그렇게 함부로 살 수는 없죠. 부활을 믿는다면 함부로 실망할 수도 없어요. 사망 권세 깨트린 주님께서 나와 함께하심을 믿는 사람은 섣불리 낙심하지도 않아요. 최후의 승리를 믿는 사람은 결코 좌절하지 않습니다. 저와 여러분의 삶이 그러하기를 바랍니다.

[대지 3. 죽음으로 고백하라]

죽음의 순간에도 우리의 부활 신앙이 빛을 발하기를 바랍니다. 죽음은 어쩌면 내 신앙의 실체가 드러나는 순간입니다. 내가 정말 무엇을 믿고 살았는지를 적나라하게 보여주는 시간입니다. 성도 여러분, 우리 잘 죽을 수 있기를 바랍니다. 부활 신앙으로 품위 있게 죽음을 맞이할 수 있기를 바랍니다. "나는 날마다 죽노라."(31절) 죽음 앞에 초연한 바울의 내공은, 부활 신앙에서 나옵니다. 잘 사는 것도 중요하지만, 신앙인에게는 잘 죽는 것도 정말로 중요합니다. 내심 제가 참 걱정이에요. 목회자들 중에 더러 죽음 앞에서 초라해지는 분들이 있다고 해요. 남들 돌보느라 자기 신앙을 놓칠 수 있는 것이죠. 언제일지 모르지만 믿음으로 초연하게 맞이할 수 있기를 바랄 뿐입니다.

[결론: 부활 신앙을 삶으로]

내가 믿는 부활 신앙을 삶으로 실천하는 성도들이 되시기 바랍니다.

설교 3. 전망형

부활을 기대하며 살라 (고전 15:35-49)

고린도전서 15장 35-49절을 본문으로 구상한 설교인데, 제목은 "부활, 그 날의 광경"이다.

서론	부활의 날에 우리에겐 무슨 일이 일어날까?
대지 1.	살아남
대지 2.	영광스러운 변화
대지 3.	행복한 만남
결론	부활을 기대하며 살자

[서론: 부활의 날엔 무슨 일이?]

오늘 묵상할 말씀은 "부활, 그 날의 광경"입니다. 부활의 날에 도대체 우리에게 어떤 일이 벌어질지, 그 날의 광경을 가늠해 보려고 합니다. 많이 멀어 보이지만 결국 다가올 날입니다. 행복하고도 귀한 깨달음의 시간이 되기를 바랍니다.

[대지 1. 살아남]

제일 당연한 것부터 시작합니다. 부활의 그 날, 우리는 다시 살아나게 될 것입니다. 언젠가 죽음의 날이 오겠죠. 더 이상 나의 심장이 뛰지 않고, 내 혈관 속 피가 더 이상 뜨겁지 않고, 싸늘하게 몸이 식어 죽음을 맞게 될 것입니다. 그러면 화장하고 땅 속에 묻고. 그렇게 썩고, 형체도 없어지고, 이름마저 잊혀지고. 그런데 그게 끝이 아닙니다. 주님이 다시 오시는 부활의 그 날, 썩었던 나의 몸이 형체를 회복하고, 새 살이 돋아나고, 멈췄던 나의 심장이 다시 콩닥콩닥, 나의 몸에 따뜻한 온기가 돌고, 그렇게 우리의 몸이 다시 살아나게 될 것입니다. 성도 여러분, 믿으십니까? 아멘. 믿음대로 될지어다.

[대지 2. 영광스러운 변화]

또한 그 날에 우리 몸에는 거룩한 변화가 일어날 것이다. 42절에 "죽은 자의 부활도 그와 같으니 썩을 것으로 심고 썩지 아니할 것으로 다시 살아나며." 시골의 걸걸하신 할머니들이 화가 나시면 이 썩을 육신, 그러시는데 진실입니다. 그런데 주님 다시 오시는 날에는 진실이 아니에요. 우리는 더 이상 썩지 않을 영화로운 몸으로 부활할 것입니다. 그날에는 병원도 문 닫고, 특히 성형외과도 문을 닫아요. 43절에 "욕된 것으로 심고 영광스러운 것으로 다시 살아나며." 공간적인 제약도 극복하게 될 것입니다. 예수님이 부활하셨을 때, 잠긴 문을 뚫고 들어오신 일이 있죠. 제자들이 모여 있는 방 한 가운데 주님이 갑자기 나타나시는 바람에 제자들이 많이 놀랐잖아요. 부활의 그 날에 우리에게도 그런 일이 벌어지지 않을까 조심스레 상상해 봅니다. 기대하셔도 좋습니다.

[대지 3. 행복한 만남]

마지막으로 그날은 우리에게 행복한 만남의 날이 될 것입니다. 죽음이 참 슬픈 것은 사람을 갈라놓아요. 사랑하는 가족을 갈라놓고, 그리운 친구들을 갈라놓아요. 한 교회를 섬기는 믿음의 형제들이 떠날 때, 마음이 많이 아파요. 그런데 주님 다시 오시는 그 날, 모두가 한 자리에 만나게 될 것입니다. 다시 만날 걸 생각하면 좀 부담스러운 사람도 있고, 또 부담스러운 기억도 있죠. 그런데 그날에는 아무런 부담도 문제도 되지 않을 겁니다. 모든 것이 영화롭게 된 아름다운 만남이 될 것입니다.

[결론: 부활의 날에 만납시다]

그날을 놓치지 않기를 바랍니다. 부활 신앙으로 사시고, 부활 신앙으로 품위 있게 죽으시고, 주님 오시는 그 날 반가운 얼굴로 만나 뵙기를 바랍니다.

설교 4. 고발형
예수 부활의 참 복음을 받으라*

사도 마태가 대제사장의 군인 파송 장면(28:11-15)을 소개하는 이유는, 단지 시체 도난설의 허위성을 폭로하기 위함만은 아니다. 예수님의 제자 파송(28:16-20)과 의도적으로 대비시키고 있다. 참된 사도 파송과 대비하여 가짜 사도 파송을 고발하려는 의도가 숨어 있는 듯하다. 마태의 의도를 좇아 "한 활 두 소식"이라는 제목으로 아래 설교를 구성하였다.

서론   요코이 동굴 이야기 : 소식이 전해지지 않으면 여전히 어둠 속에 산다
마디** 1. 예수님의 제자 파송 - 예수 부활의 진실이 당신에게 당도했는가?
마디 2.   대제사장의 군인 파송 - 거짓의 장애물을 넘어 진실이 당신에게 당도했는가?
마디 3.   역사의 반복 - 지금도 세상은 거짓과 진실의 각축장이다

* 〈그 말씀〉 2012년 4월호에 필자가 기고한 설교임.
** 하나의 질문에 대한 세 대답으로 구성되는 일반적인 대지 설교가 아니라, 귀납적인 기승전결의 흐름을 좇은 설교라는 점에서 '대지' 대신 '마디'라고 이름을 붙였다.

마디 4.   진실의 승리 – 예수님은 정말로 부활하셨다!
결론   당신의 마음에 들어온 소식은 무엇인가? 예수 부활의 진실이기를

[서론 : 요코이 동굴 이야기]

남태평양 괌 섬에 가면 요코이라는 이름의 동굴이 있다고 합니다. 1972년, 그곳에서 요코이라는 한 노인이 발견되어 붙여진 이름이라고 해요. 이 노인이, 알고 보니 2차 대전에 투입된 일본군인데, 전쟁이 끝나고 30년이 되도록 거기서 혼자 살아온 거예요. 왜냐? 소식이 전해지지 않아서. 전쟁이 끝난 줄도 모르고, 어두운 동굴 속에서 홀로 외로이 살아온 거죠. 그 인생 불쌍해서 어떡해요.

[마디 1. 예수님의 제자 파송]

부활하신 예수님이 제자들을 파송하신 이유가 바로 여기에 있습니다. 사망 권세를 깨트리고 주님이 부활하셨어도, 소식이 전해지지 않으면 아무 소용이 없어요. 그래서 주님이 제자들을 파송하십니다. 두 손에 예수 부활의 복음을 쥐어주시고는, 가라 세상으로! 성도 여러분, 예수 부활의 복음이 여러분에게 당도하였습니까? 아멘.

[마디 2. 대제사장의 군인 파송]

눈여겨볼 것이, 그날 파송식이 하나가 아니라 둘이었어요. 주님의 제자 파송에 앞서 또 하나의 파송식이 있었는데, 대제사장들

이 군인들을 파송합니다. 역시 두 손에 소식을 쥐어주는데, 거짓입니다. "너희는 말하기를 그의 제자들이 밤에 와서 우리가 잘 때에 그를 도둑질하여 갔다 하라."(13절) 대제사장들 뒤로 어두운 그림자가 보이는 듯합니다. 주님을 사망 권세에 가두어두려다 실패한 어둠의 세력이, 이번에는 주님의 부활 소식이라도 무덤 속에 가두어두려 합니다. 혹시 이 소식도 여러분에게 당도하였는지요?

[마디 3. 역사의 반복]

그 날 이후 세상은 두 소식의 각축장이 되었습니다. 예수 부활의 복음과 함께 대제사장들이 군인들을 통해 유포한 거짓의 각축장입니다. 군인들의 후예가 지금도 거짓을 유포합니다. 의사며 과학자들이며, 본의 아니게 군인들의 메시지를 전달하고 있습니다. "생로병사는 인간의 자연스러운 운명입니다. 그저 건강하게 장수하는 것이 인간이 누릴 수 있는 최고의 복입니다." 얼굴이라도 흉하게 생긴 분들이면 모르는데, 참 신뢰가 가는 얼굴에 정말 인격적인 분들이 그렇게 가르치니, 많은 이들이 정말로 그런 줄 압니다.

[마디 4. 진실의 승리]

그런데 오늘 저는 사도들의 자리에 서려 합니다. 비록 부족한 사람이지만, 주님께서 맡기신 진실을 선포합니다. 성도 여러분, 예수님이 부활하셨습니다. 사망 권세를 깨트리고 우리 주님이 부활하셨습니다. 아멘. 사도들의 발걸음이 참 무거웠을 겁니다. 군인들은 돈도 받고, 당시 권력자들에게 신변보장의 약속도 받았습니다(14-15절). 그런데 사도들은 돈도 없고, 이번에 나가면 살아서 돌아오기 어렵겠다는 불안감도 있어요. 그럼에도 불구하고 그들은 나갑니다. 왜냐? 예수님이 정말로 부활하셨기 때문에. 사망 권세를 깨트리고 정말로 우리 주님이 부활하셨기 때문에. 그래서 나갑니다. 그리고 지금도 요코이 동굴에 갇혀 있는 이 땅의 가련한 백성에게 예수 부활의 소식이 간절히 필요하기 때문에.

[결론]

성도 여러분, 여러분의 가슴에 당도한 소식은 무엇입니까? 거짓 사도의 가짜 복음입니까, 아니면 참 사도의 참된 복음입니까? 거짓을 물리치고, 예수 부활의 진실이 여러분의 가슴에 당도하였기를 바랍니다.

설교 5. 폭로형

예수 안에 새로운 죽음을 취하라 (고전 15:55-58)

죽음이란 인간에게 참 두려운 존재다. 이 두려움을 어떻게 극복할 것인가? 일반 종교의 방법은 새로운 해석을 통해서다. 윤회라는 이름으로, 혹은 자연으로 돌아간다는 이름으로, 죽음이 풍기는 칙칙한 두려움을 순화시키려 했다. 그래서 어차피 죽을 거, 마음이라도 편하게 죽으려 했다. 거칠게 표현해서 '아편 종교'라고 부를 수 있다. 실체는 그대로 둔 채 두려움만을 해소하려는 시도였다. 그런데 성경은 이런 아편 종교를 거부하고, 죽음 자체를 극복하려 한다. 죽음을 있는 그대로 불길하고 안타까운 재앙으로 직시하고는, 예수 부활 안에서 죽음을 뒤집어 낸다. 고린도전서 15장 55-58절을 본문으로 아래 설교를 구상하였다. 죽음의 실체를 폭로한다는 의미에서 '폭로형'이라는 이름을 붙였다.

서론 죽음이란 무엇인가?
대지 1. 자연적 운명: 죽음에 대한 일반적인 생각
대지 2. 불청객 원수: 죽음에 대한 성경의 생각

대지 3.   부활의 관문: 예수 부활이 선물한 새로운 죽음
결론   부활 소망으로 살라

[서론: 죽음이란 무엇인가?]

죽음이란 무엇일까요? 시간적으로 우리 인생에게 삶보다 더 큰 자리를 차지하는 게 어쩌면 죽음입니다. 태어남 이전이 죽음이었고, 죽음 이후가 죽음이니까요. 죽음은 우리 사람에게 실체를 알 수 없는 미지의 세계입니다. 가는 이는 있어도 돌아오는 이가 없는 어두운 미지의 세계, 죽음이란 도대체 무엇일까요?

[대지 1. 자연적 운명]

세상은 말하기를, 자연이고 운명이라고 말합니다. 생로병사의 틀 안에서 우리가 자연스럽게 받아들여야 할 운명으로 죽음을 소개합니다. 원래부터 우리 존재의 영원한 일부였다는 거죠. 의사도 그렇게 말하고, 과학자도 그렇게 말하고, 죽음을 앞둔 시골 할머니들도 그렇게 말합니다. 그런데 그게 정말 사실일까요?

[대지 2. 불청객 원수]

성경은 죽음을 다르게 봅니다. 원래 내 존재의 일부가 아니라 어느 날 찾아온 불청객이라고 말합니다. "사망이 쏘는 것은 죄요 죄의 권능은 율법이라."(56절) 아담의 범죄로 인해 우리에게 덮친 재

앙이라는 거죠. 원래부터 우리의 운명이 아니라, 어느 날 나를 덮친 재앙, 그래서 어떡하든 벗어나야 할 누더기라는 겁니다. 그리고 언젠가 벗어버릴 수 있는 누더기 옷이라는 의미입니다. 언제 벗을 수 있을까요? 혹은 누구를 통해 벗을 수 있을까요?

[대지 3. 부활의 관문]

예수 안에서 우리는 새로운 죽음을 만납니다. "사망아, 너의 승리가 어디 있느냐? 사망아, 네가 쏘는 것이 어디 있느냐?"(55절) 예수 이전의 죽음이 어두운 멸망으로 가는 길이었다면, 예수 안에 있는 우리에게 죽음은 주님 품으로 들어가는 관문입니다. 부활 생명으로 이어지는 길이 되었습니다. 우리에게 새로운 죽음을 선물하신 예수님의 은혜에 진심으로 감사를 드립니다.

설교 6. 증명형

예수 부활은 과학적인 결론이다 (고전 15:1-11)

예수님의 부활을 과학적으로 증명할 수 있을까? 자연과학적인 방식으로는 범주 자체가 달라서 불가하지만, 역사과학적인 방법으로는 충분히 과학적인 추론이 가능하다. 고린도전서 15장 1-11절을 가지고 증명형 설교를 구상하였다.

서론	부활 신앙은 과학적인가?
마디 1.	과학성의 잣대: 재현 가능성 vs. 설명 가능성
마디 2.	부활을 전후에 일어난 확인된 사건들
마디 3.	가설 검증: 시체 도난설, 기절설, 환상설 등
마디 4.	가설 검증: 예수 부활설
결론	예수 부활은 과학적인 결론이다

[서론: 부활 신앙은 과학적인가?]

예수님의 부활은 과학적일까요? 그렇지 않습니다. 과학의 범주를 넘어서는 일이기에 부활이 과학적이라고 말하긴 어려워요. 그렇다면, 우리의 부활 신앙은 어떨까요? 예수님이 부활했다고 믿는 우리의 부활 신앙은 과학적인 믿음일까요? 여기에 대해서는 그렇다고 답할 수 있습니다.

[마디 1. 과학성의 잣대]

과학적 추론에 동원되는 잣대는 크게 두 가지입니다. 재현 가능성과 설명 가능성입니다. 자연과학에서는 주로 실험을 통한 재현 가능성으로 과학성을 확보하지만, 예수님의 부활 같은 역사적인 사실을 추론할 때는 설명 가능성의 잣대를 동원합니다. 먼저 그 사건 전후에 일어난 확인된 사실들을 수집하고, 이런 저런 가설을 세운 뒤, 수집된 사실들을 가장 잘 설명하는 가설을 채택하는 것이죠. 흔히 하는 말로, 정황 증거에 기초한 추론입니다.

[마디 2. 부활 전후에 일어난 일들]

예수님의 부활과 관련하여 확인된 정황 혹은 사실로는 무엇이 있을까요? 우선은 예수님이 십자가에서 죽으셨다는 것. 그리고 시체가 사라졌다는 점. 그리고 며칠 사이에 제자들이 급격하게 변화되었다는 사실을 꼽을 수 있습니다. 주님이 십자가에 달릴 때 겁먹고 달아났던 제자들이 불과 며칠 사이에 죽음을 두려워하지 않는 용사가 되어서 나타났습니다. 이건 부활을 믿든 안 믿든, 동의하는 확인된 내용들입니다. 이 기이한 일들을 어떻게 설명해야 할까요?

[마디 3. 시체 도난설, 기절설, 환상설 점검]

시체 도난설로는 사라진 시체를 설명할 수 있어도, 제자들의 변화는 설명할 수 없어요. 자기들이 훔쳐놓고는, 부활을 고백하며 순교한다? 이건 말이 안 되죠. 어떤 학자는, 이건 부활보다 더 어려운 심리적인 기적이라고 말했습니다. 기절설은 로마 병사들이 들으면 정말 기절, 말도 안 되는 주장입니다. 20세기 들어와서 자주 제기된 환상설도 부적합입니다. 환상을 보려면 일정한 조건이 필요한데, 무엇보다 간절한 바람이 있어야 한다고 해요. 주님의 부활을 간절히 고대하고 있는 사람한테, 헛것이 보일 수 있다는 거죠. 그런데 제자들에겐 그런 마음이 없었어요. 다들 도망가는 통에 무슨 그런 기대가 있었겠어요. 그리고 환상의 특징이, 집단 환상은 불가능하다고 합니다. 두 사람이 있어도 한 사람은 보고, 다른 한 사람은 못 보는 게 환상인데, 주님의 경우엔 오백여 형제가 함께 보았다고 했습니다(6절).

[마디 4. 부활 '설' 점검]

이제 남은 건 예수 부활 '설' 뿐입니다. 주님이 부활하셨다면 이 모든 사실이 깔끔하게 설명됩니다. 부활하셨으니 시체가 사라졌고, 부활 예수를 만났으니 제자들이 그렇게 급격하게 변화된 것이지요. 가장 극적인 변화는 바울의 변화입니다. 알다시피 전직 교회 핍박자입니다. 부활 신앙을 고백하는 교회를 가열차게 핍박하던 사람인데, 어느 날 이 사람이 부활 예수의 증인으로 나타났어요. 어찌 된 일일까요? 다른 사도들처럼 그도 말하길 "내가 부활 예수를 만났습니다." 이 정도 되면 예수님의 부활을 믿는 것이야말로 가장 합리적이고 과학적인 결론일 것입니다.

제4장
어린이/어버이 주일 설교를
어떻게 할 것인가?

어린이/어버이 주일?

예배와 주일의 주인은 오직 우리 주님이시다. '주일'의 주(主) 자가 다름 아닌 우리 주님 주 자이고, 온 우주에 우리의 예배를 받으시기에 합당하신 분은 오직 우리 주님이시다. 그런 점에서 '어린이 주일', '어버이 주일'이라는 이름에 이의를 제기하는 분들이 더러 있다. 어린이를 위한 주일, 어버이가 주인된 주일이라는 뉘앙스를 줄 수 있다는 이유인데, 매우 공감되는 지적이다. 어린이 주일의 주인도 오직 주님이시고, 그날 드리는 예배의 주인도 변함없이 우리 주님이시다. 그럼에도 이 용어가 통용되고 있는데, 어떻게 이해하는 것이 좋을까?

필자로서는, 어느 목사님의 해명이 참 공감이 되었다. 그 교회에서는 남성 주일이라는 이름으로 한 주를 보낸 모양인데, 성도들 가운데 항의가 들어왔던 모양이다. 오직 주님이 주인되셔야 할 주일인데, 어떻게 남성이 혹은 여성이 중심을 차지할 수 있냐고 말이다. 목사님으로서도 충분히 의미 있는 항의라고 생각되었던 모양이다. 그래서 묵상과 고민 끝에 공적인 자리에서 해명하기로 결심하셨다고 한다. 해명은 다음과 같다. "예배의 주인은 오직 주님이십니다. 주일의 주인도 당연히 주님이십니다. 그런데 특별히 오늘은 예배를 통해 남성들을 격려하고, 주님의 이름으로 특별히 아버지들을 위로하는 시간이 되기를 바랐습니다." 신학적으로 더 엄밀한 탐색과 수정이 필요할지 모르겠으나, 필자로서는 수긍이 된다.

어린이/어버이 주일이 지칭하는 것은 예배의 주인이 아니라 메시지의 방향이다. 가정의 달이라는 이름도 자주 보이는데, 이는 가정이 예배의 중심이라는 의미가 아니다. 다만 선포될 말씀의 방향이 가정에 맞추어진다는 의미다. 예배는 주님을 경배하는 시간이면서, 동시에 우리를 향한 주님의 말씀을 받는 시간이다. 성경을 통해 주님은 많은 말씀을 주셨다. 전능하신 하나님의 창조를 일러주셨고, 주님의 십자가와 부활로 이루신 구원의 복음을 일러주셨다. 우리와 함께하시는 성령 하나님의 존재와 사역을 일러주셨다. 그리고 연하여, 주님의 백성인 우리가 어떻게 살아야 하는지에 관한 가르침도 다양하게 주셨다. 가르침 중에는 가정의 원리, 자녀의 본분,

부모의 역할 등도 포함된다. 우리 삶의 중요한 대목이고, 성경이 깊은 관심을 표하는 영역이기도 하다. 어린이 주일, 어버이 주일은 바로 이러한 말씀을 새기기 위한 절기형 장치다.

어린이/어버이 주일 설교를 어떻게 할 것인가?

어린이/어버이 주일, 혹은 가정의 달에는 어떤 설교가 좋을까? 다양한 설교, 그야말로 다양한 설교를 구상할 수 있다. 창세기 창조 기사를 통해 가정의 중요성을 설교할 수 있고, 에베소서 5-6장을 본문으로 가정 윤리를 설교할 수도 있다. 신명기의 쉐마 본문을 기초로 성경적인 자녀 양육을 설교할 수도 있고, 십계명 제5계명을 찬찬히 풀어줄 수도 있다. 잠언과 시편을 본문으로 화목한 가정을 이루기를 권면할 수도 있다. 참 다양하다. 그런데 설교거리가 많다는 것이 설교자에게 꼭 좋은 소식만은 아니다. 선택이란 무엇이든 어려운 일이니까.

설교의 방향을 잡을 때, 메시지 외에 고려해야 할 것이 한 가지 더 있는데, 청중이다. 지혜로운 설교자는 설교를 준비하면서, 누구를 향한 설교인지를 고려한다. 설교는 '본문을' 설교하지만, 또한 '특정한 대상을 향해' 설교한다. 부모를 향한 설교인지, 혹은 자녀들을 향한 설교인지, 혹은 포괄적으로 가정 전체를 향한 설교인지를 미리 결정할 필요가 있다. 가정의 달에는 부모와 자녀 세대가 함께 연합예배를 드리는 경우가 많은데, 그에 맞추어 설교를 준비할 필요가 있다. 물론, 부모들이 배석한 자리에서 자녀들에게 초점을 맞춘 설교도 가능하고, 거꾸로 자녀들이 있는 자리에서 부모의 역할에 초점을 맞춘 설교도 귀하다. 양쪽을 번갈아 가면서 응시하는 설교도 가능하다. 그런데 어느 쪽이든, 메시지를 준비할 때 청중을 고려하는 것은 지혜로운 일이다.

각설하고, 이제 필자가 그간 행한 설교를 중심으로 몇 가지 가능한 설교의 방향을 소개하려 한다. 각 설교마다 전체적인 접근을 소개하고, 간략한 개요에 이어서, 요약형 설교문을 첨부하겠다.

설교 1.

소중한 가정 (창 1:26-28, 2:18-25)

가정의 소중함, 혹은 가정의 묵직한 무게감을 강조하는 설교다. 가정은 보기보다 크고, 보기보다 묵직하다. 창세기 창조의 정점에 가정이 있다. 국가나 기업이 있는 게 아니다. 창조주 하나님이 천지만물을 창조하실 때, 그 절정에 가정을 창조하셨다. 흔히들 사람 창조라고 읽지만, 자세히 살피면 가정 창조로 읽을 수도 있다. 하나님은 한 사람을 창조하지 않으시고, "남자와 여자를 창조"하셨고, 이것이 첫 번째 가정이 되었다. 사람에게 주신 사명도, 의미상 가정에 주신 사명으로 읽을 수도 있다. 가정이 없이 어찌 생육하고 번성할 수 있겠는가. 이에 "가정이란 무엇일까?"를 묻고, 창조 기사에서 읽어낼 수 있는 가정의 의미를 설교할 수 있을 것이다.

서론 가정이란 무엇일까?
대지 1. 가정은 창조의 정점이다
대지 2. 가정은 행복의 중심이다
대지 3. 가정은 사명 공동체다

[서론: 가정이란 무엇인가?]

하나님이 가정을 창조하셨습니다. 태초에 하나님이 천지를 창조하실 때, 그리고 사람을 창조하실 때, 하나님은 홀로 된 사람이 아니라, 가정을 창조하셨습니다. 창조 기사에 나타난 가정의 의미는 무엇일까요? 창조 기사를 통해 주님이 우리에게 일러주시는 가정의 의미는 무엇일까요?

[대지 1. 창조의 정점]

첫째, 가정은 창조의 정점입니다. 주인공이 마지막에 등장한다면, 창조의 주인공은 다름 아닌 가정이었습니다. 창조주 하나님은 거대한 하늘과 신비로운 자연을 만드시고는, 맨 마지막에 한 가정을 창조하셨습니다. 마치 이 모든 자연이 이 한 가정을 위해 마련하신 듯이 말입니다. 하나님의 창조의 정점에 가정이 있다고 해도 그리 과언이 아닐 것입니다. 그만큼 가정이 소중하다는 의미겠지요. 기업이나 국가도 중요하지만, 창조 질서 가운데 가정이 더욱 소중합니다. 하나님이 주신 가정을 소중히 돌보시기 바랍니다.

[대지 2. 행복의 중심]

둘째, 가정은 행복의 중심입니다. 하나님이 만물을 창조하셨을 때, 모든 것이 좋고 아름다웠는데, 오직 하나의 예외가 있었습니다. 사람이 혼자 사는 것이었습니다. 사람이 혼자 사는 것을 보시고는 하나님이 말씀하시기를, 좋지 않다고 하셨습니다. 행복하지 않다로 읽어도 좋겠습니다. 그래서 조치가 필요한데, 하나님의 조치는 가정이었습니다. 고립된 사람에게 가정을 선물해주셨는데, 그랬더니 모든 것이 아름다웠습니다. 행복은 무엇보다 가정 안에 있습니다. 하나님이 우리에게 가정을 주신 이유는, 무엇보다 우리의 행복입니다. 가정 안에서 행복을 찾으시기 바랍니다. 그리고 가정 안에서 행복을 누리시기 바랍니다.

[대지 3. 사명 공동체]

셋째, 가정은 사명 공동체입니다. 창조의 날 하나님이 사람에게 주신 사명이 있으니, 생육하고 번성하고, 땅에 충만하며 땅을 정복하라는 사명이었습니다. 그런데 이 사명은 고립된 사람에게 주신 게 아니라, 가정에게 주신 사명입니다. 생육과 번성은 결코 혼자 할 수 있는 일이 아닙니다. 가정을 통해 이룰 수 있는 사명입니다. 그런 의미에서 우리의 가정은 사명 공동체라고 할 수 있습니다. 가정을 통해 주께서 주신 사명을 잘 이루어가시기 바랍니다. 이제 하나님은 더 큰 가정, 새로운 가정을 주셨으니, 주님 안에 한 가족인 교회입니다. 교회는 새로운 가정이요, 새로운 사명 공동체입니다. 창조의 첫날 생육과 번성의 사명을 가정에 주셨듯이, 이제 영적인 생육과 번성의 사명을 영적인 가정인 교회에게 주셨습니다. 가정을 통해, 교회를 통해, 하나님이 우리에게 주신 사명이 아름다운 결실을 맺기를 바랍니다.

설교 2.
성령 충만한 가정 (엡 5:18-33)

에베소서 5-6장은 흔히 가정 윤리로 일컬어진다. 특히 "아내들이여"로 시작하는 5장 22절에서 6장 4절까지가 가정에 관한 가르침이다. 그런데 문맥상 그 바탕에 5장 18절의 "오직 성령으로 충만함을 받으라"는 권면이 놓여 있다. 이어지는 가정 윤리는 성령 충만의 구체적인 실천이라고 볼 수 있다. 이른바 성령 충만한 가정을 가르치는 본문이다. 그 가운데 징검다리가 있는데, 5장 21절이다. 성령으로 충만함이란 "그리스도를 경외함으로 피차 복종"하는 것이고(5:21), 이것이 가정에서 구체적으로 실천되어야 한다. 아내는 남편에게 복종하고, 남편은 아내를 위하여 희생하며, 자녀는 부모에게 순종하고, 부모는 자녀를 노엽게 하지 말고 존중해야 한다.

설교를 구상해 보면, "성령 충만한 가정을 이루라"는 주제를 선포한 후에, 아내와 남편, 그리고 자녀와 부모에게 적용해 가는 방향이 가능하다. 보다 회화적인 접근을 위해, "성령 충만한 가정의 네 기둥"이라는 제목이 가능하다. 어린 자녀들이 함께 드리는 예배라면, 실물 설교를 시도할 수도 있을 것이다. 하나의 지붕에 네 기둥이 있는 간략한 구조물을 만들고, 지붕 부분에 "성령 충만한 가정"이라고 쓰고, 각 기둥에는 아래의 네 대지를 각각 쓰면 된다. 기둥을 하나씩 소개하는 식으로 설교를 전개할 수 있을 것이다.

서론   우산 질문 – 성령 충만한 가정의 네 기둥은 무엇인가?
대지 1. 남편을 진심으로 존경하는 아내
대지 2. 아내를 온 맘 다해 사랑하는 남편
대지 3. 부모를 진심으로 존경하는 자녀
대지 4. 자녀를 따뜻하게 존중하는 부모

[서론: 성령 충만한 가정의 네 기둥은 무엇인가?]

성도 여러분의 가정이 성령 충만한 가정이 되기를 바랍니다. 우리 각자가 성령 충만한 그리스도인이 되어야겠지만, 우리의 가정도 그러합니다. 인간적인 원리가 아니라, 살아계신 성령님이 이끄시는 가정, 그래서 성령으로 충만한 가정이 되기를 바랍니다. 흔히들 가정 윤리로 알려진 에베소서 5장 22절 이하는, 사실 5장 18절에서 시작됩니다. 성령으로 충만하라는 권면인데, 무엇보다 가정에서 그리하라는 가르침입니다. 성경이 가르치기를, 성령 충만한 가정을 세워가는 네 기둥이 있습니다. 무엇일까요?

[대지 1. 남편을 존경하는 아내]

첫째 기둥은, 남편을 진심으로 존경하는 아내입니다. 성경은 아내들에게 명하기를, 주님께 순종하듯 남편에게 순종하라고 가르칩니다. 여기서 복종은 계급적인 의미보다는 가정의 질서를 가리킵니다. 남편을 가장(家長)으로 인정하고, 진심으로 존경하라는 의미입니다. 성령 충만한 아내는 아내가 가정을 아름답게 세워가는 첩경은 남편에 대한 겸손한 순종입니다.

[대지 2. 아내를 사랑하는 남편]

둘째 기둥은, 아내를 온 맘 다해 사랑하는 남편입니다. 이번에는 남편들에게 주시는 말씀인데, 아내를 위해 희생하고 사랑하라고 명령합니다. 주님이 교회를 위해 희생하신 것처럼, 그렇게 아내를 위해 희생하는 남편이야말로 성령 충만한 남편이라고 할 수 있습니다. 남편에게 복종하라는 명령과, 아내를 위해 희생하라는 명령 중에, 어느 쪽이 더 무거운 명령일까요? 오십보백보, 사실은 동전의 양면입니다. 아내는 진심으로 남편을 존경하고, 남편은 온 맘 다해 아내를 사랑하라는 명령입니다. 서로에게 역할을 요구하기보다, 먼저 자신의 역할에 충실하는 것이 진정으로 성령 충만한 사람입니다.

[대지 3. 부모를 존경하는 자녀]

셋째 기둥은, 부모님을 진심으로 존경하는 자녀입니다. 부모를 진심으로 존경하는 자녀야말로 성령 충만한 자녀입니다. 하나님은 자녀들에게 부모 공경을 명하신 후, 별다른 설명 없이 "이것이 옳으니라"는 '담백한' 단서를 다십니다. 너무나 당연한 도리라는 의미입니다. 믿는 자녀의 당연한 도리로서, 여기에 대해서는 그 어떤 이견이 있을 수가 없다는 뉘앙스입니다. 부모를 공경하는 자녀에게는 "네가 잘되고 땅에서 장수하리라"는 선물까지 약속하십니다. 자녀된 여러분, 부모님을 진심으로 존경하시기 바랍니다.

[대지 4. 자녀를 존중하는 부모]

넷째 기둥은, 자녀를 따뜻하게 존중하는 부모입니다. 부모를 진심으로 존경하는 자녀가 성령 충만한 자녀라면, 성령 충만한 부모는 내 자녀를 진심으로 존중할 줄 아는 부모입니다. "자녀를 노엽게 하지 말고"라는 문구가 인상적입니다. 자녀를 독립적인 인격으로 존중하라는 의미일 것입니다. 자녀는 부모의 소유물이 아니라 인격체입니다. 자녀는 나의 자녀이기도 하지만, 실상은 나에게 맡겨주신 하나님의 자녀입니다. 내 아이가 영원히 아버지라 불러야 할 분은, 내가 아니라 하늘에 계신 아버지입니다. 나에게 맡기신 하나님의 자녀를 존중할 줄 아는 부모가 되시기 바랍니다.

보다 포괄적인 구성으로는, "성령 충만이란 무엇인가?"를 물은 후에, 가정의 충만, 존중의 충만, 신앙의 충만으로 정리할 수 있다.

서론   우산 질문 – 성령 충만이란 무엇인가?
대지 1.   가정의 충만
대지 2.   존경과 존중의 충만
대지 3.   예배의 충만

[서론: 성령 충만이란 무엇인가?]

성경이 희망하는 바람직한 사람이 있다면, 그것은 다름 아닌 성령 충만한 사람입니다. 성도 여러분, 성령 충만한 사람이 되시기 바랍니다. 성령 충만이란 무엇일까요?

[대지 1. 가정의 충만]

첫째, 가정의 충만입니다. 가정의 달을 맞이하여 성령 충만을 묵상하는 이유가 바로 여기에 있습니다. 에베소서에서 성령 충만을 이야기하는데, 말씀의 방향이 먼저 아내에게로, 남편에게로, 그리고 자녀와 부모에게로 갑니다. 우리의 삶에 성령으로 충만해야 할 영역이 있다면, 제일 먼저 가정이라는 의미입니다. 교회에서는 거룩한 분이, 가정에서는 그렇지 못한 경우가 더러 있습니다. 진정한 성령 충만이 아닙니다. 위선일 수 있습니다. 성령 충만의 주소는 그 어느 곳보다 우리의 가정이어야 합니다.

[대지 2. 존경과 존중의 충만]

둘째, 성령 충만은 존경과 존중의 충만입니다. 18절에서 술 취하지 말고 "오직 성령으로 충만하라"고 말씀하신 후, 21절은 이렇게 말합니다. "그리스도를 경외함으로 피차 복종하라." 성령 충만에 관한 실천적이고도 포괄적인 설명입니다. 성령 충만한 사람은 교만하지 않습니다. 성령 충만한 사람은 남을 억누르지 않습니다. 오히려 주님을 경외하는 마음으로 서로에게 복종합니다. 구체적으로, 아내는 남편에게 복종하고, 남편은 아내를 위해 희생할 줄 압니다. 자녀는 부모에게 순종하고, 부모는 자녀를 존중할 줄 압니다. 이것이 성령 충만입니다. 우리의 가정이 성령으로 충만하기를 바랍니다.

[대지 3. 예배의 충만]

셋째, 성령 충만은 예배의 충만입니다. 성령 충만은 가정의 충만이요, 존중의 충만이라고 했습니다. 우리의 가정이 서로를 향한 사랑과 존중으로 가득할 때 성령 충만한 가정이라는 의미입니다. 그런데 그리로 나아가는 다리가 있는데, 예배입니다. 18절과 21절 사이에 19-20절이 있습니다. "시와 찬송과 신령한 노래들로 서로 화답하며 너희의 마음으로 주께 노래하며 찬송하며 범사에 우리 주 예수 그리스도의 이름으로 항상 아버지 하나님께 감사하며." 예배를 가리킵니다. 성령 충만은 무엇보다 예배의 충만이고, 가정에서의 성령 충만의 기초도 당연히 하나님을 향한 예배와 신앙의 충만입니다. 우리의 가정이 예배 위에 세워지기를 바랍니다. 그러할 때에 진정한 성령 충만이 우리 가정에 임할 것입니다.

설교 3.

부모의 사명 (신 6:4-9)

신명기 6장은 흔히들 모세 율법의 중심 요절이라고 일컬어진다. "이스라엘아 들으라. 우리 하나님 여호와는 오직 유일한 여호와이시니, 너는 마음을 다하고 뜻을 다하고 힘을 다하여 네 하나님 여호와를 사랑하라."(4-5절) 모든 성도가 마음에 새겨서 실천해야 할 신앙의 금과옥조다. 그런데 바로 다음에, 우리가 눈여겨보아야 할, 결코 무게감이 떨어지지 않는 묵직한 말씀이 나온다. "네 자녀에게 부지런히 가르치며."(7절) 쉐마 본문은, 성도 일반의 금과옥조이면서, 또한 부모의 역할을 가르치는 본문이다. 자녀를 향한 부모의 사명이 무엇인지를 묻고, 말씀을 통해 대답하는 설교를 구상할 수 있다.

서론	우산 질문 – 하나님이 주신 부모의 사명은 무엇인가?
대지 1.	자녀에게 말씀을 가르치라
대지 2.	부지런히 가르치라
대지 3.	삶으로 가르치라

[서론 : 부모의 사명은 무엇일까?]

부모에게 자녀는 행복과 더불어 사명입니다. 자녀들이 부모들에게 큰 행복을 줍니다. 기쁨을 줍니다. 그런데 더불어 자녀는 하나님이 우리에게 맡기신 사명입니다. 우리의 영원한 아버지이신 하나님이, 당신의 자녀를 우리에게 맡기셨습니다. 자녀들에 관하여, 하나님이 부모에게 주신 사명은 무엇일까요?

[대지 1. 자녀에게 말씀을 가르치라]

첫째, 자녀에게 말씀을 가르치는 것입니다. 영어, 수학만 가르치지 말고, 말씀을 가르쳐야 합니다. 자녀의 말씀 교육은, 목사와 교회 교사들에게 주신 사명이 아닙니다. 물론 교회 교사와 목회자들에게도 사명을 주셨습니다. 그러나 보다 근본적으로는 부모에게 주신 사명입니다. 부모가 직접 가르칠 수도 있고, 교회 교육을 통해 가르칠 수도 있습니다. 그런데 이 모든 과정을 주도할 책임은 부모에게 있습니다. 부모의 소임을 다하고 있는지 돌아봅시다.

[대지 2. 부지런히 가르치라]

둘째, 부지런히 가르치라. 7절에 "네 자녀에게 부지런히 가르치며"라고 말씀하시는데, "부지런히"라는 수식어가 인상적입니다. 말씀을 가르치되, 열심을 품고, 부지런히 가르치라는 의미입니다. 입시학원가에 밤이 찾아오면 자녀교육을 향한 부모들의 열정이 느껴집니다. 한국 최대의 종교가 대학'교'라는 농이 나올 정도로, 그 열기가 뜨겁습니다. 그런데 자녀들의 말씀 교육을 향해서는 어떤가요? 말씀 교육을 향해서도 그러한 열정을 품고 있는지를 돌아보아야겠습니다.

[대지 3. 삶으로 가르치라]

셋째, 삶으로 가르치라. 말씀은 입으로만 가르치는 게 아닙니다. 삶으로 가르친 말씀이야말로 자녀들의 마음에, 그리고 그들의 삶에 새겨질 것입니다. 자녀에게 말씀을 가르치라는 권면에 앞서, 오늘 본문이 자기 자신이 먼저 하나님을 사랑하고 말씀을 사랑하라고 권면하는 이유가 바로 여기에 있습니다. 자녀들은 부모를 보고 배우는 법입니다. 자녀는 부모의 등을 보고 자란다고 합니다. 부모의 말도 큰 영향을 미치지만, 부모의 삶이 더욱 크게 자녀에게 영향을 미칩니다. 말로도 가르치지만, 주의 말씀을 삶으로 자녀들에게 가르치기 바랍니다.

설교 4.
나의 삶이 유산이 되어 (창 26:1-11)

　　이삭이 사람들 앞에서 아내를 누이로 소개하는 장면을 읽으면서, 필자는 얼핏 어디선가 읽어본 본문인데, 하는 생각이 들었다. 그래서 찾아보니, 아브라함이었다. 아브라함이 이방 땅에 거주할 때, 아내 사라를 누이로 소개한 일이 있다. 그것도 두 번씩이나. 아내의 미모로 인해 이방 왕에게 혹 아내를 빼앗기지 않을까, 그리고 자기에게는 화가 닥치지 않을까, 너무 두려워한 나머지 아내를 누이로 소개했다. 참 비겁하지 않은가. 하나님의 은혜로 일은 해결되었지만, 남편의 체통이 말이 아니었을 것이다. 그런데 훗날 아들인 이삭이 똑같은 일을 하고 있다. 아무리 자식이 부모 닮는다지만, 이런 것까지 닮다니! 웃음이 나오면서도, 한편으론 등골이 써늘하다. 그래, 자식은 부모를 닮는 법이다. 이를 토대로 "나의 삶이 유산이 되어"라는 제목으로 설교를 구상하여 선포하였다.

서론   우산 질문 – 유산에 관하여 성경이 우리에게 주시는 진실은 무엇인가?
대지 1.   나의 삶이 유산이 된다
대지 2.   감춰진 나의 삶도 유산이 된다
대지 3.   자녀에게 아름다운 삶의 유산을 남기라

[서론: 유산에 관하여 본문이 가르치는 진실은 무엇인가?]

자녀에게 좋은 유산을 남기고 싶은 것은, 모든 부모의 소망입니다. 그런데 부모들이 유산에 관하여 잘 모르는 것들이 있습니다. 오늘 성경을 통해 유산에 관한 진실을 마음에 새기는 시간이 되시기 바랍니다. 유산에 관해 성경이 우리에게 가르쳐주는 진실은 무엇인가?

[대지 1. 나의 삶이 유산이 된다]

첫째, 나의 삶이 유산이 된다는 것입니다. 유산 중에는 통제가 가능한 유산이 있고, 통제할 수 없는 유산이 있습니다. 땅과 돈은 통제가 가능합니다. 내가 원하는 만큼 자녀에게 주고, 원치 않는 건 안 줄 수 있습니다. 그런데 삶의 유산은 그렇지 않습니다. 내가 원하는 삶도 유산이 되고, 그렇지 않은 삶도 유산이 됩니다. 오늘 본문에 이삭이 자기 아내를 누이로 속입니다. 혹 자신에게 화가 닥칠까봐, 비겁하게 아내를 누이로 속입니다. 그런데 이 행동이 어디서 왔느냐? 아브라함에게서 넘어왔습니다. 아브라함이 두 번이나 그런 적이 있어요. 나의 삶이 유산이 됩니다. 부모란 참 두려운 자리입니다.

[대지 2. 감춰진 삶도 유산이 된다]

둘째, 감춰진 나의 삶도 유산이 됩니다. 아브라함이 아내 사래를 누이로 속일 때, 이삭의 나이가 몇 살이었을까요? 성경을 보면, 태어나기도 전입니다. 이삭은 아버지의 비겁한 모습을 본 적이 없다는 말입니다. 그런데 아버지의 모습이 이삭에게 넘어가 있습니다. 어디서 샌 것일까요? 어머니 사라가 고자질을 했을까요? 그렇지는 않을 것 같습니다. 그렇다면 대체 어떤 경로를 통해 아브라함의 비겁함이 아들에게로 넘어갔을까요? 바로 여기서, 우리는 유산에 관한 두려운 진실 앞에 섭니다. 나의 감춰진 삶도 유산이 될 수 있다는 겁니다. 삶의 유산은 자식 눈에 안 들킨다고 통제되는 게 아닙니다. 드러난 삶도 유산이 되지만, 나의 감추어진 부끄러운 삶도 사랑하는 자녀에게 유산이 될 수 있습니다.

[대지 3. 자녀에게 아름다운 삶의 유산을 남기라]

셋째, 자녀에게 아름다운 삶의 유산을 남기는 길은 무엇일까요? 지금 바로 하나님 앞에 지금 두렵고 떨림으로 잘 사는 겁니다. 자녀가 보는 앞에서도 그러하지만, 보지 않을 때에도 신앙인의 반듯한 삶을 살아야 합니다. 보이는 삶도 유산이 되지만, 보이지 않는 나의 삶도 유산이 되니 말입니다. 사랑하는 자녀에게 좋은 유산을 남기고 싶은 것은 모든 부모의 소망일진대, 귀한 유산을 남기기를 바랍니다.

설교 5.
네 부모를 공경하라 (출 20:12, 엡 6:1-3)

부모 공경 계명은 구약 십계명의 제5계명이면서, 가정의 윤리를 가르치는 에베소서 6장에도 나온다. 가정의 달을 맞아, 자녀의 도리를 가르치기에 가장 적합한 말씀일 것이다. 해석적으로는 그리 어려운 본문은 아니다. 모르는 말도 없고, 어려운 구절도 없다. 있는 그대로, 부모를 공경하라는 의미다. 그런데 해석이 쉽다고 설교가 쉬운 것은 아니다. 쉽고 평이한 메시지가 설교 구상에는 오히려 어려움이 되기도 한다.

설교를 구상하면, 두 가지 방향의 접근이 떠오른다. 첫째는 적용적 접근인데, 부모 공경을 구체적으로 어떻게 실천할지를 정리하는 설교가 가능하다. 자주 찾아뵙는다든지, 사랑과 감사를 표현한다든지, 혹은 부모의 필요를 공급하는 등의 적용이 가능할 것이다. 현실적인 실천이 들어가는 만큼, 설교자의 경험과 연륜에 따라 다양한 구성이 가능할 것이다. 자칫 인간적인 설교로 흐를 수 있지만, 좋은 신앙인은 또한 좋은 사람이 아니겠는가.

서론   우산 질문 – 네 부모를 공경하라, 이 계명을 어떻게 실천할 수 있을까?
대지 1.   부모님을 자주 찾아뵈어라
대지 2.   부모에게 사랑과 감사를 표현하라
대지 3.   부모의 필요를 공급하라

[서론 : 제5계명을 어떻게 실천할 수 있을까?]

오늘의 말씀은, 제5계명입니다. 어버이 주일이면 제일 먼저 떠오르는 구절입니다. 복잡한 계명이 아닙니다. 너무나 단순하고, 무슨 말인지 이해도 쉽습니다. 다만 실천이 어려운 계명인데, 바라기는 이 계명이 저와 여러분의 삶에서 실천되기를 바랍니다. 네 부모를 공경하라, 이 계명을 어떻게 실천할 수 있을까요?

[대지 1. 찾아뵈어라]

첫째, 자주 찾아뵙는 것입니다. 자녀가 부모를 기쁘게 할 수 있는 제일 첩경은, 자주 얼굴을 보이는 일일 것입니다. 바쁘다는 핑계로 찾아뵙지 못하는 경우가 많은데, 전화라도 자주 드리는 것이 도리일 것입니다. 세상에 우리의 전화를 가장 반가이 맞아주시는 분은 필시 부모님일 겁니다. 전화 한 통마저 그렇게 반가워하실 수가 없습니다.

[대지 2. 표현하라]

둘째, 부모님께 사랑과 감사를 표하라. 사랑합니다! 감사합니다! 사람 중에 우리에게 이 고백을 받기에 합당한 사람이 있다면, 그 누구보다 부모님일 것입니다. 부끄럽다는 이유로, 다 아는데 무슨 말이 필요해, 하는 어쭙잖은 이유로 감사와 고백을 미룰 때가 있는데, 도리도 아니고 지혜롭지도 않습니다. 사랑과 은혜는 고백을 통해 더욱 깊어집니다. 기회가 늘 있는 것이 아니기에, 늦기 전에 해야 합니다.

[대지 3. 공급하라]

셋째, 부모의 필요를 공급하라. 좋은 것이 있으면 늘 자녀들에게 주고 싶어하는 것이 부모의 마음입니다. 그런데 부모님도 세월 앞에 약해집니다. 지금까지는 우리의 필요를 부모가 채워주었다면, 이제는 우리가 그분들의 필요를 공급할 때입니다.

일찍이 하나님은 하나님의 백성에게 십계명을 주셨습니다. 당신의 백성이 어떻게 살아야 하는지를 계명으로 일러주신 것이죠. 아시다시피 십계명은 크게 두 부분으로 나뉩니다. 하나님과의 관계를 다루는 전반부와, 사람과의 관계를 다루는 후반부입니다. 후반부 사람과의 관계를 다루는 첫 계명이 바로 부모를 공경하라는 5계명입니다. 성도의 인간관계의 기본입니다. 부모를 진심으로 공경하는 신실한 성도가 되시기 바랍니다.

혹은, 우회적으로, 계명"의" 의미보다, 계명"이 가지는" 의미를 정리하는 설교가 가능하다. 다른 말로, 계명이 뜻하는 바가 무엇인지를 풀어주는 설교가 아니라, 신학적인 정황 혹은 실존적인 정황 가운데 이 계명이 가지는 무게감을 정리하는 설교가 가능하다. 문자적인 의미가 분명한 만큼, 이러한 접근이 오히려 설득력이 있을 수 있다.

서론   우산 질문 - 네 부모를 공경하라는 계명은 어떤 계명인가?
대지 1.   사람다움의 첫걸음을 가르치는 계명이다
대지 2.   못난 자식들을 부끄럽게 하는 계명이다
대지 3.   부모 노릇에 관한 계명이다

[서론 : 제5계명은 어떤 계명일까?]

오늘의 말씀은, 제5계명입니다. 네 부모를 공경하라. 이 계명이 가지는 의미를 묵상하고자 합니다. 제5계명은 어떤 계명일까요?

[대지 1. 사람다움의 첫걸음]

첫째, 사람다움의 첫걸음을 가르치는 계명입니다. 다른 말로, 인간관계의 근본을 가르치는 계명입니다. 알다시피 십계명은 크게 두 부분으로 나뉩니다. 하나님을 향한 도리를 다루는 1-4계명, 그리고 사람을 향한 도리를 다루는 5-10계명. 제5계명 부모 공경은, 사람 관계를 다루는 후반부의 첫 계명입니다. 순서가 주는 무게감을 기억해야 합니다. 인간관계의 기본, 다른 말로 인간을 향한 인간 된 도리의 기본을 가르치는 계명입니다. 사람다움의 첫걸음이요, 시쳇말로 먼저 인간이 되라는 의미로 받을 수 있습니다.

[대지 2. 못난 자식들]

둘째, 못난 자식들을 부끄럽게 하는 계명입니다. "이것은 약속이 있는 첫 계명이니." 5계명에는 "네가 잘 되고 땅에서 장수하리라"는 약속이 딸려 옵니다. 다른 말로, '상품'이 걸려 있습니다. 하나님이 주신 계명이니, 당연히 지키는 것이 도리인데, 하나님이 유독 5계명에는 '상품'을 걸어주신 이유가 뭘까요? 우리 하나님이 자식 놈들을 아시는 겁니다. 상품이 딸리지 않으면, 자발적으로 부모 공경하기 싫어하는, 못된 자식들의 소갈머리를 주님이 아시는 겁니다. 내가 낳은 자식은 끔찍이 생각하면서도, 낳아주신 부모에게는 소홀한 것이 우리네 본성입니다. 주님이 내거신 상품이, 반가우면서도 우리를 돌아보게 합니다.

[대지 3. 부모가 해야 할 일]

셋째, 부모 노릇에 관한 계명입니다. 5계명은 표면적으로는 자녀들에게 주시는 계명이지만, 그 이면에는 부모에게 주시는 계명이기도 합니다. 이 계명을 먼저 손에 받는 것은 자녀 이전에 부모입니다. 다른 계명들처럼 이 계명도, 부모가 자녀에게 가르쳐야 할 계명입니다. 자식들에게 부모 공경을 가르치라는 겁니다. 부모의 중요한 역할 가운데 하나가, 자녀들에게 말씀을 가르치는 것인데, 부모로서 꼭 가르쳐야 할 중요한 덕목 가운데 하나가, 부모 공경입니다. 5계명에 걸린 상품은, 어쩌면 자녀가 아니라 부모를 위한 상품인지도 모릅니다. 자녀가 잘되는 걸, 당사자보다 더 좋아하는 것이 부모입니다. 사랑하는 자녀들에게 부모 공경을 엄히 가르치시기 바랍니다. 그것도 하나님이 우리에게 맡기신 중요한 부모 노릇입니다.

제5장
성령강림절 설교를 어떻게 할 것인가?

성령 하나님에 관한 설교도 강해설교여야 한다

어려운 주제였다. 성령강림절 설교를 논하기 전에, 우선 글을 쓰는 과정에서 필자가 느낀 점을 털어놓는 게 좋겠다. 어렵고, 심지어 막막했다. 예수님에 대한 설교, 혹은 예수님의 고난과 부활 설교는 비교적 금방 감이 왔는데, 성령님에 대해 설교하려니 무언가 막막했다. 성령론보다 기독론을 중시하는 전통에서 자란 탓일 수도 있겠고, 주관적인 체험보다 객관적인 신학과 고백을 중시하는 성향 때문인지도 모르겠다. 이 말속엔 성령님은 고백의 대상 이전에 체험의 대상이라는 선입견적인 전제가 깔린 듯한데, 무엇보다 제일 큰 이유는 성령님에 대해서는 설교를 많이 안 해본 탓인 듯하다. 여하튼 어려웠다.

　이럴 땐 어찌해야 할까? 설교를 구상하다보면 이럴 때가 있다. 어떻게 설교할지 잘 떠오르지 않을 때. 이럴 땐 어떻게 해야 할까? 답은, 기본으로 돌아가라! 막막할수록 기본으로 돌아가야 한다. 강해설교의 기본 원리대로, 본문을 펼치고, 본문을 읽고, 본문을 묵상하는 것이다. 기도로 성령님의 조명을 구하면서, 본문을 파고 또 파야 한다. 그러다보니 감사하게도 어느 정도 맥이 잡혔고, 몇 편의 설교를 구상할 수 있었다. 설교는 염두 구상이 아니라 본문에서 시작해야 한다는 강해설교의 원리를 다시금 확인하는 과정이었다.

　성령 설교도 강해설교여야 한다. 모든 다른 주제와 마찬가지로, 성령님에 관한 설교 역시 실존적인 경험이 아니라 기록된 말씀에 기초해야 한다. 간혹 기록된 말씀의 울타리를 넘어서는 설교들이 목격되는데, 유독 성령님에 관한 설교에서 자주 보인다. 예수 복음은 성경을 통해 배우지만, 성령 체험이라는 말에서 풍기듯 성령님은 체험의 대상이라는 잘못된 선입견 때문인 듯하다. 그런데 성령 체험도 성경의 울타리 안에서 이루어져야 한다. 성경에 위배되는 체험이라면, 정말 성령님이신지 분별할 필요가 있다. 그런 의미에서 성령 설교에서도 강해설교의 원칙이 지켜져야 한다. 부활절에 성경이 선포하는 예수 부활을 선포하듯, 성령강림절에도 동일하게 성경이 전하는 성령님을 선포해야 한다.

성령강림 혹은 성령님을 어떻게 설교할 것인가?

이제 강해설교의 원리를 따라 본문 선택부터 시작하면, 우선은 사도행전의 오순절 성령강림 본문이 떠오른다. 여기에 복음서와 서신서에서 성령님에 관한 본문을 포함하여, 일곱 편의 설교를 구상하였다. 설교의 제목과 본문을, 간략한 설교 스케치를 곁들여서 소개하면 다음과 같다. 각 설교의 제목이 메시지의 방향과 주제를 지시하고 있다.

구상 1. 기다림 가운데 오신 성령님 (행 1:1-26)

오순절 성령강림의 모습을 소개하는 설교인데, 특히 성령님을 맞이하는 성도들의 태도에 초점을 맞추었다. 성령님은 주술적으로 불러올릴 수 있는 분이 아니다. 그분은 자유의 영으로서 그분의 뜻대로 오시고, 그분의 뜻대로 역사하신다. 그러나 성도로서 오시는 그분을 바르게 맞이하는 예법은 존재한다. 사도행전을 보면, 무엇보다 그분은 기다림 가운데 오셨다. 성도들의 간절한 기다림 가운데 임하셨는데, 그 기다림은 기도의 기다림이었고, 말씀 묵상의 기다림이었다.

구상 2. 하나되게 하시는 성령님 (행 2:1-13)

성령님은 하나되게 하시는 영이심을 선포하는 설교다. 예수님의 기도에서도 그러하였듯이, 성령님은 진리로 하나되게 하시는 영이시다. 바벨의 저주로 갈라졌던 열방이 오순절 성령강림과 더불어 하나가 된다. 말씀을 묵상하며 우리 시대에도 이러한 역사가 일어나기를 소망하는 설교다. 대지는 적용형으로 구성하였다. 빈부의 격차, 다문화시대 혈통의 격차, 혹은 교단의 장벽을 넘어 하나된 교회를, 설교를 통해 꿈꾸려 한다.

구상 3. 교회를 세우시는 성령님 (행 2:32-42)

오순절 성령강림으로 이 땅에 교회가 탄생하였다. 각 교회의 설립일이 있지만, 공교회의 설립일은 성령강림절이다. 그런 의미에서 성령강림절은 교회를 설교하기에 좋은 절기다. 사도행전을 통해 성령님이 처음 세우신 초대교회의 모습을 묵상하며, 우리 안에도 그런 교회가 이루어지기를 간구하고 다짐하는 설교를 구상하였다. 복음 공동체, 회개 공동체, 그리고 나눔 공동체로 정리하려고 한다.

구상 4. 우리를 구원으로 이끄시는 성령님 (롬 8:26-30)

소위 말하는 구원의 서정(ordo salutis)을 묵상하는 설교다. 웨스트민스터 신앙고백은 성령님의 사역을 크게 둘로 나누는데, 구원과 교회다. 바로 앞의 설교가 성령님의 교회 설립을 다루었다면, 이번 설교는 우리를 구원으로 이끄시는 성령님의 사역을 선포하는데, 구원의 서정을 대지의 골격으로 삼으려 한다. 구원의 서정이 때로 신학적으로 비판을 받기도 하지만, 우리를 향한 성령님의 은혜로운 사역을 이해하는 좋은 방편이라고 생각한다.

구상 5. 예수님을 증언하시는 성령님 (요 15:26-27, 16:13-14)

기독론적인 성령론, 그래서 성경적인 성령론을 선포하는 설교다. 성경에 의하면, 성령님이 임한 곳에는 성령 고백이 아니라 예수 고백이 풍성하였다. 성령님은 스스로를 선포하시기보다 예수님을 선포하시기 때문이다. 기독론의 울타리를 벗어난 성령론은 자칫 범신론으로 흐를 수 있다. 성령님이 누구신지를 묻고, 대지형 전개를 통해 예수님의 영으로서 예수님이 보내시고, 예수님을 증언하며, 우리를 예수님께로 인도하는 영이라고 선포할 것이다.

구상 6. 은사를 주시는 성령님 (고전 12:4-11)

은사에 대한 설교도 한 대목 꼭 필요할 것이다. 무분별한 은사 운동이 교회의 질서를 흩트리기도 하고, 거꾸로 은사에 대한 경직된 태도가 성령님의 역사를 제한하기도 한다. 설교를 통해 성령님의 은사에 대한 성경적인 그림을 성도들에게 새겨줄 필요가 있다. 개별적인 은사의 특성이나 현상보다는, 큰 틀에서 은사의 목적과 의도, 특히 은사를 대하는 우리의 합당한 태도를 정리하려고 한다.

구상 7. 성령 충만의 주소 (엡 5:18-21)

성령 충만이 어디서 이루어져야 할지를 묻는 설교인데, 주소는 집주소의 그 주소(address)다. 성령 충만은 주로 기도원에서 황홀경이나 신비적인 현상과 연계하는 이들이 많다. 그런데 성경은, 성령 충만이 우리의 예배 가운데, 그리고 우리의 일상 가운데 이루어져야 할 성도의 아름다운 삶으로 소개한다. 본문 연구를 토대로, 예배의 충만, 일상의 충만, 그리고 섬김(본문의 용어대로는 복종)의 충만으로 정리하려 한다.

이제 각 설교를 요약하여 소개하면 다음과 같다.

설교 1.

기다림 가운데 오신 성령님 (행 1:1-26)

서론	성령님은 언제 임하시는가?
대지 1.	기다림 가운데
대지 2.	기도 가운데
대지 3.	말씀 가운데
결론	성령님이여, 임하소서

[서론: 성령님은 언제 임하시는가?]

어두운 시절입니다. 어느 시대보다 성령님의 도움이 절실하고, 어느 때보다 성령 하나님의 역사가 간절한 시대입니다. 성령의 임재를 사모하고 준비하는 의미에서 사도행전에서 그분이 언제 어디에 임하셨는지를 살펴보겠습니다.

[대지 1. 기다림 가운데]

첫째, 기다림 가운데 오셨습니다(6-11절). 예수님이 승천하시면서 제자들에게 남긴 마지막 명령은 "기다리라"였습니다. "내게서 들은 바 아버지께서 약속하신 것을 기다리라."(4절) 이에 제자들은 기다렸고, 그 기다림 가운데 성령께서 임하셨습니다. 지금도 그러합니다. 성령 하나님은 우리가 임의로 불러올릴 수 있는 분이 아닙니다. 그분의 시간에 그분이 오십니다. 우리는 다만 그분의 오심을 기다릴 뿐입니다. 간절히 기다리는 마음, 사모하는 마음에 역사하실 것입니다.

[대지 2. 기도 가운데]

둘째, 성령 하나님은 기도 가운데 임하셨습니다(12-14절). 마냥 넋 놓고 시간을 보낸다 해서 기다림은 아닙니다. 성도에게 '기다림'은 '기도'와 동의어입니다. "마음을 같이하여 오로지 기도에 힘쓰더라."(14절) 주님의 약속을 받은 제자들은 마가의 다락방에 열심히 기도하였습니다. 기다림은 텅 빈 시간이 아닙니다. 기도의 땀과 기도의 수고로 가득 채워진 시간입니다. 성령 하나님의 역사가 어느 때보다 간절한 우리 시대인데, 그때 그 제자들처럼 우리도 기도하는 사람이 되기를 바랍니다.

[대지 3. 말씀 가운데]

셋째, 말씀 가운데 임하셨습니다(15-26절). 열심히 기도하다가 베드로가 일어서서 말하길, "형제들아 성령이 다윗의 입을 통하여 예수 잡는 자들의 길잡이가 된 유다를 가리켜 미리 말씀하신 성경이 응하였으니 마땅하도다."(16절) 시편을 펼쳐 주의 말씀을 묵상하고, 그 말씀을 당시 상황에 적용하고, 적용된 말씀을 실천합니다. 바로 거기에 성령께서 임하셨습니다(2:1). 지금도 그러합니다. 기도와 함께 성령님을 모시는 최고의 길은 말씀입니다. 말씀을 묵상하고 말씀대로 살려고 애를 쓸 때에 성령님이 우리 가운데 임할 줄로 믿습니다.

[결론: 성령님이여, 임하소서]

사실 성령님은 이미 우리 안에 임하여 계십니다. 다만 더욱 강하게, 더욱 분명하게 우리 안에 역사하시기를 바랍니다. 말씀과 기도 가운데 그분의 임재를 간절히 사모할 때, 우리 안에 힘 있게 임하실 것입니다. 아멘.

설교 2.
하나되게 하시는 성령님 (행 2:1-13)

서론	성령의 하나됨이 임하소서
대지 1.	빈부의 격차를 넘어
대지 2.	민족의 경계를 넘어
대지 3.	교회와 교단의 경계를 넘어

[서론: 성령의 하나됨이 임하소서]

성령님은 하나되게 하시는 영이십니다. 오순절 성령강림은 갈라진 사람들을 하나로 만드셨습니다. 언어의 장벽이 얼마나 높은지, 외국어를 배워본 사람들은 다 압니다. 그런데 성령님은 그 장벽마저 허물고 사람들을 하나로 만드셨습니다. 우리 시대에도 동일한 역사가 일어나기를 소망합니다. 멀리 볼 것 없이 우리 교회 안에 먼저 그 역사가 이루어지기를 바랍니다. 함께 기도하는 마음으로 말씀 듣기를 원합니다.

[대지 1. 빈부의 격차를 넘어]

먼저, 빈부의 격차를 넘어 하나가 되게 하소서. 돈이 사람을 많이도 갈라놓습니다. 소득에 따라 사는 동네도 다르고, 아이들도 어른들한테 배웠는지 아파트 평수대로 친구 삼는다는 웃지 못할 소리도 들립니다. 심지어 교회 안에서도 그런 괴리감이 느껴진다고 하면, 정말 안타까운 일이죠. 야고보서에 부자를 환대하고 가난한 사람은 홀대하는 것에 대해 강하게 꾸짖는 장면이 나옵니다. 우리 주님은 부자의 하나님이실 뿐만 아니라, 가난한 사람의 주님이기도 하십니다. 성령님이 우리 안에 강하게 임재하셔서, 빈부의 격차 없이 우리 모두가 주님 안에 하나가 될 수 있기를 바랍니다.

[대지 2. 민족의 경계를 넘어]

둘째, 민족의 경계를 넘어 하나가 되게 하소서. 단일 민족으로 살아온 탓에, 우리나라 사람은 다른 민족에 대한 거부감이 강한 것 같아요. 특히 일본 사람들에 대한 반감이 굉장하죠. 그런데 바라기는 성령님의 역사로 민족의 경계를 넘어서도 우리가 하나가 될 수 있기를 바랍니다. 근자에 우리 사회도 다문화사회가 되고 있잖아요. 피부색이 다양합니다. 모두가 하나님의 자녀요, 모두가 예수 십자가로 구원받은 하나님의 백성입니다. 피부색을 넘어, 민족의 경계도 넘어, 주님 안에 하나가 되기를 소망합니다.

[대지 3. 교회와 교단의 경계를 넘어]

    셋째, 교단의 경계를 넘어 하나가 되게 하소서. 개교회주의의 폐해를 한탄하는 분들이 많아요. 주님 안에 모든 교회가 하나인데, 내 교회 네 교회. 서로를 경쟁자로 보기도 하고. 교회 벽을 넘어 이 땅 모든 교회가 하나가 되기를 바랍니다. 또 교단의 벽도 넘을 수 있기를 바랍니다. 같은 예수 신앙을 고백하면서도 교파에 따라 교단에 따라 서로 남인 듯이 살아가는 모습도, 우리 주님 보시기엔 참 안타까울 겁니다. 이단을 분별하고 물리쳐야 하겠지만, 건전한 신앙을 품은 교회라면 성령님의 인도하심 가운데 하나로 가까워지기를 바랍니다.

설교 3.

교회를 세우시는 성령님 (행 2:32-47)

서론	교회다운 교회가 이루어지기를
대지 1.	복음 공동체
대지 2.	회개 공동체
대지 3.	나눔 공동체

[서론: 교회다운 교회가 이루어지기를]

　오순절 성령강림의 열매는 무엇보다 교회였습니다. 각 교회마다 설립일이 있지만, 공교회의 설립일을 꼽자면 성령강림절입니다. 흩어진 나를 우리로 엮어 주시고, 주님 안에 한 가족인 교회로 세워주신 날입니다. 옆에 계신 분과 인사 한 번 할까요. 교회의 생일을 축하합니다. 성령님이 세운 교회는 어떤 모습일까요? 본문을 통해 성령님이 세우신 아름다운 교회의 모습을 묵상할 때에, 이러한 교회가 우리 안에 이루어지기를 바랍니다.

[대지 1. 복음 공동체]

우선, 교회는 복음 공동체입니다(32-36절). 교회가 공동체라면 그 공동체의 매개는 다름 아닌 예수 복음입니다. 혈연으로 묶인 공동체도 있고, 고향이 같은 사람, 혹은 같은 학교를 나온 사람이 모인 공동체도 있습니다. 그런데 교회는 예수 복음입니다. 예수 복음 안에 모인 사람들이고, 예수 복음을 선포하는 공동체입니다. 우리 교회도 복음으로 하나된 복음 공동체가 되기를 바랍니다.

[대지 2. 회개 공동체]

둘째, 교회는 회개 공동체입니다(37-41절). 성령님이 세운 교회에는 회개의 눈물이 있습니다. "그들이 이 말(복음)을 듣고 마음에 찔려 베드로와 다른 사도들에게 물어 이르되 형제들아 우리가 어찌할꼬 하거늘."(37절) 근자에는 교회 안에 회개의 눈물이 많이 희귀합니다. 예전보다 죄를 덜 지어서 그럴까요? 그렇지는 않아요. 오히려 성령님이 우리 안에 마음껏 역사하실 수 없기 때문인지도 모릅니다. 성령께서 다시 한 번 힘 있게 역사하셔서 우리 안에 회개의 애통함이 회복되기를 바랍니다.

[대지 3. 나눔 공동체]

셋째는 나눔입니다. 교회는 나눔 공동체입니다(42-47절). 예수 복음은 마음을 열게 하고, 심지어 굳게 닫힌 지갑도 열게 합니다.

44절에 "믿는 사람이 다 함께 있어 모든 물건을 서로 통용하고." 나병 환자가 낫는 기적보다 어쩌면 이게 더 큰 기적인지 몰라요. 홍해가 갈라지는 기적보다 어쩌면 이게 더 큰 기적인지 몰라요. 성령님은 우리를 정말로 멋있는 사람으로 만드십니다. 나눌 줄 아는 사람. 공동체라는 말은 바로 이럴 때 쓰는 말이겠죠. 성령님의 역사로 우리 안에 이 귀한 나눔의 공동체가 이루어지기를 바랍니다.

예배 공동체를 포함시킬 수도 있겠지만, 복음 공동체 안에 포함되어 있는 듯해서 제외하였다. 설교자의 판단에 따라 다양하게 조절할 수 있을 것이다.

설교 4.
우리를 구원으로 이끄시는 성령님 (롬 8:26-30)

서론	성령님이 우리를 위해서 하시는 일
대지 1.	부르심
대지 2.	칭의
대지 3.	영화
결론	지금도 우리를 위해 일하시는 성령님

[서론 : 성령님이 우리를 위해서 하시는 일]

성령님은 우리를 구원으로 이끄시는 분입니다. 예수님의 십자가가 우리를 위한 구원의 문을 여셨다면, 성령님은 우리로 하여금 그 문으로 들어가게 하십니다. 오늘은 성령님께서 우리의 구원을 이루어 가시는 과정을 묵상하고자 합니다. 신학자들은 구원의 서정, 혹은 구원의 순서라고 부르기도 합니다. 함께 묵상하실 때, 우리를 위한 성령님의 사역을 좀 더 체계적으로 이해하고, 그래서 그분의 수고에 좀 더 체계적으로 감사하는 시간이 되시기 바랍니다.

[대지 1. 부르심]

우선은 부르심입니다. 30절에 "또 미리 정하신 그들을 또한 부르시고." 우리가 태어나기도 전에 주님은 미리 우리를 아셨고, 우리를 위한 위대한 구원 계획을 세우셨습니다. 예정이라고 하죠. 그 예정을 좇아 성령님이 우리를 불러 주십니다. 이 부르심을 일컬어 효력있는 소명이라고 부릅니다. 예수님께로 나올 때 우리 스스로 나온 듯하지만, 사실은 그 이면에 성령님의 부르심이 있었다는 겁니다. 주님을 향한 감사의 기도에 이 부르심에 대한 감사가 포함되기를 바랍니다. 주님, 나를 불러주셔서 감사합니다.

[대지 2. 칭의]

이어서 칭의입니다. 칭할 칭 자에, 의로울 의. 의롭다고 칭해주시는 은혜입니다. 엄밀히 따지면 우리는 의로운 사람이 아니죠. 죄가 많은 죄인들입니다. 그런데 예수 십자가의 보혈로 우리는 의롭다 칭함을 받는 사람이 되었는데, 이 은혜의 과정을 인도하시는 분이 바로 성령님이십니다. 우리에게 예수 고백을 주시고, 그 고백으로 칭의의 은혜를 받게 하십니다(고전 12:3). 그래서 기도하기를, 칭의의 은혜를 주신 주님께 감사를 드립니다.

[대지 3. 영화]

마지막으로, 영화입니다. 30절 말미에 "의롭다 하신 그들을 또

한 영화롭게 하셨느니라." 하나님이 우리에게 주시는 구원은 단지 선언이 아니라 실제적인 변화입니다. 단지 선언적으로만 우리를 의롭다 칭하는 것이 아니라, 정말로 우리를 거룩하고 영화롭게 변화시킵니다. 영화라고 부르기도 하고, 혹은 성화라고 부를 수도 있겠죠. (성화와 영화가 구분되지만 설교적인 터치로 연결하였음을 양해하기 바란다.) 그렇게 우리를 아름답게 빚어 가시는 분이 누구시냐? 성령하나님이십니다. 성령님의 사역이 우리 안에 귀한 열매를 맺기를 바랍니다.

[결론: 지금도 우리를 위해 일하시는 성령님]

이외에도 성령님께서 우리의 구원을 이루어 가시는 사역은 많이 있어요. 29절 말미에 나오는 양자의 은혜도 있고, 구원의 확신, 혹은 앞서 잠시 언급한 예정의 은혜도 있습니다. 오늘은 대략적으로 얼개만 소개하였는데, 부르심, 칭의, 그리고 영화입니다. 마음에 새겨서 기도할 때도 사용하시고, 또 하나님께 감사할 때도 사용하시면 좋겠습니다. 우리를 위해 구원의 서정을 인도해 가시는 성령님의 은혜에 진심으로 감사를 드립니다. 아멘.

성령님의 기도에 초점을 두고 설교를 구성할 수도 있다. 26-27절에 성령님이 우리를 위해 말할 수 없는 탄식으로 기도하시는 모습이 소개되는데, 어찌 보면 낯선 장면이다. 기도는 연약한 우리 사람에게 어울리는 일일 듯한데, 성령님도 기도하시고 일찍이 예수님도 기도하셨다. 기도는 우리의 행동 이전에 근원적으로 하나님의 사역이라는 생각도 든다. 위 설교의 마지막 대지 혹은 종합하는 대지로 성령님의 기도를 소개할 수도 있을 것이다.

설교 5.
예수님을 증언하시는 성령님 (요 15:26-27, 16:13-14)

서론	성령님은 누구인가?
대지 1	예수님이 보내신 영
대지 2	예수님을 증언하는 영
대지 3	예수님의 영광을 추구하는 영
결론	성령님이 우리 안에 충만하시기를

[서론: 성령님은 누구인가?]

성령님이 임한 곳에는 예수 고백이 넘쳐납니다. 성령님이 임재한 곳에는 성령 찬양보다 오히려 예수 찬양이 넘쳐납니다. 성령님의 제일 사역은 예수 증언이기 때문입니다. 무분별한 성령 운동이 교회의 질서를 위협하는 경우가 더러 있는데, 우리는 분명한 잣대를 갖고 분별해야 합니다. 그런 의미에서 묻기를, 성령님은 누구인가?

[대지 1. 예수님이 보내신 영]

첫째, 예수님이 보내신 영이십니다. 예수님이 성령님을 소개하시기를, "내가 아버지께로부터 너희에게 보낼 보혜사"라고 말씀하십니다(요 15:26). 예수님이 성부 하나님의 보냄을 받아 이 땅에 오셨다면, 성령님은 성자 예수님의 보냄을 받아 이 땅에 오셨습니다. 그런 의미에서 성령님은 그 누구보다 예수님과 긴밀한 교제를 나누시는 분이십니다. 예수님과 긴밀한 인격적 교제를 나누시고 그분께 겸손하게 순종하는 분이십니다. 그런 의미에서 성경에 기록된 예수 복음과 엇박자를 내는 성령님은 상상할 수 없습니다.

[대지 2. 예수님을 증언하는 영]

둘째, 성경이 말씀하시기를, 성령님은 예수님을 증언하는 영이십니다. 성령님이 이 땅에 오신 제일 큰 이유가 있다면, 바로 예수님 증언입니다. "진리의 성령이 오실 때에 그가 나를 증언하실 것이요."(요 15:26) 예수님 외에 다른 이름을 전하는 성령님은 상상할 수 없습니다. 성령으로 충만한 사도 베드로(행 4:8)도 성령님을 선포하지 않고 예수님을 선포하기를, 예수 외에는 구원을 받을 만한 다른 이름을 우리에게 주신 일이 없다고 하였습니다(행 4:12). 성령 사역의 가장 확실한 표지는 예수 선포입니다. 아무리 기적적인 능력을 자랑한다고 해도, 예수님 외에 다른 이름을 전하는 영이라면 성령님이라 보기 어렵습니다.

[대지 3. 예수님의 영광을 추구하는 영]

셋째, 성경에 의하면, 성령님은 예수님의 영광을 추구하는 영이십니다. "그가 내 영광을 나타내리니 내 것을 가지고 너희에게 알리시겠음이라."(요 16:14) 성령 사역을 한다면서 스스로 영광을 취하는 이들이 있습니다. 아무리 기적적인 능력을 베푼다 해도 그건 성령님의 사역이라 보기 어렵습니다. 성령님은 사람의 영광은 물론, 성령님 자신의 영광도 추구하지 않습니다. 오직 예수님의 영광을 나타내시는 영이십니다.

[결론: 성령님이 우리 안에 충만하시기를]

요한일서 4장 1절에 "사랑하는 자들아 영을 다 믿지 말고 오직 영들이 하나님께 속하였나 분별하라 많은 거짓 선지자가 세상에 나왔음이라." 영적으로 혼탁하기는 초대교회나 우리 시대나 별반 차이가 없는 듯합니다. 거짓 영들의 역사를 구분해내는 분별력이 필요합니다. 기준은 예수님입니다. 예수님을 증언하고, 예수님의 영광을 추구하는 영이 바로 예수님이 보내신 성령 하나님입니다. 우리 안에 이 성령님이 충만하기를 바랍니다.

설교 6.

은사를 주시는 성령님 (고전 12:4-11)

서론	은사를 대하는 바른 태도는?
대지 1.	사모하는 마음
대지 2.	존중하는 마음
대지 3.	공동체를 위하는 마음
결론	주신 은사를 합당하게 사용하기를

[서론: 은사를 대하는 바른 태도는?]

제가 꼭 받고 싶은 은사가 있었습니다. 목회를 위해서, 그리고 성도들을 위해서 목사로서 꼭 받고 싶은 성령의 은사가 있었습니다. 그래서 오래 기도하였는데, 안타깝게도 주님이 주시지를 않아요. 혹 여러분에게도 그런 은사가 있는지요? 오늘은 성령님의 은사를 대하는 우리의 태도를 묵상하려고 합니다. 성령님의 은사가 귀한 만큼, 그것을 대하는 우리의 태도가 합당해야 합니다.

[대지 1. 사모하는 마음]

우선 첫째, 사모하는 마음입니다. 은사를 사모하는 마음. '예수님 믿으면 됐지, 은사 같은 게 왜 필요해?' 덤덤한 분들도 있지만, 성경은 가르치기를, 은사를 사모하라. 오늘 본문 조금 뒤에 12장 31절에 "너희는 더욱 큰 은사를 사모하라." 자녀가 아버지의 선물을 기대하고 사모하듯, 우리도 하나님이 주시는 성령의 은사를 사모함이 마땅합니다. 은사 중에도 더 요긴한 은사가 있는지, 더욱 큰 은사를 사모하라고 말씀하십니다. 뒤에 14장 1절에도 "사랑을 추구하며 신령한 것들을 사모하되 특별히 예언을 하려고 하라." 우리의 사모하는 마음에 주님께서 귀한 선물을 주시리라 믿습니다.

[대지 2. 존중하는 마음]

두 번째는 존중하는 마음입니다. 다른 사람에게 주신 은사를 존중하는 마음이 필요합니다. 본문 4절에 "은사는 여러 가지나 성령은 같고." 나에게 주신 은사와 저 사람에게 주신 은사가 서로 달라도, 같은 성령님이 주신 선물이라는 말입니다. 8-10절에 성령님이 주시는 다양한 은사가 소개됩니다. 지혜의 말씀부터 병 고치는 은사와 방언의 은사까지 다양하게 소개되는데, 결론적으로 주시는 말씀이 11절에 "이 모든 일은 한 성령이 행하사 그의 뜻대로 각 사람에게 나누어 주시는 것이니라." 내가 받은 은사만 성령님의 은사가 아니라는 거죠. 저 사람에게 주신 은사도 성령님의 선물입니다. 은사에 대한 분별이 필요하겠지만, 존중하고 인정하는 마음도 꼭 필요합니다.

[대지 3. 공동체를 위하는 마음]

마지막 셋째는 공동체를 위하는 마음입니다. 은사를 주신 목적은, 내가 돋보이라고 주신 게 아니에요. 공동체를 위한 주님의 선물입니다. 7절에 "각 사람에게 성령을 나타내심은 유익하게 하려 하심이라." 여기서 유익은 나 혼자만의 유익이 아니라 공동체의 유익을 가리킵니다. 14장 12절에 보다 분명하게 가르치기를, "그러므로 너희도 영적인 것을 사모하는 자인즉 교회의 덕을 세우기 위하여 그것이 풍성하기를 구하라." 은사가 많은 곳에 분란도 많았음을 기억할 필요가 있습니다. 고린도 교회는 은사가 많은 교회였지만, 동시에 갈등도 많았고 급기야 여러 파로 갈라진 교회였습니다. 은사는 모름지기 공동체의 덕을 세우는 도구여야 합니다. 그래서 은사를 받은 사람일수록 질서를 따를 줄 알아야 하고, 귀한 은사일수록 사랑의 실천으로 지혜롭게 사용해야 합니다.

[결론: 주신 은사를 합당하게 사용하기를]

바라기는 주님께서 우리에게 귀한 은사들을 주시기를 소망합니다. 더욱 바라기는 우리 공동체는 성령님의 귀한 은사를 합당한 태도로 받고 합당한 태도로 사용하는 아름다운 공동체가 되기를 바랍니다.

설교 7.

성령 충만의 주소 (엡 5:18-21)

서론   성령 충만의 주소는?
대지 1.   예배의 충만
대지 2.   일상의 충만
대지 3.   섬김의 충만
결론

[서론 : 성령 충만의 주소는?]

성령 충만, 하면 으레 기도원을 떠올리는 분들이 있습니다. 황홀경이나 신비한 현상을 떠올리는 분들도 있고요. 그런데 성경이 가르치는 성령 충만은 그것과는 다소 차이가 있습니다. 성령 충만은 무엇이며, 그 주소(address)는 어디인가?

[대지 1. 예배의 충만]

우선 예배의 충만입니다. 성령 충만은 무엇보다 예배 가운데 이루어집니다. 18절에 "술 취하지 말라. 이는 방탕한 것이니 오직 성령으로 충만함을 받으라." 이렇게 명하신 후 바로 19절에 "시와 찬송과 신령한 노래들로 서로 화답하며 너희의 마음으로 주께 노래하며 찬송하며." 19절이 묘사하는 광경이 무엇일까요? 예배입니다. 초대교회 성도들이 주님을 예배하던 모습을 그리고 있습니다. 지금으로 치면 주일 예배가 되겠죠. 기도원에 들어가서 40일 금식기도를 해야 성령 충만한 게 아닙니다. 우리가 정성으로 하나님을 예배한다면, 바로 지금 이 자리가 성령 충만의 자리입니다. 주일 오전 우리의 예배가 성령으로 충만한 예배가 되기를 바랍니다.

[대지 2. 일상의 충만]

더불어 일상의 충만입니다. 오늘 본문 바로 다음인 22절부터 소위 가정 윤리가 소개됩니다. "아내들이여 자기 남편에게 복종하기를 주께 하듯 하라." 25절에는 "남편들아 아내 사랑하기를 그리스도께서 교회를 사랑하…심 같이 하라." 무슨 의미일까요? 성령 충만한 아내가 되고, 성령 충만한 남편이 되라는 의미입니다. 6장 1절에 "자녀들아 주 안에서 너희 부모에게 순종하라." 4절에는 "또 아비들아 너희 자녀를 노엽게 하지 말고." 성령 충만한 자녀가 되고, 성령 충만한 부모가 되라는 말씀입니다. 성령 충만은 외딴 산속 기도원에서 이루어지는 게 아니라, 우리의 일상 가운데 이루어져야 합니다. 우리의 일상을 변화시키는 성령님의 역사가 오늘도 우리에게 충만하기를 바랍니다.

[대지 3. 섬김의 충만]

마지막으로 섬김의 충만입니다. 혹은 본문의 표현 그대로 옮겨 오면 복종의 충만입니다. "그리스도를 경외함으로 피차 복종하라." 21절은 22절 이하에 이어지는 가정 윤리의 선언적인 요약입니다. 성령 충만한 사람이 어떤 사람이냐? 주님을 경외함으로 서로에게 복종하는 사람이라는 말입니다. 혹은 서로를 섬기는 사람입니다. 남편을 진실하게 섬기는 아내야말로 성령 충만한 아내이고, 아내를 진심으로 사랑하는 남편이야말로 성령 충만한 남편입니다. 상전에게 진심으로 순종하는 종이 성령 충만한 종이고, 아랫사람을 존중히 여기는 상전이야말로 성령 충만한 사람입니다(엡 6:5-9).

[결론]

성령 충만은 멀리 있는 게 아니라 가까이에 있고, 좀 더 깊이 있을 뿐입니다. 우리의 예배가 성령 충만한 예배가 되기를 바라고, 우리의 일상이 서로를 향한 겸손한 섬김으로 가득한 성령 충만한 일상이 되기를 간절히 소망합니다. 아멘.

제6장
감사절 설교를 어떻게 할 것인가?

> **세상에서 가장 아름다운 말, 감사합니다!**[*]

    감사는 우리 신앙의 중심 언어다. 우리 신앙의 한가운데 자리 매김한 언어, 단골을 넘어 주인과 같은 언어다. 서로를 향한 감사는 신앙인의 아름다운 겸양이고, 주님을 향한 감사는 성도의 존재론적인 호흡이다. 신앙인의 겸양에, 존재론적인 호흡? 작심하고 현학적인 언어를 한 번 꾸며보았다. 무슨 뜻이냐고 물으면, 딱히 설명할 말도 없다. 다만 감사란 것이 우리 신앙의 핵심부에 있다는 걸 표현하고 싶은 욕심에, 한 번 내질러본 말이니 느낌으로 받아주기

---

[*]   전광,『평생감사』(생명의 말씀사, 2008), 65.

바란다.

감사는 세상에서 가장 아름다운 말이라는 전광 목사의 말에 공감한다. "가장"이라는 말을 함부로 쓸 일은 아니지만, 왠지 공감이 된다. 여기에 감사는 신비한 말이라는 것도 덧붙이고 싶다. 감사한 일이 먼저일까, 아니면 감사하는 마음이 먼저일까? 감사한 일이 있어야 감사하게 되는 걸까, 아니면 먼저 감사하면 감사한 일이 따라오는 걸까? 자연과학적인 인과론에 의하면 전자가 맞겠지만, 삶이란 참 신비해서 마음으로 먼저 감사할 때 감사한 일이 따라오는 경우가 많다. 필시 그래서 주신 말씀이 "범사에 감사하라"일 것이다(살전 5:18).

이를 두고 전광 목사는 "앞 북을 쳐라"고 표현한다. 뒷북을 치지 말고 감사의 앞 북을 쳐라. 참 산뜻한 표현이다. 그의 책《평생감사》가 많은 독자들의 사랑을 받은 이유는, 내용과 더불어 산뜻한 그의 언어도 한몫했을 듯하다. 가벼운 듯 깊은 의미를 담고 있는 산뜻한 언어는 설교자에게 매우 요긴한 선물이다. 필자에게 인상 깊었던 몇 가지만 소개하면, "행복의 문을 여는 열쇠", "세상에서 가장 아름다운 말", "가시 감사", "벼랑 끝 감사", 그리고 "앞 북을 쳐라". 이래저래 감사한 책이다.

감사절 설교를 어떻게 할 것인가?

교회는, 주님의 인도하심 가운데 감사를 절기로 편성하였다. 부활절, 성탄절과 더불어 감사절을 따로 구별하여 지킨다. 사실은 매주일이 감사의 주일이고, 모든 예배가 감사의 예배라는 의미에서 절기 편성이 다소 과해보일 수도 있다. 그러나 우리의 신앙 실천에 감사가 품는 무게감이 그만큼 크다는 의미다.

감사절에는 어떤 설교가 좋을까? 필자의 경험을 담아 아래 여섯 가지 방향을 구상해 보았다. 한 편의 설교에 두 가지 이상을 담아내어도 좋을 것이다.

구상 1. 감사절의 유래를 설명하는 설교(출 23:14-17, 레 23장, 민 28-29장)

우리가 감사절을 지키는 이유가 무엇인지, 그 유래를 설명하는 설교다. 부활절, 고난주간을 지키는 이유가 있듯이, 감사절을 절기로 편성한 데는 그만한 이유가 있다. 역사적인 유래를 말하자면 현대 추수감사절의 직접적인 배경은, 익히 알려진 대로 청교도의 감사다. 신앙의 자유를 찾아 천신만고 끝에 도착한 신대륙에서의 삶, 원주민의 도움을 받아 거둔 첫 수확의 기쁨과 하나님을 향한 감사의 잔치. 설교를 통해 추수감사절의 역사적인 배경을 성도들에게 가르칠 필요가 있다.

그러나 감사절은 청교도의 역사 이전에 성경에 근거한 절기다.

출애굽 이후 주님은 이스라엘 백성에게 세 가지 절기를 지킬 것을 명하셨다. 무교절(유월절), 맥추절(초실절), 그리고 수장절(초막절)이다(출 23:14-17). 이 중에서 맥추절과 수장절의 전통을 이어 받는 것이 우리 시대의 감사절이다. 역사적인 배경과 더불어 특히 성경적인 배경을 알고 지킬 때에 감사절의 의미가 더욱 풍성하고 분명해질 것이다. 설교의 구도는 다음과 같다.

우산 질문   우리는 왜 감사절을 지킬까요?
첫째,   역사적 유래 - 청교도
둘째,   성경적 근거 - 유월절, 초실절, 초막절
셋째,   미래의 소망 - 앞으로도 우리를 지키고 먹이실 하나님

구상 2. 감사하라고 선포하는 설교 (살전 5:18)

감사는 우리를 향하신 하나님의 뜻이요, 명령이다. 나 외에 다른 신을 두지 말라 명하신 하나님이, 범사에 감사하라고도 명령하셨다. 흔히 감사는 반응이라고 생각한다. 감사한 일이 있을 때에 자연스레 나오는 심리적인 반응 말이다. 물론 감사에 그런 측면이 있다. 그러나 주의 말씀이 분명히 명령하기를, 감사하라고 하신다. 다른 명령과 마찬가지로, 감사도 우리가 순종해야 할 주님의 명령이다. 물론 이 명령은 우리를 겁박하기 위한 명령은 아니다. 우리를 귀한 삶으로 이끌기 위한 주님의 따뜻한 초청이다. 설교를 통해 충분

히 설명할 때, 보다 설득력이 있는 메시지가 될 것이다.

우산 질문	우리를 향한 주님의 뜻이 무엇입니까?
첫째,	감사하라 (불평하지 말고 감사하라)
둘째,	범사에 감사하라 (감사하기 어려울 때도 감사하라)
셋째,	그래서 행복하라 (감사를 통해 행복하라)
결론	범사에 하나님께 감사하는 삶을 사시기 바랍니다

구상 3. 감사의 비결을 소개하는 설교 (욥 1:13-22)

감사하기가 마냥 쉽지만은 않다. 감사한 때도 있지만, 도무지 감사할 마음이 생기지 않을 때도 있다. 설교를 통해 어려움 중에도 감사를 잃지 않는 비결을 소개할 수 있다면, 매우 현실적이고도 의미 있는 메시지가 될 것이다. 말씀 묵상과 삶의 확인을 통해 필자는 다음과 같은 설교를 구상해 보았다.

우산 질문	어려움 중에도 감사할 수 있는 비결에는 무엇이 있을까요?
첫째,	내가 이미 받은 복을 세어 보라 (우리는 자주 아직 가지지 못한 것에 눈길을 주느라, 정작 이미 받아서 가지고 있는 것을 감사할 줄 모른다)
둘째,	나보다 더 낮은 곳을 바라보라 (이 땅에는 나보다 더 어려운 사람들, 그러면서도 작은 것에 감사하며 사는 이들이 너무나 많다)
셋째,	무조건하고 입으로 "감사합니다." 하고 말해 버리라 (나의 말(言)이 말(馬)이 되어 나의 삶을 이끌고 갈 것이다)

구상 4. 식(사)기도의 심오한 의미를 가르치는 설교 (출 16:31-36)

단순하게 바라보면, 감사절은 1년 치의 식(사)기도다. 우리는 매일 매끼니 식기도를 올리는데, 날 잡아서 1년 치의 식기도를 드리는 날이 감사절이다. "하나님 아버지, 오늘도 우리에게 귀한 양식을 주셔서 감사합니다." 그런데 생각하면 참 묘한 기도다. 내가 번 돈이고, 혹은 부모님이 피땀 흘려 번 돈으로 산 양식이다. 게다가 어머님이 새벽같이 일어나 차려주신 밥이다. 그런데 감사는, 엉뚱하게(?) 하나님을 향한. 신앙의 혜안이 없다면 결코 할 수 없는 위대한 고백이 아닌가. 식기도만 잘해도 참 귀한 신앙이다.

주님이 친히 식기도를 가르치시는 장면이 있다. 구약의 만나 사건이다. 광야 40년 동안 이스라엘 백성은 농사를 짓지 않았다. 아침마다 하늘에서 떨어지는, 하나님이 공급하시는 만나를 먹었는데, 늘 기도하기를 "하나님, 오늘도 우리에게 귀한 양식을 주셔서 감사합니다." 있는 그대로의 현실을 담은 기도다. 그런데 40년 후 가나안에 들어가서 직접 농사를 지으면서도 동일한 기도를 드렸다. "하나님, 오늘도 우리에게 귀한 양식을 주셔서 감사합니다." 만나의 기억으로 드리는 기도였고, 만나를 통해 배운 삶의 진실을 고백하는 기도였다. 식기도만 잘 가르쳐도 신앙교육의 반은 성공했다고 생각한다. 만나 사건을 두고 요한복음 6장은 오병이어를 거쳐 주님의 십자가로까지 연결한다(요 6:35). 설교를 구상하면, 다음과 같다.

도입	식(사)기도의 위대함
우산 질문	만나를 통해 주님께서 우리에게 가르치시는 게 무엇일까요?
첫째,	식기도 – 주님, 일용할 양식을 주셔서 감사합니다
둘째,	영혼의 식기도 – 주님, 나의 생명의 양식이 되어주셔서 감사합니다 (요 6:35)
결론	진심어린 식기도를 통해 우리를 먹이시는 주님을 고백하며 살라

구상 5. 감사의 기적으로 초대하는 설교 (눅 17:11-19)

감사는 이야기의 끝이 아니라, 더 아름다운 이야기의 시작이다. 감사는 귀한 것을 받은 자의 당연한 반응이고 도리이지만, 동시에 우리에게 정말 귀한 보물을 선물하는 씨앗이 된다. 그래서 감사가 참 감사하다. 그런데 안타깝게도 그 아름다운 씨앗을 뿌리는 이들이 그리 많지 않다. 주님의 경험으로는 열의 하나, 한 10% 정도 되려나.

열 명의 나병환자가 모두 고침을 받았지만, 그 가운데 주님께 돌아와 감사를 드린 이는 오직 한 사람이었다. 그 한 사람을 향하여 주님이 선포하시기를 "일어나 가라. 네 믿음이 너를 구원하였느니라."(19절) 아홉 명은 육체의 질병만 고쳤지만, 그 한 사람은 영혼의 구원도 받았다. 아홉 명은 육신의 가족만 회복하였지만, 감사한 한 사람은 영원한 가족인 하나님을 얻었다. 감사는 이야기의 끝이 아니라, 더 아름답고 영광스러운 이야기의 씨앗이 된다.

구상 6. 성도들의 감사로 채우는 설교 (시 136:1-26)

다소 파격적인 설교인데, 조심스레 제안해 본다. 성도들의 감사로 설교를 가득 채울 수는 없을까? 언젠가 추수감사절에 평소보다 설교 시간을 절반 정도로 줄인 일이 있다. 성도들에게 미리 당부하기를, 감사헌금 봉투에 한 해 동안의 감사제목을, 길어도 좋으니 진솔하게 적으라고 일러두었다. 그리곤 봉헌 시간에 하나하나 읽어주었다. 시간이 지체되어도 서둘지 않고, 성경을 읽는 경건함을 담아 읽어주었는데, 참 은혜롭고 감사한 시간이었다. 작은 교회만이 누릴 수 있는 복인지도 모른다. 설교 시간 전체를 할애하기는 부담스럽지만, 감사의 절기이니만큼 일정 부분을 성도들의 감사로 채우는 것도 의미가 있을 것이다.

시편 136편에서 아이디어를 얻을 수 있다. 총 스물여섯 절인데, 매 절이 하나님을 향한 감사다. 주석적으로 본문을 해석하는 것이 설교의 기초이지만, 오늘은 우리의 시편 136편을 함께 채워가는 것도 의미 있는 시도가 될 것이다. 사도행전 29장을 사역의 모토로 삼는 교회들이 많은데, 감사의 시편 136편 그 이후를 채울 수도 있지 않을까.

요약 형태로 각 설교문을 소개하도록 하겠다. (마지막 '성도들의 감사로 채우는 설교'는 제외하였다.)

설교 1. 감사절의 유래를 설명하는 설교

추수감사절의 유래 (출 23:14-17)

서론	추수감사절은 어떻게 생겨났을까?
대지 1.	청교도의 감사
대지 2.	성경의 감사절
대지 3.	미래의 감사

[서론 : 추수감사절은 어떻게 생겨났을까?]

오늘은 추수감사절입니다. 늘 감사하며 살지만, 특별히 오늘 더 진심으로 더 마음 깊이 주님의 은혜에 감사하는 하루가 되시기 바랍니다. 추수감사절은 어떻게 생겨났을까요? 그 유래를 알면 보다 의미 있는 감사절이 되겠죠.

[대지 1. 청교도의 감사]

우선은 역사적인 유래입니다. 역사적으로 추수감사절은 청교도의 감사 잔치에서 비롯되었습니다. 1620년 신앙의 자유를 찾아 일단의 청교도들이 메이플라워호를 타고 신대륙으로 떠났습니다.

백 명이 넘는 인원이 타기에는 작은 배였다고 해요. 65일의 항해와 첫 겨울의 혹독한 추위 앞에 102명 가운데 44명이나 목숨을 잃었습니다. 그러나 믿음으로 모든 고난을 이겨내고, 원주민들의 도움을 받아 1621년 신대륙에서의 첫 수확의 기쁨을 맛봅니다. 이때 도움을 주었던 원주민들과 함께 주님 앞에 감사의 잔치를 벌였는데, 그것이 오늘날 추수감사절의 시초가 되었습니다. 아브라함과 이삭과 야곱이 우리 신앙의 조상이듯이, 청교도들도 하나님이 귀하게 사용하신 우리 신앙의 선배들입니다. 신앙을 향한 그분들의 열정과 하나님을 향한 진심어린 감사의 전통을 우리도 이어받을 수 있기를 바랍니다.

[대지 2. 성경의 감사절]

둘째로, 성경적인 근거입니다. 추수감사절은 청교도의 역사 이전에 사실은 성경적인 근거를 가진 절기입니다. 출애굽 이후 주님은 이스라엘 백성에게 세 절기를 지킬 것을 명하셨습니다. 무교절, 맥추절, 그리고 수장절입니다. 무교절은 유월절이라고도 하죠. 이집트에서 당신의 백성을 구원해내신 하나님께 감사하는 절기입니다. 맥추절은 초실절이라고도 하는데, 수확의 기쁨을 하나님 앞에 감사로 표현하는 절기입니다. 그리고 수장절은 곡식을 저장하면서 지키는 절기인데, 초막절이라고도 부릅니다. 광야에서 당신의 백성을 지키신 주님의 보호하심에 감사하는 절기입니다.

구약 규례가 자주 그러하듯, 명시적인 준수는 지나갔지만, 그 정신만큼은 우리 시대에도 면면히 흘러야 합니다. 오늘 추수감사절과 가장 직접적으로 연관된 것은 맥추절이라고 할 수 있겠죠. 수확의 기쁨을 주신 하나님께 감사를 드리는 절기입니다. 그러나 곡식과 더불어 유월절 어린 양으로 오셔서 우리에게 생명의 양식이 되신 주님을 향한 감사도 포함할 수 있습니다. 우리 장막 가운데 거하시는 임마누엘의 하나님, 우리의 삶을 인도하시는 목자이신 주님에 대한 감사도 빼놓을 수 없습니다. 그런 의미에서 구약 세 절기를 모두 모아 오늘의 감사로 올려드리는 것이 합당할 것입니다. 모든 것에 감사하는 하루가 되시기 바랍니다.

[대지 3. 미래의 감사]

마지막 셋째로, 미래의 소망입니다. 유래라는 이름은 의미상 과거를 돌아보지만, 신앙의 신비는 미래까지 봅니다. 감사절은 과거에 베푸신 하나님의 은혜에 주목하지만, 더불어 눈을 들어 장차 우리에게 베푸실 우리 주님의 미래의 은혜도 소망 중에 바라보게 합니다. 지금까지 우리를 지키신 주님은, 앞으로도 우리를 지키실 것입니다. 지금까지 우리를 먹이신 우리의 목자는, 앞으로도 영원히 우리의 목자가 되실 것입니다. "여호와는 나의 목자시니 내게 부족함이 없으리로다." 지금 우리의 고백이듯이, 앞으로도 영원히 저와 여러분의 고백과 경험이 될 것입니다. 아멘.

설교 2. 감사하라고 선포하는 설교

감사, 우리를 향한 하나님의 뜻 (살전 5:18)

서론 우리를 향한 주님의 뜻은?
대지 1. 감사
대지 2. 범사에 감사
대지 3. 우리의 행복

[서론: 우리를 향한 주님의 뜻은?]

신앙인들에게는 거룩한 소망이 있습니다. 내 안에 주님의 뜻이 이루어지소서. 내 뜻이 이루어지는 것도 좋지만, 내 뜻보다 더 귀한 주님의 뜻이 내 삶에 이루어지는 것, 참 행복한 일입니다. 그래서 우리가 기도하기를, 주님의 뜻이 무엇입니까? 오늘 주님의 응답이 임합니다. 오늘 주님께서 우리를 향한 그분의 뜻을 일러주십니다.

[대지 1. 감사]

첫째, 무엇보다 감사입니다. 우리를 향한 주님의 뜻이 뭐냐? 감사입니다. 하나님의 뜻을 실천하고자 하시는 성도 여러분, 감사하시기 바랍니다. 성경은 처음부터 끝까지 하나님의 말씀이고, 성경은 처음부터 끝까지 우리를 향한 하나님의 뜻입니다. 그런데 그 중에서도 콕 찍어서 "이것이 바로 하나님의 뜻이니라." 하시면서 주신 말씀이 있어요. 바로 이겁니다. "감사하라, 이것이 너희를 향한 하나님의 뜻이니라." 주의 말씀에 순종하는 신실한 성도들이 되시기 바랍니다.

[대지 2. 범사에 감사]

둘째는, 범사에 감사하라. 범사에 감사하라는 게 무슨 말씀일까요? 살다보면 감사할 때도 있지만, 그렇지 않을 때도 있어요. 원망이 나오고, 불평이 나올 때. 그럴 때도 어떻게? 그럴 때도 감사하라. 그게 바로 "범사에" 감사하라. 어떤 목사님이 "오래"를 재미있게 푸셨어요. 사랑은 "오래" 참고, 여기서 오래는 얼마나 오래일까? 그분 말씀이, 참다 참다 도저히 못 참을 때, 이제는 더 이상 못 참겠다 싶을 그때, 그때 한 번 더 참는 게 오래 참는 거랍니다. 재미있으면서도 혜안이 있는 해석이죠. 그렇다면 "범사에"는 무슨 의미일까요? 도저히 감사가 안 나올 때, 그때도 한 번 더 감사하는 것, 그게 범사에 감사하는 것입니다. 우리를 향한 주님의 뜻이 이겁니다. 범사에 감사하라. 감사한 일이 있어도 감사하고, 또 그렇지 않을 때에도 늘 감사하라.

[대지 3. 우리의 행복]

　마지막 셋째, 우리를 향한 주님의 뜻이 뭐냐? 행복하라. 뭐라고요? 행복하라. 감사하라고 명하시는 이유가 뭘까요? 우리가 행복하라고. 주님은 우리의 아버지시잖아요. 아버지의 소원은 자식들의 행복이죠. 우리의 아버지 하나님의 소원도 그래요. 우리가 행복하기를 바라십니다. 그래서 주시는 명령이, 범사에 감사하라. 불평하는 마음에 불평할 일이 찾아와요. 원망하는 마음에 자꾸 원망스런 일이 생겨요. 그런데 어려움 중에도 감사한다면, 그의 삶도 덩달아 감사한 일로 가득할 것입니다. 감사의 신비입니다. 주의 말씀에 순종하는 행복한 인생이 되시기 바랍니다.

설교 3. 감사의 비결을 소개하는 설교

감사의 비결 (욥 1:13-22)

서론	고난 중에도 감사하는 비결은?
대지 1.	받은 복을 세어 보라
대지 2.	나보다 낮은 자리를 보라
대지 3.	그냥 감사하라

[서론: 고난 중에도 감사하는 비결은?]

감사의 삶을 사는 것은 결코 쉬운 일이 아닙니다. 오늘 욥의 모습만 봐도 그래요. 모든 것을 잃은 날입니다. 재산도 잃고, 가족도 잃고, 모든 걸 잃었어요. 감사도 잃을 수밖에 없죠. 그런데 참 귀한 것은 "이 모든 일에 욥이 범죄하지 아니하고 하나님을 향하여 원망하지 아니하니라."(22절) 성도 여러분, 욥에게 닥친 일들이 결코 여러분에게는 일어나지 않기를 간절히 바랍니다. 그러나 욥의 이 감사만은 저와 여러분의 마음에도 굳게 자리하기를 또 간절히 소망합니다. 아멘. 어떻게 하면 어려움 중에도 감사할 수 있을까?

[대지 1. 받은 복을 세어 보라]

우선은, 내가 받은 복을 세어 보십시오. 내가 가진 것을 한 번 돌아보세요. 생각보다 우리는 가진 것이 참 많아요. 우리의 눈은 본성적으로 지금 가지지 못한 것에 쏠립니다. 더 가지고 싶어 해요. 그러면 감사가 나올 수가 없죠. 눈을 돌려, 내가 가진 것을 한 번 돌아보세요. 주님이 나에게 주셔서, 이미 내가 가지고 있는 소중한 것들. 여우같아도 사랑스런 아내가 있죠. 토끼 같은 아이들도 있고. 가끔 속상할 때가 있지만 주님의 피로 세우신 귀한 교회와 성도들을 주셨습니다. 무엇보다 나에게는 주님이 있습니다. 영원한 나의 목자, 영원한 나의 아버지 하나님이 계십니다. 어찌 감사하지 않을 수 있을까요.

[대지 2. 나보다 낮은 자리를 보라]

둘째, 나보다 낮은 자리를 쳐다보세요. 이 땅에는 나보다 어려운 이들이 너무 많아요. 자녀들을 해외여행 보내실 때, 선진국보다 어려운 나라로 보내는 부모님들이 있어요. 참 지혜로운 부모님들 같아요. 낮은 곳을 볼 때 감사를 품을 수 있고, 또 낮은 곳을 볼 때 나를 향한 주님의 소명을 품을 수 있어요. "너희가 먹을 것을 주라."(눅 9:13) 통계적으로도 냉장고에 음식이 있고, 잠을 청할 방만 있어도 세계에서 상위 20퍼센트 안에 드는 삶이라고 해요. 집안에서 맑은 식수를 먹을 수 있는 나라도 그리 많지 않다고 해요. 낮은 자리를 바라보며 감사할 수 있기를 바랍니다.

[대지 3. 그냥 감사하라]

셋째, 이건 조금 투박하지만 참 요긴한 방법이 있어요. 그냥 "주님, 감사합니다." 하고 말해 버리세요. 이것저것 생각하지 말고, 그냥 감사합니다. 우리의 말에는 일을 이루는 힘이 있습니다. 주님의 말씀에 권능이 있듯이, 우리의 말에도 작지만 힘이 있어요. 감사의 말(言)이 내 삶의 말(馬)이 되어 나의 삶을 감사한 삶으로 이끌어 갑니다. 믿음으로 고백하세요, 감사합니다. 억지로라도 이를 악물고라도 입으로 뱉으세요, 감사합니다. 아멘.

설교 4. 식기도의 심오한 의미를 가르치는 설교

만나의 기도 (출 16:31-36)

마디 1.   식기도의 생소함
마디 2.   식기도의 위대함
마디 3.   만나의 식기도
마디 4.   가나안의 식기도
마디 5.   영원한 식기도

[마디 1. 식기도의 생소함]

믿지 않는 가정에서 예수님을 믿게 된 아이가 있었어요. 혼자 믿는 믿음이지만, 열심히 신앙생활을 하는데, 식사 때마다 교회에서 배운 대로 식사기도를 드렸습니다. 며칠 부모님이 묵묵히 지켜보시더니, 물으시기를 "너 뭐라고 기도하니?" 아이가 대답하기를, "예, 하나님 아버지 오늘도 맛있는 밥을 주셔서 감사합니다. 하고 기도합니다." 그랬더니 아버지가 화가 나셨어요. "야, 이놈아, 내가 돈 벌어서 쌀 사고, 엄마가 새벽부터 밥을 지어주는데, 왜 감사는 엉뚱한 데 해?"

[마디 2. 식기도의 위대함]

생각하면 식기도는 참 위대한 신앙고백입니다. 창조주 하나님에 대한 확신이 없다면 절대로 드릴 수 없는 기도. 비록 내가 피땀 흘려 번 돈이지만, 내가 아니라 주님이 주셨다고 고백하는 기도입니다. 뙤약볕 아래 내가 피땀 흘려 가꾼 곡식이지만, 내가 아니라 주님이 주신 수확이라고 감사하는 기도입니다. 베드로의 고백도 귀하고, 도마의 고백도 귀하지만, 못지않게 귀한 고백이 우리가 늘 드리는 식사기도입니다. 매 식사 때마다 이 귀한 기도를 평생에 진실하게 올려드리는 저와 여러분이 되시기 바랍니다.

[마디 3. 만나의 식기도]

오늘 본문이 만나 사건이죠. 귀한 교훈을 담은 기적입니다. 하나님의 기적적인 능력과 더불어, 그 안에 담아주시는 메시지를 챙겨야 합니다. 주님께서 만나를 통해 우리에게 가르치시는 게 무엇일까요? 무엇보다 식기도입니다. "주님, 오늘도 우리에게 귀한 양식을 주셔서 감사합니다." 식사 때마다 드리는 이 기도를 40년 동안 만나를 통해 가르치셨습니다. 광야에 살면서 이스라엘 백성은 농사를 짓지 않았어요. 그런데도 결코 배를 곯지 않았어요. 하나님이 늘 하늘에서 공급해 주셨기 때문입니다. 아침마다 눈처럼 곡식이 내렸어요. 그걸 모아다가 밥을 지어먹는데, 당연히 나오는 기도가 있겠죠. "주님, 오늘도 우리에게 귀한 양식을 주셔서 감사합니다."

진실한 기도이고, 현실 그대로의 고백입니다.

[마디 4. 가나안의 식기도]

그런데 40년 뒤 가나안에 들어가서도 이스라엘 백성은 동일한 기도로 식사를 시작합니다. 이제는 내 손으로 피땀 흘려 농사를 짓지만, 기도는 동일해요. "하나님, 오늘도 우리에게 귀한 양식을 주셔서 감사합니다." 만나의 기억으로 드리는 위대한 기도이고, 40년 만나의 경험으로 드리는 진실한 기도입니다. 식기도만 잘 가르쳐도 신앙교육의 절반은 된다고 봐요. 창조주 하나님에 대한 위대한 고백입니다. 아이들에게 식기도를 잘 가르치시기 바랍니다. 아이들과 같이 기도하시면 좋겠어요. "하나님, 오늘도 우리 가족에게 귀한 양식을 주셔서 감사합니다." 그러면 아이들의 마음속에 진실이 심겨질 겁니다. 열심히 일하는 부모님 위에 우리 모두를 먹이시는 하늘 아버지가 계시구나! 아멘.

[마디 5. 영원한 식기도]

여기서 끝이 아닙니다. 만나를 통해 우리에게 가르치신 진실, 이번에는 영적인 식기도입니다. 보다 정확히 말하면 만나의 재현인 오병이어를 통해 주님이 가르치신 기도입니다. "주님, 나의 생명의 양식이 되어주셔서 감사합니다." 요한복음 6장이 오병이어 사건을 보도하는데, 바로 이어 주님은 생명의 떡 설교를 하십니다. "내가 곧 생명의 떡이니라. 너희 조상들은 광야에서 만나를 먹었어도 죽었거니와 이는 하늘에서 내려오는 떡이니 사람으로 하여금 먹고 죽지 아니하게 하는 것이니라."(요 6:48-50) 주님이 스스로를 참된 만나, 생명의 밥으로 소개하십니다. 우리의 육신을 먹이시는 주님이, 우리의 영혼도 먹이십니다. 생명의 만나를 공급하신 주님이, 이제 친히 생명의 만나가 되어주셨습니다. 우리는 예수 먹고 사는 인생입니다. 우리를 위해 생명의 양식이 되어주신 주님께 진심으로 감사드립니다. 아멘.

설교 5. 감사의 기적으로 초대하는 설교

감사의 기적 (눅 17:11-19)

서론	감사의 기적을 맛보라
대지 1.	구원
대지 2.	하나님

[서론: 감사의 기적을 맛보라]

추수감사절 아침 주님께서 우리에게 주시는 말씀은 "감사의 기적"입니다. 감사는 단지 수동적인 반응이 아닙니다. 뒤에 더 큰 일을 만들어내는 능동적인 힘이 있어요. 감사가 일구어내는 큰일을 두 가지 묵상하고자 할 때에, 감사의 기적을 맛보시는 행복한 인생이 되시기 바랍니다.

[대지 1. 구원]

우선은 구원입니다. 영혼의 구원. 본문 19절, "그에게 이르시되 일어나 가라. 네 믿음이 너를 구원하였느니라 하시더라." 로마서를 통해 우리는 믿음으로 구원받는다는 사실을 배웠습니다. 그런데 그 믿음이 뭐냐? 오늘 본문이 가르치기를, 감사입니다. 주님의 은혜에 대한 감사가 바로 우리의 믿음입니다. 15-16절에 "그 중의 한 사람이 자기가 나은 것을 보고 큰 소리로 하나님께 영광을 돌리며 돌아와 예수의 발아래에 엎드리어 감사하니." 이 감사를 두고 주님은 믿음이라 칭하셨고, 그에게 구원을 선포하셨습니다. 열 명의 환자가 모두 고침 받았지만, 나머지 아홉은 육신의 건강에 그쳤습니다. 오직 한 사람, 감사하는 사마리아인에게 우리 주님의 구원이 임하였습니다. 감사는 곧 구원에 이르는 믿음입니다. 이 귀한 감사가 저와 여러분에게 있기를 바랍니다. 아멘.

[대지 2. 하나님]

더불어, 하나님입니다. 아홉 명의 환자는 하나님의 치유를 선물로 받았지만, 감사한 한 사람은 치유의 하나님을 선물로 받았습니다. 하나님의 치유, 그리고 치유의 하나님. 비슷한 듯 큰 차이를 가지고 있어요. 어리석은 자식은 아버지 손에 달린 과자봉지에만 관심이 있어요. 과자가 최고인 줄 알죠. 그러나 철든 자식은 아버지의 과자가 아니라, 과자를 사 오신 아버지를 더 사랑합니다. 과자보다 아버지가 비교할 수 없이 큰 선물임을 잘 알기 때문입니다. 나병의 치유는 세월 앞에 다 사라질 것입니다. 결국 다시 병들고, 결국 죽음에 이를 것입니다. 그러나 치유의 하나님을 얻은 한 사람은 결코 죽음을 맛보지 않을 것입니다. 성도 여러분, 감사할 줄 아는 성도들이 되시기 바랍니다. 감사하는 인생이 되시기 바랍니다. 감사는 구원에 이르는 믿음이요, 감사는 거룩하신 하나님을 얻는 통로가 될 것입니다.

감사의 기적이 여러분에게 일어나기를 바랍니다. 이를 위해 먼저 감사하시기 바랍니다. 진심으로 감사하시고, 고난을 거슬러 감사하시기 바랍니다. 감사의 기적을 맛보는 행복한 인생이 되시기 바랍니다.

제7장
성탄절 설교를 어떻게 할 것인가?

산타(Santa)와 사탄(Satan)

학생 시절 교회 회보에 "산타=사탄?"이라는 제목으로 글을 썼다가 과격하다는 이유로 거절당한 적이 있다. 지금 생각하니 과격했던 것도 같지만, 의도 자체는 의미가 있었다고 생각한다. 글의 의도인즉, 산타가 주님의 자리를 찬탈하고 있다는 것이었다. 성탄절은 분명 우리 주님이 오신 날인데, 거리의 트리 장식도, 카드 그림도 마치 산타가 주인공인 듯하다. 산타 할아버지가 의도한 바는 아니겠지만, 언젠가부터 거리의 현실이 그렇게 흘러간다. 2000년 전 주님이 마구간으로 밀려났듯이 말이다. 그러니 이 어찌 가벼운 사안이겠는가. 주님의 자리를 탐하는 원류가 사탄이 아닌가. 공교롭게도

'santa'에서 'n'자를 맨 뒤로 옮기면 'satan'이 된다.

읽으면서 '저러니 잘리지' 할 분들도 있겠지만, 성탄절을 앞두고 한 번 생각할 거리는 되지 않을까 싶다. 올해 성탄절에는 오직 우리 주님이 주인공이 되시기를 바란다. 사족이 될지 모르나, 성탄절에 주님의 자리를 '탐하는' 시도가 또 있다. "산타 할아버지의 선물을 기다리는 우리 아이들이다."라고 말하면 정말 고리타분하고 꽉 막힌 글이 될 수도 있겠다. 그런데 가끔 이해가 안 되는 것은, 주님의 생일에 왜 자기가 선물을 받으려 하는지, 이거 참….

성탄절 설교를 어떻게 할 것인가?

2000년 간 수많은 성탄절 설교가 선포되었지만, 올해도 주시는 말씀으로 이 땅의 강단들이 아름답게 채워지기를 바란다. 어떤 메시지로 채워야 할까? 크게 두 부류로 나누었다. 성탄의 의미를 새기는 설교, 그리고 성탄의 주님을 나의 주님으로 모셔 들이자는 권면의 설교다. 각각 세 편씩 구상해보았다.

우선 성탄의 의미에 관하여서는, 성탄절은 단순히 흥겨운 축제의 날이 아니다. 홍청망청 네온사인으로 가득한 12월은 자칫 거룩한 성탄에 대한 몰이해의 산물이 될 수 있다. 성탄절은 성육신이라는 위대한 신학적 실재가 임한 날이고, 인류의 역사를 뒤바꾼 위대한 평화의 날이었다. 로마의 평화(Pax Romana)와는 근본적으로 구분되는 진정한 평화가 임한 날이다. 성탄절 아침에 그 날의 의미를 성도들에게 충분히 선포할 필요가 있을 것이다. 아래 1-3번 설교가 여기에 해당한다.

더불어 성탄절은 주님을 모셔 들이는 날이 되어야 할 것이다. 주님은 오셨지만, 모셔 들이지 않으면 소용이 없다. 여관이 있을 곳이 없으셨던 그 날처럼, 우리의 마음에 주님이 거할 곳이 없다면, 역사적인 성탄은 왔어도 실존적인 성탄은 아직 임하지 않았다고 할 수 있다. 성탄절은 이 땅에 오신 주님을 나의 마음에 모셔 들이겠다는 결단을 하기에 적합한 날, 그래서 더욱 아름다운 날이다. 초림의 성탄을 회상하면서 다시 오실 주님의 재림을 고대하는 것도 의미 있는 성탄절 메시지가 될 것이다. 아래 4-6번 설교가 이 메시지에 해당한다. 각 설교의 본문과 주제, 메시지의 흐름을 간략하게 소개하겠다.

구상 1. 낯선 성탄절 (눅 2:1-11)

주제 - 주님께 낯설지 않은 참된 성탄절이 우리 안에 회복되기를 소망합니다

주님이 올해 12월 말 서울 거리에 오시면 어떻게 느끼실까요? 굉장히 당황하실지도 몰라요. 이게 과연 나의 생일인가 하시면서 말입니다. 주님이 오신 그 밤은 흥청망청 화려한 밤이 아니라, 고요하고 거룩한 밤이었습니다. 사치스러운 밤이 아니라, 낮은 데로 임

한 겸손한 밤이었습니다. 무엇보다 앞서 말했듯이, 산타가 온 날이 아니라 주님이 오신 날입니다. 온전한 성탄절이 우리 안에 임하기를 소망합니다.

구상 2. 평화의 왕으로 오신 예수님 (눅 2:1-14)

주제 - 성탄의 주님은 진정한 평화의 왕으로 오셨습니다

주님이 오신 것은 천사들이 노래한 대로, 평화를 선물하기 위함이었습니다. 참 아름답고 더할 나위 없는 시편 23편의 평화가 모두의 삶에 임하기를 바랍니다. 주님이 주시는 평화는 세상이 흉내 낼 수 없는 평화입니다. 아우구스투스의 로마 제국이 선물한 평화를 일컬어, 팍스 로마나라고 부릅니다. 그런데 이 평화는 양들의 평화라기보다는 오히려 양들의 침묵이었습니다. 힘에 눌려 숨죽인 평화는 진정한 평화가 아닙니다. 성탄의 아침에, 목자의 희생으로 양들에게 주어지는 진정한 주님의 평화가 온 세계에 가득하기를 기원합니다.

구상 3. 낮아지신 예수님 (빌 2:5-8)

주제 - 성탄은 주님의 자기 비움이었습니다

성탄절이 어떤 날일까? 우리에겐 마냥 행복하고 즐거운 날이지만, 정작 주님께는 꼭 그렇지만은 않았습니다. 존귀한 하나님의 자리를 버리고 비천한 이 땅에 내려오신 낮아짐의 날이고, 심지어

이 땅보다 더 낮은 십자가로 내려가시는 고통의 시작이기도 하였습니다. 이름 하여 성탄은, 우리 주님의 자기 비움의 날이었습니다. 우리를 위한 희생이었고, 우리를 위한 낮아짐이었습니다. 그래서 성탄은 어지러운 흥겨움의 날이 아니라, 주님을 향한 진중한 감사와 정성을 다한 찬양의 날이어야 합니다.

구상 4. 문 두드리는 예수님 (눅 2:1-7)

주제 - 마음 열어 주님을 모셔 들이자

주님이 오시던 밤, 노크 소리가 요란하였습니다. 주님을 잉태한 마리아가 다급하게 문을 두드렸지만 아무도 문을 열어주지 않았고, 결국 주님은 마구간에서 태어나셨습니다. 그런데 계시록에 의하면, 주님은 지금도 우리의 마음 문을 두드리고 계십니다. 주님께 쉽사리 문을 열어드리지 못하는 것은, 그분이 가벼운 손님이 아니라 우리의 왕으로 오시기 때문입니다. 부담스럽지만, 겸손히 마음의 문을 열어드린다면 우리 인생 최고의 손님, 최고의 주인님이 되어주실 것입니다. 그분은 지배하는 왕이 아니라, 우리를 위해 목숨을 내어주시는 선한 목자 왕이십니다. 믿음으로 그분을 향해 마음의 문을 열기를 바랍니다.

구상 5. 아름다운 헌신 (마 1:18-25)

주님이 오시던 날에 참 아름답게 빛나는 사람이 있었습니다.

한 여인이 정결한 자신의 태를 주님께 내어드렸습니다. 여인에게 태는 그 어떤 이유로도 내어줄 수 없는 소중하고도 거룩한 곳인데, 주님을 위해 내어드렸습니다. 그렇게 할 수 있었던 이유는, 우리 주님이 그만큼 존귀하고 거룩하신 분이기 때문이요, 더불어 먼저 주님이 더욱 귀한 선물을 주셨기 때문입니다. 그분은 거룩한 하나님이시지만, 우리를 위해 스스로를 비우고 비천한 인간의 몸을 입으셨고, 우리를 위해 목숨까지 내어주셨습니다. 우리에게도 가장 소중한 것을 주님께 내어드릴 수 있는 용기가 있기를 바랍니다.

구상 6. 아멘, 주 예수여 오시옵소서! (마 2:1-12)

주제 – 재림하시는 주님을 기쁨으로 맞이하게 하소서

성탄은 재림에 대비되는 우리 주님의 초림이었습니다. 초림의 날에 주님을 맞이하는 사람들의 반응이 엇갈렸습니다. 어떤 이들은 주님이 오셨다는 소식에 매우 당황합니다. 못 오실 분이 오신 듯, 긴장한 얼굴로 이리저리 우왕좌왕했습니다. 또 어떤 이들은 아예 혼신의 힘을 다해 오시는 주님을 막아섰습니다. 왕으로 오시는 주님을 맞이할 준비가 되어 있지 않았기 때문입니다. 그런데 어떤 이들은 먼 길은 마다하지 않고 찾아와서 귀한 선물과 정성으로 주님을 영접하였습니다. 언젠가 주님이 다시 오시는 그 날, 기쁨과 정성으로 주님을 영접하는 지혜로운 성도들이 되시기 바랍니다. 아멘, 주 예수여 오시옵소서.

설교 1.

낯선 성탄절 (눅 2:1-11)

서론	주님께도 낯선 현재의 성탄절
대지 1.	주님이 주인 되시는 성탄절이 되기를
대지 2.	주님의 낮아지심을 실천하는 성탄절이 되기를
결론	참된 성탄절이 임하기를

[서론 : 주님께도 낯선 현재의 성탄절]

　예수님이 성탄절에 오신다면 어떤 느낌일까요? 굉장히 당황하실지도 몰라요. 이게 정말 내 생일이란 말인가. 우선은 산타 할아버지에 놀라실 겁니다. 거리를 보면 성탄절은 주님과는 상관없는 하나의 축제가 되고 있습니다. 흥겨움은 있지만, 이 흥겨운 날의 주인공이 누구인지 아리송한 모습이 자주 연출됩니다.

　그리고 또 하나, 화려함에 당황하실 겁니다. 주님이 오신 그 날은 이렇게 화려한 날은 아니었습니다. 누가복음이 주님 오시던 그 날의 상황을 일러주는데, 얼마나 마음이 무거운지 몰라요. 아기가 마구간에서 태어나고 있습니다. 망아지도 아닌데 마구간에서 태어나세요. 주님이 오신 날은 그렇게 마음이 무거운 날이었는데, 어쩌면 우리 시대 성탄절의 화려함은 성탄절의 왜곡인지도 모릅니다. 우리 안에 진정한 성탄절이 임하기를 바랍니다.

[대지 1. 주님이 주인 되시는 성탄절이 되기를]

무엇보다 주님이 주인 되는 성탄절이 되기를 바랍니다. 성탄절의 주인공은 산타 할아버지가 아니라 우리 주님이십니다. 성탄절의 주인공은 밤늦도록 법석을 떠는 젊은 청춘들이 아니라, 인류를 구원하시기 위해 이 땅에 오신 아기 예수님입니다. 교회에서부터 그분을 주인공의 자리에 모시기를 바랍니다. 아이들한테 선물을 주는 것도 주의할 필요가 있어요. 예수님의 생신임을 분명히 일러주어야 하고, 아이들에게 주님께 드릴 선물을 받는 것도 의미가 있을 것입니다.

[대지 2. 주님의 낮아지심을 실천하는 성탄절이 되기를]

더불어 낮은 데로 나아가는 성탄절이 되기를 바랍니다. 주님이 그렇게 낮고 천한 모습으로 오신 이유가 무엇일까요? 우선은 우리의 죄를 감당하시기 위함이었을 겁니다. 더불어 또 한 가지 중요한 이유, 낮은 자들의 친구가 되기 위함일 것입니다. 화려하고 높은 사람들에게도 주님이 필요하지만, 낮고 천한 인생들에게도 주님이 필요하기 때문입니다. 그런 의미에서 성탄절은 낮은 데로 내려가는 시간이기를 바랍니다. 우리 주변에 어려운 이웃들이 많잖아요. 주님의 이름으로 그분들을 돕고 섬길 수 있다면, 참 뜻있는 성탄절이 될 것입니다. 아이들한테 거둔 주님이 생일 선물을 가난한 이웃들에게 나누어 주면 되겠죠.

[결론 : 참된 성탄절이 임하기를]

올해엔 그 어느 해보다 아름다운 성탄절이 되기를 바랍니다. 성탄의 정신이 오롯이 살아있는 참된 성탄절이 되기를 소망합니다. 주님이 주인 되시는 성탄절, 주님의 낮아지심을 실천하는 성탄절, 그래서 참되고 아름다운 성탄절이 이 땅에 임하기를 바랍니다. 그 중에 제일 먼저 우리 교회에 임하기를 소망합니다. 아멘.

설교 2.

평화의 왕으로 오신 예수님 (눅 2:1-14)

서론	주님의 평화가 임하기를
마디 1.	세상이 주는 부족한 평화
마디 2.	주님이 주시는 온전한 평화
결론	평화를 위한 기도

[서론 : 주님의 평화가 임하기를]

행복한 성탄절이 다가왔습니다. 주님의 평화가 성도 여러분의 삶과 가정에 풍성히 임하시기를 바랍니다. 우리 주님은 평화의 왕으로 오셨습니다. 천사들이 정확하게 노래했어요. 하나님께는 영광이요 땅에서 기뻐하심을 입은 자들에게는 평화로다. 평화를 가장 잘 표현한 성경을 찾으라면 역시 시편 23편입니다. 얼마나 평화로운지 몰라요. 원래 양들은 불안해서 함부로 드러눕지 않는다고 합니다. 등 따숩고 배부르고, 바람까지 살랑살랑 불어줘야 양들이 평안히 잠든다고 해요. 더할 나위 없는 시편 23편의 평화가 여러분에게 임하기를 바랍니다.

[마디 1. 세상이 주는 부족한 평화]

　가끔 세상도 우리에게 평화를 약속합니다. 대표적으로 오늘 본문의 가이사 아구스도입니다. 가이사(카이사르)의 양자로서 황제의 지위에 오른 사람입니다. 직업 군인을 양성하고 저 유명한 로마의 길을 닦고, 지중해를 중심으로 한 전 유럽을 정복한 황제입니다. 이 사람의 통치 이후 200년을 일컬어 역사가들은 팍스 로마나, 로마의 평화라고 부릅니다. 참 평화로운 시대였거든요. 그런데 이 평화는 진정한 평화라기보다 억압된 침묵이었습니다. 황제 아래 수많은 사람이 고통으로 신음하였지만, 겉으로는 로마의 권세 앞에 입을 열지 못하니, 온 세상이 고요하였더라. 양들의 평화가 아니라, 양들의 침묵이었습니다.

[마디 2. 주님이 주시는 온전한 평화]

　그런데 주님이 주시는 평화는 세상이 주는 평화와 다릅니다. 힘으로 누른 침묵이 아니라, 사랑과 희생으로 일구어내신 온전한 평화입니다. 진정한 평화는 권력이 아니라 희생으로 이룹니다. 시편 23편의 양이 그렇게 평온할 수 있었던 것은, 요한복음 10장의 말씀처럼 선한 목자의 죽음이 있었기 때문입니다. 양들을 위하여 목숨을 버리신 선한 목자께서 우리에게 주시는 온전한 평화가 저와 여러분의 삶에 임하기를 바랍니다. 아멘.

[결론 : 평화를 위한 기도]

함께 기도하기를 바랍니다. 성탄의 아침에 이 땅 구석구석의 사람들에게 주님의 평화가 임하기를. 저 북녘 땅에도 주님의 평화가 임하기를 바랍니다. 저 아프리카 굶주린 아이들에게도 주님의 평화가 임하기를. 과도한 빚에 허덕이고 있는 이 땅의 많은 가장들에게도, 그리고 말기암으로 생의 마지막 순간을 믿음으로 보내고 있는 호스피스의 영혼들에게도 주님의 평화가 임하기를 바랍니다. 물이 바다를 덮음같이 예수 그리스도의 평화가 온 땅에 임하시기를 주님의 이름으로 축원합니다. 아멘.

설교 3.

낮아지신 예수님 (빌 2:5-8)

서론   성탄절은 어떤 날일까?
대지 1.   낮아짐의 날
대지 2.   희생의 날
대지 3.   비움의 날
대지 4.   찬양과 감사의 날

[서론: 성탄절은 어떤 날일까?]

성탄의 아침, 우리가 묵상할 주제는 성탄절은 어떤 날일까? 우리가 가끔 던지는 질문이, 인생이란 무엇인가? 몰라서 묻는 질문이 아니고, 한 두 문장으로 답이 나올 수 있다고 기대하는 질문도 아닙니다. 삶을 조금 더 귀한 삶으로 채우기 위한 성찰의 질문입니다. 바로 그런 의미에서 오늘 성탄의 아침에 이 질문을 던져 봅니다. 성탄절은 어떤 날일까?

[대지 1. 낮아짐의 날]

성경이 일러주시길, 우선은 낮아짐의 날입니다. 5절에 "너희

안에 이 마음을 품으라. 곧 그리스도 예수의 마음이니." 주님의 마음을 품으라고 말씀하시는데, 주님의 마음이 어떤 마음일까요? 8절 초두에 "사람의 모양으로 나타나사 자기를 낮추시고." 성탄절은 주님이 자기를 낮추신 날입니다. 하나님의 자리에서 사람의 자리로 내려오신 날. 사람도 나름 꽤 높은 자리라고 할 수 있죠. 원숭이보다 높고, 길바닥에 차이는 돌멩이보다 훨씬 높은 자리입니다. 그러나 우리 주님께는 너무나 낮은 자리가 바로 우리 인생의 자리입니다. 우리를 위해 낮은 데로 임하신 주님께 감사를 드립니다.

[대지 2. 희생의 날]

또한, 성탄절은 희생의 날이었습니다. 8절 말미에 "죽기까지 복종하셨으니 곧 십자가에 죽으심이라." 성탄절은 십자가의 서막이었습니다. 주님의 낮아지심은 우리 곁에서 그치지 않고, 우리보다 더 낮은 십자가를 향한 낮아지심이었습니다. 우리의 죄를 대신하여 죽기까지, 그것도 세상에서 가장 고통스럽고 비참한 십자가의 죽음까지 내려가 주셨습니다. 그 시작이 바로 오늘 성탄이었습니다. 거룩한 성탄의 아침에, 우리를 위해 혹독한 희생의 자리까지 내려가 주신 주님의 은혜에 감사를 드립니다.

[대지 3. 비움의 날]

그래서 성탄절은 비움의 날입니다. 67절에 "오히려 자기를 비워 종의 형체를 가지가 사람들과 같이 되셨고." 낮아짐이라는 말로는 주님의 낮아지심을 다 표현할 수 없었던 모양입니다. 성경은 주님의 자기 비움이었다고 선포합니다. 존귀하고 거룩하신 하나님이신 주님이 스스로를 비우셨습니다. 온전히 스스로를 비우시고는, 자리에 낮고 천한 종의 형체를 채우셨습니다. 그게 성탄절이었습니다.

[대지 4. 찬양과 감사의 날]

그래서, 성탄절은 찬양과 감사의 날이 되어야 합니다. 우리를 위한 주님의 낮아지심이었고, 우리를 위한 주님의 희생, 우리를 위한 주님의 자기 비움이었습니다. 오늘 하루 낮아지신 주님의 은혜를 감사하고 송구한 마음으로 찬양하는 날이 되기를 바랍니다.

설교 4.

문 두드리시는 예수님 (눅 2:1-7)

서론	그때도 지금도 문 두드리시는 예수님
마디 1.	사람들이 주님께 마음의 문을 열지 않는 이유
마디 2.	우리가 주님께 마음의 문을 열어야 할 이유
결단	주님을 맞이하라

[서론: 그때도 지금도 문 두드리시는 예수님]

주님이 오시던 그 날 절박한 노크 소리가 울려 퍼졌습니다. 주님을 잉태한 마리아를 위해 해산할 방을 구하는 노크 소리. 그런데 그 누구도 문을 열어주지 않았습니다. 결국 귀하신 주님은 마구간에서 이 땅의 첫날을 시작하셨습니다. 그런데 지금도 주님은 문을 두드리고 계십니다. 요한계시록 3장 20절에 "볼지어다. 내가 문 밖에 서서 두드리노니." 지금도 주님 앞에 문을 열어주지 않는 이들이 많기 때문입니다. 저와 여러분의 이야기가 아니기를 바랍니다.

[마디 1. 사람들이 주님께 마음의 문을 열지 않는 이유]

왜 사람들이 주님의 노크에 응답하지 않는 걸까요? 성탄의 밤도 그렇고, 지금도 그렇고, 사람들이 주님의 노크에 응답하지 않는 이유가 무엇일까요? 왕으로 오시기 때문입니다. 주인으로 오시기 때문입니다. 종으로 온다면 마음 가볍게 문을 열어 줄 수 있습니다. 친구가 온다면 쉽게 문을 열어줄 수 있어요. 종은 그냥 일시키면 되고, 친구는 적당히 놀다가 헤어지면 됩니다. 그런데 주님은 나의 주, 나의 하나님으로 오십니다. 그래서 우리에겐 부담스러운 손님일 수 있습니다. 성탄의 밤도 그랬습니다. 그저 평범한 아기였다면, 헤롯이 자객을 파송하지도 않았을 것이고, 대제사장들이 그렇게 긴장하지도 않았을 겁니다. 문제는 주님이 왕으로 오셨다는 겁니다. "유대인의 왕으로 나신 이가 어디 계시냐?"(마 2:2)

[마디 2. 우리가 주님께 마음의 문을 열어야 할 이유]

바라기는 성도 여러분, 저와 여러분은 활짝 열린 마음으로 왕으로 오시는 주님을 맞이할 수 있기를 바랍니다. 그분은 우리를 압제하는 왕이 아닙니다. 자기 백성을 수탈하거나 세금 포탈하는 그런 나쁜 왕이 아닙니다. 오히려 그분은 자기 백성을 위하여 자기 목숨을 바치는 선한 목자이십니다(요 10:11). 우리에게 온전한 평화를 선물하시는 샬롬의 왕이십니다. 열린 마음으로 그분을 모신다면, 우리 생애 최고의 손님이 되실 겁니다.

[결단 : 주님을 맞이하라]

　성탄의 아침입니다. 2000년 전 헤롯과 대제사장들은 주님을 제대로 모시지 못하였습니다. 라오디게아 교회의 미지근한 성도들 역시 그러했습니다. 어쩌면 지금 우리도 그 대열에 끼고 있는지도 모르겠습니다. 바라기는 성령께서 우리를 감화하셔서 주님을 향하여 우리의 마음 문을 활짝 열 수 있기를 바랍니다. 주님을 나의 주 나의 하나님으로 모시는 복된 성탄이 되시기를 주님의 이름으로 축원합니다. 아멘.

설교 5.

아름다운 헌신 (마 1:18-25)

서론	성탄의 주님을 나의 주님으로 모셔 들이라
마디 1.	주님을 위해 가장 소중한 것을 내어드린 여인
마디 2.	먼저 우리를 위해 가장 소중한 것을 내어주신 주님

[서론: 성탄의 주님을 나의 주님으로 모셔 들이라]

성탄의 아침입니다. 2000년 전 이 땅에 오신 예수님을 활짝 열린 마음으로 우리의 주인으로 모셔 들이기를 바랍니다. 그런데 주님을 모셔 들인다는 게 어떤 의미일까요? 주의 말씀에 순종하는 것도 될 것이고, 정성으로 주님께 예배하는 것도 될 것입니다. 그 중에 오늘은 이런 문구를 소개하고 싶습니다. 나의 가장 소중한 것을 주님께 드리는 것이다. 내가 가진 가장 소중한 것을 주님께 내어드리는 것이야말로 주님을 모셔 들이는 예법이 될 것입니다.

[마디 1. 주님을 위해 가장 소중한 것을 내어드린 여인]

주님이 오시던 그 날, 자신의 가장 소중한 것을 내어드린 여인이 있었습니다. 여인에게 태는 어떤 의미가 있을까요? 가장 소중하죠. 그 누구에게도 내어줄 수 없는, 나에게 가장 정결하고, 소중하고, 거룩한 곳입니다. 그런데 성탄의 날에 자신의 태를 주님께 내어드린 여인이 있습니다. 마리아입니다. 18절에 "마리아가 요셉과 약혼하고 동거하기 전에 성령으로 잉태된 것이 나타났더니." 우리에겐 그저 담담한 이 구절이, 당사자에게는 얼마나 충격적이었을까요. 누가복음에도 이 장면이 기록되어 있는데, 천사가 주님의 잉태 소식을 알렸을 때 너무나 놀라고 당황합니다. 그런데 결국 고백하기를, "주의 여종이오니 말씀대로 내게 이루어지이다."(눅 1:38)

마리아를 성모로 떠받드는 것은 결코 온당치 못합니다. 그러나 주님을 향한 이 여인의 헌신은 우리 모두의 귀감이 됩니다. 비천한 인간으로서 우리가 가진 것이 그리 귀한 게 없지만, 주님을 위해 나의 가장 소중한 것을 내어드릴 수 있다면, 정말로 아름다운 헌신이 될 것입니다. 나의 시간, 나의 재능, 나의 꿈, 심지어 나의 젊음. 헌신할 때는 마리아처럼.

[마디 2. 먼저 우리를 위해 가장 소중한 것을 내어주신 주님]

어떻게 그런 귀한 헌신을 할 수 있었을까? 주님이 그만큼 귀한 분이기 때문입니다. 주님이 그만큼 거룩한 분이요, 주님이 그만큼 존귀한 분이기 때문입니다. 더불어 주님이 먼저 가장 소중한 것을 우리를 위해 내어 주셨기 때문입니다. "그는 근본 하나님의 본체

시나… 자기를 비워 종의 형체를 가지사 사람들과 같이 되셨고."(빌 2:6-7) 거룩하신 하나님이신 주님이 비천한 사람의 몸을 입으셨습니다. 심지어 자신의 목숨까지 내어주셨습니다. 주님을 향한 마리아의 헌신이 귀하지만, 우리 모두를 향한 주님의 희생은 비할 수 없이 크고 깊고 소중합니다. 성탄의 아침에 주님을 향한 귀한 헌신을 다짐할 수 있다면, 그 어떤 성탄절보다 아름다운 성탄절이 될 것입니다.

설교 6.

아멘, 주 예수여 오시옵소서! (마 2:1-18)

서론   주님의 재림을 기다리는 우리의 자세
마디 1.   당황하는 사람들
마디 2.   방해하는 사람들
마디 3.   영접하는 사람들
결단   오시는 주님을 진심으로 영접하라

[서론 : 주님의 재림을 기다리는 우리의 자세]

주님의 오심을 재림이라고 부릅니다. 다시 재(再) 자를 써서 재림인데, 이는 앞서 초림이 있었음을 암시하는 이름입니다. 처음 오심. 그게 바로 오늘 성탄절입니다. 성탄절에 재림을 묵상하는 것이 조금 어색해 보일 수도 있지만, 원리상으로 통할 수밖에 없어요. 2000년 전 주님이 오시던 날의 반응과 언젠가 주님이 다시 오실 때의 사람들의 모습이 그리 다르지 않을 겁니다.

[마디 1. 당황하는 사람들]

주님이 오실 때, 당황하는 사람들이 있어요. 동방으로부터 박사들이 와서 "유대인의 왕으로 나신 이가 어디 계시냐?" 했을 때 일순간 예루살렘에 긴장감이 감돕니다. 3절에 "헤롯왕과 온 예루살렘이 듣고 소동한지라." 주님이 오셨다는 소식에 소동이 일어났다고 합니다. 축하의 소동이 아니고, 환영의 소동도 아닙니다. 그리 반갑지 않은 당황의 소동입니다. 러시아 민담에, 어느 날 예수님이 모스크바 근교에 예수님이 재림을 하셨어요. 그 날 밤 비밀리에 러시아 정교회의 비상대책위원회가 모였다고 합니다. 밤새 논의를 해서 예수님께 특사를 파견하는데, "주님, 지금은 시기가 좋지 않습니다. 다음에 다시 기별을 띄울 테니 그때 다시 오시면 안 될까요." 재림에 관하여 불편해 하는 우리의 마음을 대변하는 이야기인지도 모릅니다.

[마디 2. 방해하는 사람들]

심지어 방해하는 사람들도 있습니다. 16절에 "이에 헤롯이 박사들에게 속은 줄 알고 심히 노하여 사람을 보내어 베들레헴과 그 모든 지경 안에 있는 사내아이를 박사들에게 자세히 알아본 그 때는 기준하여 두 살부터 그 아래로 다 죽이니." 주님의 오심을 용납하지 않는 거죠. 자신의 왕 자리가 흔들릴까봐 주님을 거부합니다. 지금도 있습니다. 자객을 파송하지는 않지만, 마음의 문을 닫고 주님을 도무지 받아들일 수 없는 사람들. 우리의 창조주요, 세상의 구원자임에도 불구하고, 오시는 그분을 적극 거절하는 사람들이 많이 있습니다. 조심스럽지만, 우리 중에도 있을 수 있어요. 교회 안에도 말이죠. 초림 때도 그랬거든요. 대제사장과 서기관들이 심정적으로 헤롯의 조치에 동조합니다.

[마디 3. 영접하는 사람들]

바라기는 우리의 모습은 동방의 박사들과 같기를 바랍니다. 어떻게? 오시는 주님을 진심으로 환영하는 겁니다. 2절에 "우리가 동방에서 그의 별을 보고 그에게 경배하러 왔노라 하니." 참 멀리도 왔습니다. 오시는 주님을 맞이하기 위해. 그리고 정성스레 예물을 준비해 왔습니다. 언제일지 모르나 주님이 다시 오시는 그 날, 저와 여러분의 모습이기를 바랍니다. 그때는 우리가 멀리 찾아갈 필요는 없을 겁니다. 온 세상이 볼 수 있도록 영광스럽게 오시기 때문입니다. 오히려 그분이 우리를 세상 끝에서부터 불러 모으실 것입니다. 다만 우리의 마음을 다해 정성으로 그분을 모시기만 하면 됩니다.

[결단: 오시는 주님을 진심으로 영접하라]

성탄의 아침에 재림을 묵상하기는 처음이실지 모릅니다. 그러나 과거의 실수는 항상 미래를 위한 타산지석으로 삼아야 합니다. 2000년 전 일부 유대인들은 오시는 주님을 정말 제대로 맞이하지 못하였습니다. 주님 오시는 그 날 동방에서 온 박사들처럼, 오시는 주님을 진심으로 그리고 정성으로 맞이하는 지혜로운 인생되시기를 주님의 이름으로 축원합니다. 아멘.

제8장
송구영신 설교를 어떻게 할 것인가?

> **"네 하나님 만나기를 준비하라." (암 4:12)**

"Prepare to meet your God." 필리핀 선교지를 방문하였을 때, 본당 전면에 걸려 있던 휘장 문구다. 혈혈단신 처녀의 몸으로 일생을 필리핀을 위해 헌신한 선교사인데, 삶의 모토와 같은 성구란다. 첫 인상은 부담스럽고, 보는 내내 긴장되게 한다. 마치 이렇게 소리치는 듯하다. "기억하라, 하나님 앞에 서야 할 날이 다가오고 있다!" 보통은 "하나님은 당신을 사랑하십니다"와 같은 '포시라븐'* 구절을 쓰는데, 선교사님은 그럴 수가 없었던 모양이다. 거친 선교지에서 하루하루를 어떻게 살아왔는지, 어떻게 그렇게 아름다운 열

---

* 귀하게 자라 세상 물정을 가늠하지 못하는 사람을 표현하는 경북 방언 (편집자 주)

매를 거둘 수 있었는지, 저 휘장이 대변하는 듯하다.

주님과의 만남은 어떤 만남일까? 반가운 만남? 아니면 두려운 만남? 반가울 수도 있고, 두려울 수도 있고, 복잡한 기분일 수도 있다. 그런데 분명한 사실은, 피할 수 없는 만남이다. 필리핀 선교사도 그렇지만, 나에게도 너에게도 주님과의 만남은 이 땅 그 누구도 피할 수 없는 만남이다. 피할 수 없다면 준비하라! 아모스 선지자의 외침은 필시 그 의미일 터, 피할 수 없는 만남이니 지혜 있는 자는 준비하라! 한 해를 마무리하는 시간에 자주 그 문구가 떠오른다. 네 하나님 만나기를 준비하라. 아득히 멀어보이던 한 해의 끝이 결국 이렇게 닥치듯이, 주님 앞에 설 날도 어느 날 문득 다가올 것이다.

12월 31일은 참 특별한 날이다. 과학적으로는 여느 날과 다를 바 없는 그저 하루에 불과하다. 빙글빙글 태양 주위를 돌아가는 지구가, 오늘도 어제처럼 한 지점을 지나고 있을 뿐이다. 그런데 왠지 특별하고, 왠지 특별하게 보내야 할 것 같은 날이다. 시간의 구획이 왠지 우리의 마음을 차분하고 경건하게 만든다. 성찰의 시간이기 때문일 것이다. 새해의 첫날이 들뜬 희망을 품는 날이라면, 마지막 날은 역시 차분한 성찰이 어울린다. 숨 가쁘게 달려온 나의 삶을 잔잔히 돌아보는 날이다. 어쩌면 그 목적으로 하나님께서 1년의 구획을 주셨는지 모른다(창 8:22).

호스피스 사역을 하시는 한 목사님은 매일 밤 잠자리에 드는 것은 일종의 죽음 연습이라고 했다. 그렇다면 한 해의 마지막은 주님 앞에 서는 날의 연습인지도 모르겠다. 네 하나님 만나기를 준비하라. 예배 가운데 한 해를 마무리하는 것은 매년 생각해도 참 지혜로운 일이다. 먼 훗날 주님 앞에 설 것을 기억하며, 올해도 예배 가운데 주님 앞에서 나의 삶을 성찰하며 한 해를 마무리해야겠다.

송구영신에는 어떻게 설교할 것인가?

송구영신에는 어떤 메시지가 어울릴까? 역시 성찰의 메시지가 먼저 떠오른다. 성도로서 얼마나 신실하게 살아왔는지를 성찰하는 설교, 혹은 조금 강하게는 하나님이 주신 사명을 얼마나 잘 수행하고 있는지를 점검하는 메시지가 가능할 것이다. 시간에 관한 메시지도 잘 어울릴 것이다. 한 해의 마지막 달력을 넘길 때면, 흘러가는 시간에 대한 아쉬움과 더불어 나에게 주어진 시간이 그리 길지 않을 수 있다는 긴장감을 느끼게 된다. 성찰과 시간, 둘을 적절히 버무리는 설교도 가능할 것이다. 시간의 유한성이 우리의 성찰을 보다 진중하고 다급하게 한다는 의미에서, 둘은 한 동전의 양면인지도 모른다. 시간과 성찰을 중심으로 다섯 편의 설교를 구상해 보았다.**

** 다섯 편 중 네 편은 〈그 말씀〉 2011년 12월호 필자의 "시간/때를 주제로 시리즈 설교 기획하기"에 소개한 설교들을 수정하였음.

구상 1. 성찰: 믿음, 소망, 그리고 사랑 (고전 13:9-13)

성찰의 성격상 생소한 구절보다는 익숙한 구절이 좋다. "믿음, 소망, 사랑, 이 세 가지는 항상 있을 것인데 그 중의 제일은 사랑이라." 성도의 삶을 정초하는, 누구나 암송하고 있는 익숙한 구절이다. 이 흐름을 그대로 성찰의 설교를 구상할 수 있다.

주제	참된 성도의 삶을 살라
우산 질문	주께서 주신 잣대를 앞에 두고 우리의 삶을 돌아보자
첫째,	믿음으로 살아왔는가?
둘째,	소망을 품고 살아왔는가?
셋째,	무엇보다 사랑을 실천했는가?
결론	올해보다 나은 내년이 되기를!

구상 2. 다짐: 겨울이 오기 전에 (전 12:1-14)

미국의 한 목사님은 늦가을이 되면 늘 이 제목으로 설교를 했다고 한다. 매년, 그것도 성도들의 요청으로 말입니다. "너는 청년의 때에 너의 창조주를 기억하라"(1절)는 구절이 흡사 "인생의 겨울이 오기 전에 하나님을 기억하라"는 음성으로 들린다. 그래서 주시는 명령이, "일의 결국을 다 들었으니 하나님을 경외하고 그의 명령들을 지킬지어다."(13절) 본문의 기조를 유지하면서, 율법(사람의 본분)의 대강령을 가미하여 설교를 구상하였다.

주제	사람의 본분을 다하라
우산 질문	창조주께서 주신 우리의 본분은 무엇인가?
첫째,	창조주를 기억하라
둘째,	하나님을 경외하라
셋째,	이웃을 내 몸같이 사랑하라
결론	인생의 본분을 다하는 한 해가 되기를!

구상 3. 용기: 어제 죽은 사람이 그토록 바라던 오늘 (마 25:14-30)

"어제 죽은 사람이 그토록 바라던 오늘." 한 장로님의 기도문에서 따온 제목이다. 나에게 주어진 오늘이라는 시간이 누군가에게는 억만금을 주고도 사지 못한 보화, 잃어버린 소중한 시간이다. 감사하며 귀하게 사용해야겠다. 달란트 비유에서 달란트를 재능으로 이해할 수도 있겠지만, 시간으로 이해할 수도 있지 않을까. 한 달란트 받은 사람은 "두려워하여"(25절) 그 귀한 달란트를 허비하고 말았다.

주제	주님 주신 시간을 용기 내어 귀하게 사용하라
우산 질문	귀한 시간의 달란트를 어떻게 사용해야 할까?
첫째,	감사하라 (어제 죽은 사람이 그토록 바라던 오늘이다)
둘째,	담대하라 (두려워말고 용기를 내라)
셋째,	두려워하라 (결산의 시간이 있음을 기억하라)
결론	용기 있는 한 해가 되기를!

구상 4. 지혜: 세월을 아끼라 (엡 5:15-17)

시간의 소중함을 어느 때보다 절감하는 순간이, 바로 송구영신의 때다. "세월을 아끼라"(16절)는 주의 말씀이 어느 때보다 크게 들릴 수밖에 없다. 그런데 문제는, 흘러가는 시간을 어떻게 아낄 수 있을까? 단지 빨리 걷고, 서둘러 일해서 시간을 절약하라는 의미는 아니다. 본문은 서두름보다 지혜를, 그리고 주의 뜻 분별을 요구한다. 성경이 기대하는 세월 아낌은 무엇일까? 묵상을 통해 다음 대지를 마련하였다.

주제	세월을 아끼라
우산 질문	어떻게 세월을 아낄 수 있을까?
첫째,	거룩한 목표를 세우라
둘째,	우선순위를 분명히 하라
셋째,	지금을 소중히 여기라
결론	주신 시간을 소중히 여기는 한 해가 되기를!

구상 5. 확신: 영원을 사모하는 마음 (전 3:11)

영생에 대한 소망을 재확인하는 데도 송구영신의 순간이 참 요긴하다. 한 해가 저물면서 동시에 새로운 한 해가 시작되듯이, 우리의 생명이 저무는 순간에 역설적으로 영원한 새 생명이 시작될 것이다. "사람에게는 영원을 사모하는 마음을 주셨느니라."(11절) 인생이 독특한 것이, 짐승처럼 유한하면서도(전 3:19) 짐승과 달리 영생에 대한 소망을 품고 있다. 성경은 그 마음을 주신 분이 하나님이라고 가르친다. 이 마음을 주신 이유는 무엇일까? 혹은 이 마음의 정체는 도대체 무엇일까? 묵상을 통해 다음 대지를 마련하였다.

주제	영생을 소망하라
우산 질문	우리 안에 있는 영원을 사모하는 마음은 무엇일까?
첫째,	연기 (어딘가 영생이 있음을 알리는 연기)
둘째,	아픈 추억 (언젠가 인류의 조상이 경험한 영생에 대한 아픈 추억)
셋째,	초청장 (영생으로 우리를 부르시는 하나님의 초청장)
결론	영생을 소망하고 주 안에서 영생을 얻으라

설교 1.

성찰: 믿음, 소망 그리고 사랑 (고전 13:9-13)

서론
우산 질문
대지 1.　믿음으로 살아왔는가?
대지 2.　소망을 품고 살아왔는가?
대지 3.　무엇보다 사랑을 실천했는가?
결론

[서론]

올해도 어느덧 마지막 날을 맞이하였습니다. 말 그대로 다사다난한 한 해였습니다. 감사한 일도 많았고, 아쉬운 일도 많았고, 기쁜 일도 있었지만, 마음 아픈 일도 있었습니다. 그러나 분명한 것은, 늘 주님과 함께하는 길이었습니다. 주님은 올해도 우리에게 임마누엘의 하나님이 되어주셨습니다. 주님다운 모습이죠. 올해도 주님답게 우리의 임마누엘이 되어주신 주님께 감사를 드립니다.

[우산 질문]

그런데 우리는 어떠했나요? 올해 우리는 성도다운 삶을 살았는지, 진중하게 돌아봐야겠습니다. 주님이 주신 거울을 앞에 두고 올해 우리의 삶을 돌아보기를 바랍니다. "믿음, 소망, 사랑, 이 세 가지는 항상 있을 것인데, 그 중의 제일은 사랑이라."

[대지 1. 믿음으로 살아왔는가?]

우선, 믿음으로 살아왔는가? 성도의 길을 여러 이름으로 부르지만, 제일 근본에 믿음이 자리하고 있습니다. "태초에 하나님이 천지를 창조하시니라."(창 1:1) 믿음으로 우리는 주인이 있는 세상을 삽니다. 어떤 사람은 우연히 생긴 우주에 우연히 주어진 생명을 살지만, 우리는 믿음으로 창조주 하나님이 지으신 땅에 하나님이 주신 존귀한 생명을 삽니다. 또한 믿음으로 우리는 구원자가 있는 세상을 삽니다. "주 예수를 믿으라. 그리하면 너와 네 집이 구원을 받으리라."(행 16:31) 주님을 향한 분명한 믿음과 고백을 품고 살아가는 하나님의 성도가 되시기 바랍니다.

[대지 2. 소망을 품고 살아왔는가?]

다음으로, 소망을 품고 살아왔는가? 믿음이 있는 사람은 좌절하지 않습니다. 믿는 우리에게도 어려움이 찾아오고 성도에게도 힘겨운 고난도 찾아옵니다. 그래서 힘겨워 하고, 때로 넘어지기도 합니다. 그러나 믿음이 있는 사람은 결코 좌절하지 않습니다. 믿음으로 하나님을 모신 사람은 어떤 어려움을 만나도 결코 낙망하지 않습니다. 오히려 "내 영혼아 네가 어찌하여 낙심하며 어찌하여 내 속에서 불안해하는가." 스스로를 향해 꾸짖으며 엄히 다짐하며 명하기를, "너는 하나님께 소망을 두라."(시 42:5) 올해 저와 여러분의 모습이 그러했는지요?

[대지 3. 무엇보다 사랑을 실천했는가?]

마지막으로, 성도 여러분, 올해 사랑을 실천하셨는지요? "믿음, 소망, 사랑, 이 세 가지는 항상 있을 것인데." 성도의 삶에는 늘 이 세 가지가 있어야 한다고 말씀하십니다. 그런데 "그 중의 제일은 사랑이라." 주님을 모신 사람은 주님을 닮을 수밖에 없어요. 주님 닮은 사람은 사랑합니다. "이는 하나님은 사랑이심이라."(요일 4:8) 사랑은 말이 아니라, 실천입니다. 사랑할 때는 선한 사마리아인처럼. 사랑은 입이 아니라 손으로 합니다. 사랑은 마음이 아니라 실천으로 합니다. 올해 저와 여러분은 성도로서 사랑을 실천해 왔는지 돌아봅시다.

[결론]

하나님이 우리를 향하여 늘 신실하게 하나님다우시듯이, 우리도 성도다운 성도가 되기를 바랍니다. 믿음의 사람이 되기를 바랍니다. 소망을 잃지 않는 사람이 되기를 바랍니다. 무엇보다 사랑을 실천하는 귀한 성도가 되시기를 주님의 이름으로 축원합니다. 아멘.

설교 2.

다짐: 겨울이 오기 전에 (전 12:1-14)

서론
우산 질문
대지 1.   창조주를 기억하라
대지 2.   하나님을 경외하라
대지 3.   이웃을 내 몸같이 사랑하라
결론

[서론]

미국의 한 목사님은 늦가을이 되면 늘 같은 제목으로 설교를 했다고 합니다. 제목이 "겨울이 오기 전에." 설교 준비가 고되니까 재탕을 한 게 아닙니다. 성도들이 요청해서. "목사님, 그 설교 또 해주세요. 아니, 매년 해주세요." 한 해의 겨울이 찾아오듯, 우리 인생에도 겨울이 찾아옵니다. 그래서 겨울이 오기 전에 나의 삶을 차분히 돌아보는 설교, 이게 성도들에게도 그렇게 감동적이고 요긴했던 모양입니다.

[우산 질문]

인생의 겨울은 미국 사람한테만 찾아오는 게 아니죠. 우리 한국 사람에게도 어김없이 찾아옵니다. 겨울이 오기 전에 무얼 해야 할까요?

[대지 1. 창조주를 기억하라]

성경이 말씀하시길, 우선 창조주를 기억하라. 1절에 "너는 청년의 때에 너의 창조주를 기억하라." 겨울이 오기 전에, 다른 말로 "곤고한 날이 이르기 전에, 나는 아무 낙이 없다고 할 해들이 가깝기 전에" 누구를 기억하라? 창조주를 기억하라. 내가 산다고 내 인생이 아니잖아요. 주인이 있는 인생입니다. 창조주 하나님. 내 인생의 주인이신 나의 창조주 나의 하나님, 그분을 기억하는 것이 우리 인생의 제일 근본된 본분입니다. "인생은 나그네길 어디서 왔다가 어디로 가느냐?" 대중가요도 인생을 고민합니다. 그런데 나그네와 같은 우리 인생이 어디서 왔다가 어디로 갈까요? 성경이 말씀하시길, 창조주 하나님에게서 나와서 다시 창조주 하나님께로 돌아갑니다(롬 11:36). 그분을 모르고 산다면 얼마나 어긋난 인생이겠어요.

[대지 2. 하나님을 경외하라]

다음으로, 인생의 겨울이 닥치기 전에 우리가 해야 할 본분이 무엇이냐? 13절에 "일의 결국을 다 들었으니 하나님을 경외하고 그의 명령들을 지킬지어다." 창조주를 기억한다는 것은, 단지 그분의 존재를 인정하는 것에 그치지 않습니다. 그분을 진심으로 두려워하고 정성으로 섬기는 것, 그것이 진정한 기억일 것입니다. 그래서 주시는 말씀이, "하나님을 경외하라…. 이것이 모든 사람의 본분이니라." 아멘. 성도 여러분, 하나님을 경외하시기 바랍니다. 하나님을 진심으로 예배하시기 바랍니다. 이것이 우리 인생의 근본된 본분입니다. 학교에서는 자아를 실현하는 것이 인생의 목적이라고 가르칩니다. 그런데 그건 하나님을 모르는 사람들의 이야기일 뿐. 창조주를 기억하지 못하는 어리석은 인생의 지침일 뿐. 사람의 근본된 본분은 하나님을 경외하고 그분을 예배하는 것입니다.

[대지 3. 이웃을 내 몸같이 사랑하라]

마지막으로, 인생의 겨울이 닥치기 전에 우리가 해야 할 본분이 무엇이냐? 이웃을 내 몸같이 사랑하라. "하나님을 경외하고 그의 명령들을 지킬지어다." 라고 했는데, 하나님의 명령이 무엇이냐? 먼저는 앞서 말한 대로, 하나님을 경외하고 하나님을 사랑하라. 그리고 다음은, 이웃을 내 몸같이 사랑하라. 이것이 율법의 대강령이고, 주님께서 친히 요약해 주신 성경의 요약입니다. 하나님 사랑과 사람 사랑, 한문으로 쓰면 경천애인(敬天愛人)이라고 할 수 있겠죠. 하늘 천 자가 단지 하늘이 아니라 하나님을 가리킨다면 귀한 문구로 받을 수 있을 것입니다.

[결론]

　후회 없는 인생을 살고자 하는 성도 여러분, 인생의 본분을 다하고자 하시는 성도 여러분, 인생의 겨울이 오기 전에 창조주를 기억하십시오. 그분을 진심으로 경외하고, 그분의 명령대로 사람을 진심으로 사랑하십시오. 그래서 인생의 주인에게 잘했다, 참 잘살았다 칭찬받는 존귀한 인생이 되시기를 주님의 이름으로 축원합니다. 아멘.

설교 3.

용기: 어제 죽은 사람이 그토록 바라던 오늘

(마 25:14-30)

서론
우산 질문
대지 1.　　감사하라
대지 2.　　담대하라
대지 3.　　두려워하라
결론

[서론]

언젠가 한 장로님의 기도에 이런 문장이 포함되어 있었습니다. "어제 죽은 사람이 그토록 바라던 오늘을 우리에게 주심을 감사합니다." 생각할수록 의미심장한 문구입니다. 그리고 보면 오늘이라는 시간이 예사 시간이 아닙니다. 하나님이 주신 귀한 선물입니다. 달란트를 재능으로 볼 수도 있지만, 주께서 우리에게 주신 시간으로 볼 수도 있겠죠. 오늘 내가 살아있다는 것만으로도 나에게 큼지막한 달란트가 주어져 있다 하겠습니다.

[우산 질문]

어떻게 살아야 할까요? 억만금을 주고도 살 수 없는 이 귀한 선물을 받은 저와 여러분은 어떻게 살아야 마땅할까요?

[대지 1. 감사하라]

무엇보다 감사하십시오. 귀한 선물을 주신 주님, 감사합니다. 모두가 누리는 시간이 아니기 때문입니다. 어제 죽은 사람이 그토록 갈망했지만, 얻지 못한 선물입니다. 아무리 재산이 많은 사람도, 억만금을 내놓는다 해도 단 1초도 살 수 없는 비싼 선물입니다. 하루의 소중함을 누구보다 잘 아는 분들이 말기암 환우들입니다. 그분들의 아침은 고통스럽기도 하지만, 더불어 감사로 시작한다고 합니다. 오늘도 내가 살아 있구나. 아침의 상쾌한 공기를 대할 수 있다는 것만으로도 감사하며 하루를 시작한다고 합니다. 불평과 원망보다 감사로 시작하는 하루하루가 되시기 바랍니다.

[대지 2. 담대하라]

둘째, 담대하십시오. 주신 달란트를 허비하는 사람들이 더러 있어요. 오늘 본문에도 한 사람 나오죠, 한 달란트 받은 사람. 이 사람이 왜 달란트를 허비하였느냐? 이유인즉, 두려움이었습니다. 25절에 "두려워하여 나가서 당신의 달란트를 땅에 감추어 두었었나이다." 달란트가 부족해서 남기지 못한 게 아니라, 용기가 없어서,

두려움 때문에 그 귀한 달란트를 썩히고 말았습니다. 시간은 용기 있는 자에게만 의미가 있습니다. 올해는 용기를 내야 할 때 믿음으로 용기를 내는 한 해가 되시기 바랍니다.

[대지 3. 두려워하라]

마지막으로, 두려워하십시오. 우리 인생에는 결산의 시간이 있습니다. 우리에게 달란트를 주신 주인께서 우리의 삶을 결산할 날이 다가옵니다. 시간을 주신 주님은, 우리를 향한 기대를 갖고 계십니다. 긴장하며, 두려워하며 이 귀한 시간을 채워 가기를 바랍니다. 용기와 두려움은 상극이 아닙니다. 오히려 진정한 용기는 거룩한 두려움의 바탕에서 생겨납니다. 두려움이 없는 용기는 객기가 될 수 있습니다. 거룩한 두려움의 울타리 안에 있는 용기야말로 진정한 용기일 것입니다.

[결론]

어제 죽은 사람이 그토록 바라던 오늘. 지난해 죽은 사람이 그토록 바라던 올해. 참 귀한 시간이고 행복한 선물입니다. 한편으로는 책임이 따르는 두려운 선물이기도 합니다. 주님 주신 시간의 선물을 감사로 받고, 담대함과 두려움으로 이 귀한 시간을 사용하시는 귀한 성도들 되시기를 주님의 이름으로 축원합니다. 아멘.

설교 4.

지혜: 세월을 아끼라 (엡 5:15-17)

서론
우산 질문
대지 1.   거룩한 목표를 세우라
대지 2.   우선순위를 분명히 하라
대지 3.   지금을 소중히 여기라
결론

[서론]

한 해의 마지막인 오늘, 주님께서 우리에게 주시는 말씀은, 세월을 아끼라! 아껴야죠. 돈도 아껴야 되고, 수돗물도 아껴야 되지만, 세월도 아껴야합니다. 소중하니까요. 그리고 무한정으로 있는 게 아니니까.

[우산 질문]

그런데 문제는, 어떻게? 세월을 어떻게 아낄 수 있느냐? 돈은 저축하면 돼요. 물도 덜 쓰면 되고. 그런데 흐르는 세월은 어떻게 아낄 수 있을까요? 이 시간 말씀을 앞에 두고 세월을 아끼는 지혜를 묵상합니다. 귀한 깨달음과 다짐의 시간이 되시기 바랍니다.

[대지 1. 거룩한 목표를 세우라]

우선 첫째, 목표입니다. 세월을 아끼고자 한다면, 거룩한 목표를 세우라. 삶의 방향을 제대로 잡으라는 말입니다. 시간을 아낀다는 것이 스케줄을 빡빡하게 잡는 건 아닙니다. 오히려 삶의 목표를 분명하게 세우라. 17절에 "그러므로 어리석은 자가 되지 말고 오직 주의 뜻이 무엇인가 이해하라." 나를 향한 주님의 뜻이 무엇인지 분명하게 이해하고, 그 푯대를 향하여 달려가라는 말입니다. 그것이 세월을 아끼는 길이니라. 아멘. 세월을 아끼는 데는 부지런함도 필요하지만, 지혜와 결단이 필요합니다. 바쁘게 사는 삶이 아니라, 바른 목표를 향해 달려가는 삶이 되시기 바랍니다.

[대지 2. 우선순위를 분명히 하라]

두 번째는 우선순위입니다. 제한된 시간을 효율적으로 사용하기 위해서는 분명한 목표와 우선순위가 있어야 합니다. "너희는 먼저 그의 나라와 그의 의를 구하라."(마 6:33) 주님의 말씀입니다. 악센트가 어디에 있을까요? 내용 자체도 귀하지만, "먼저"라는 단어에 무게가 실려 있어요. 주님의 나라 구하는데, 언제? 먼저. 주님의 의를 찾는데, 언제? 나중에 시간 남을 때가 아니라 먼저. 우리에게 주어진 시간은 제한되어 있습니다. 우리에게 주어진 에너지와 열정도 제한되어 있어요. 세월을 아끼는 길, 주께서 주신 시간을 알차게 사용하는 지름길은, 귀한 일부터 먼저.

[대지 3. 지금을 소중히 여기라]

마지막으로, 지금을 소중히 여기라. "세월을 아끼라"는 원문을 문자 그대로 번역하면 "기회를 사라"는 의미가 된다고 합니다. 다른 말로 지금을 붙잡으라. Now or Never! 지금이 아니면 다시는 기회가 없다. 소중한 일은 미루는 게 아니죠. 사랑한다고 말해야 한다면, 지금 해야 합니다. 주님을 위해 헌신한다면, 지금 해야 합니다. 가끔 그런 말을 하시는 분들이 있어요. "나중에, 자리가 잡히면 그때 열심히 신앙생활 하겠습니다." 그런데, 나중은 결코 오지 않아요. 우리에게 주어진 시간은 오직 지금입니다. 미루어서 좋은 일은 걱정밖에 없어요. "내일 일을 위하여 염려하지 말라. 내일 일은 내일이 염려할 것이요."(마 6:34) 걱정이나 염려는 미루라, 그러나 소중한 일은 미루지 마라. 우리에게 주어진 기회는 언제나 지금입니다. 오직 지금.

[결론]

주님께서 우리에게 주신 선물 가운데 시간이라는 선물이 얼마나 귀한지 몰라요. 지혜롭게 선용해야겠습니다. 거룩한 목표를 세우고, 우선순위를 분명히 하고, 지금을 소중히 여기고. 복되고 알찬 한 해가 되시기 바랍니다.

설교 5.

확신: 영원을 사모하는 마음 (전 3:11)

서론
우산 질문
대지 1.　연기
대지 2.　아픈 추억
대지 3.　초청장
결론

[서론]

올해도 어느덧 저물어 갑니다. 불과 한 시간도 채 남지 않았습니다. 늘 이맘때가 되면 아쉬운 마음이 들어요. 인생이 참 덧없게 느껴지기도 하고. 언젠가 내 인생도 끝이 오겠지, 마음이 무거워지기도 합니다. 그런데 오늘은 아쉬운 마음을 뒤로 하고, 믿음 안에서 영원을 묵상하려고 합니다. 무엇을 묵상해요? 영원. 오늘 본문에 "하나님이 모든 것을 지으시되 때를 따라 아름답게 하셨고, 또 사람들에게는" 무엇을 사모하는? "영원을 사모하는 마음을 주셨느니라." 짐승하고 사람하고 다른 점이 이거잖아요. 유한한 존재라는 것은 동일해요. 짐승도 그렇고, 사람도 그렇고, 몇십 년 살다가 죽는단 말이죠. 그런데 짐승과 달리 사람은 영원에 대한 소망이 있어요. 죽고 싶어하지 않아요. 100년을 살아도 200년을 살아도 죽기 싫어요. 이 마음을 누가 주셨다? 하나님이 주셨다는 거예요.

[우산 질문]

이 마음의 정체는 뭘까요? 영원을 사모하는 마음을 하나님이 우리에게만 주신 이유가 뭘까요? 영원을 사모하는 이 마음을 무어라 부르면 좋을까요?

[대지 1. 연기]

우선, 연기라 부르고 싶어요. 아니 땐 굴뚝에 연기 나랴. 어딘가에 연기가 피어오른다는 건 그 뒤에 불을 때고 있다는 증거잖아요. 영원을 사모하는 마음은 그 연기와 같아요. 세상 어딘가에 영원이 있음을 알려주는 연기. 세상 어딘가에 영생이 존재함을 알려주는 연기. 영생에 대한 소망은 우리 그리스도인에게만 있는 건 아니에요. 세상 어디를 가도, 아프리카 오지를 가도 영생에 대한 소망이 있어요. 종교 형태로 나타나죠. 거대한 무덤을 만들고, 미라도 만들고. 짐승들은 안 그러는데, 사람은 누구나 마음에 영생에 대한 소망이 있어요. 연기입니다. 영생의 존재를 알리는 연기.

[대지 2. 아픈 추억]

이어서 두 번째, 영생을 사모하는 이 마음의 정체가 무엇이냐? 아픈 추억이라 부를 수 있어요. 언젠가 우리 인간은 영생을 맛본 일이 있어요. 직접은 아니지만, 인류의 조상을 통해 간접적으로. 그런데 일이 있어서 잃어버린 거죠. 에덴 동산에서. 타락으로 인해 영생을 놓쳐버린 거죠. 그게 흔적처럼, 아픈 상처처럼 우리 마음에 남아 있는 거죠. 집 평수하고 자동차 크기는 줄일 수가 없다고 하잖아요. 넓은 집에 안 살아봤으면 모르는데, 살아본 사람은 좁은 집이 너무 불편해요. 우리 인생에게 영생이 그러합니다. 안 살아봤으면 모르는데, 간접적이나마 경험해 봤기 때문에, 유한성이 싫어요. 죽기가 싫어요. 영원히 살고 싶어요. 그래서 영원을 사모하는 마음은, 우리에게 아픈 추억이다.

[대지 3. 초청장]

마지막으로, 우리 안에 있는 영생을 사모하는 이 마음의 정체가 무엇이냐? 하나님의 초청장입니다. 영생으로 들어오라는 하나님의 초청장. 영생에 대한 소망을 심어주신 분이 바로 하나님이라고 했습니다. 우리 안에서 자생적으로 생겨난 마음이 아니라, 하나님이 친히 심어주신 마음입니다. 다른 말로, 하나님의 초청장이라는 거죠. 영생으로 들어오라는 주님의 초청장. 타락으로 영생을 잃어버렸지만, 예수님의 십자가 부활로 영생의 길이 다시 열렸습니다. 그 길로 돌아오라고. 비록 땅에서는 유한한 존재지만, 영생의 소망을 잃지 말고, 영생으로 돌아오라고, 그래서 주신 초청장이 바로 우리 마음에 새겨주신 그 마음입니다. 주님의 초청에 응하셔서 영생의 길로 나아가시는 복된 인생 되시기를 주님의 이름으로 축원합니다.

[결론]

송구영신은 흡사 우리 인생 마지막의 축소판입니다. 한 해를 보내지만, 새로운 한 해를 맞이하는 시간입니다. 우리의 마지막도 이러할 것입니다. 땅에서의 시간을 흘려보내지만, 새로운 시간을 맞이하게 될 것입니다. 그 시간은 이 땅에서처럼 덧없는 시간이 아니라, 영원한 시간일 것입니다. 주께서 우리 마음에 새겨주신 거룩한 초청장을 소중히 간직하셨다가, 때가 될 때 주님의 초청에 신실하게 응하시는 복된 인생이 되시기를 주님의 이름으로 축원합니다. 아멘.

신년
NEW YEAR'S DAY
고난주간
PASSION WEEK
부활절
EASTER
어린이 주일
CHILDREN'S DAY
어버이 주일
PARENT'S DAY
성령강림절
PENTECOST SUNDAY
감사절
THANKSGIVING SUNDAY
성탄절
CHRISTMAS
송구영신
WATCH NIGHT SERVICE

제2부 목회 상황과 설교

결혼
WEDDING SERVICE
출생
INFANT PRESENTATION
문병
HOSPITAL VISITATION
장례
FUNERAL SERVICE
임직
ORDINATION SERVICE

제 9 장
결혼 설교를 어떻게 할 것인가?

등을 탁! 치면서 "잘 살아!"

모든 예식이 끝나고 신랑 신부 행진을 할 차례였다. 주례 목사님이 앞으로 나오시더니 신랑의 등을 탁! 휘청하도록 저 뒤에서도 들릴 만큼 탁! 치면서 "잘 살아!" 교회 청년의 결혼식에서 목격한 장면이다. 필자는 기도 순서를 맡았고, 신부 가정이 3대째 출석하는 교회 목사님이 주례를 하셨는데, 그 탁! 소리가 얼마나 은혜로웠는지 모른다. 축복의 탁! 격려의 탁! 새롭게 탄생한 가정을 향한 따뜻한 응원의 탁! '나도 주례할 때 한 번 저렇게 해볼까?' 잠시 생각했다가 이내 접었다. 그러기엔 내가 너무 젊다. 탁! 치는 손이 어느 정도 연배가 있어야 정감이 있지, 40대 초반 목사에겐 아무래도 어색하다.

주례가 있는 날이면 어떤 날보다 긴장되고 피곤하다. 부담 없는 설교가 어디 있으랴만, 결혼 설교도 참 부담되는 설교다. 장례 예배도 그렇지만, 필자는 결혼 주례가 훨씬 더 긴장된다. 장례는 영혼을 주님께로 보내지만, 혼례는 어린 자녀를 험한 세상으로 보낸다는 마음이기 때문이리라. 아름다운 결혼 생활을 지속하기가 참 어려운 시절이다. 이런 저런 상처를 품은 가정들이 많고, 급기야 깨지는 가정도 있다. 주례를 한다는 것은 두 사람의 삶에 일정 부분 책임을 지는 일이라는 생각에, 그 어떤 설교보다 간절히 기도하게 된다. 모든 부부가 행복하기를 바라고, 특히 필자의 주례로 한 몸이 된 부부들이 오늘도 행복하기를 간절히 바란다.

결혼 설교를 어떻게 할 것인가?

결혼 설교로는 어떤 메시지가 좋을까? 설교 본문은 어느 정도 고정되어 있다. 고난주간, 부활절 설교 본문이 고정되어 있듯이, 결혼 설교의 본문도 그리 폭이 넓지는 않다. 가장 빈번하게 설교되는 본문은 역시 에베소서 5장일 것이다. 필자도 주례를 하는 날이면 대체로 에베소서 5장 22-33절로 설교한다. 여기에 요한복음 2장 1-11절의 혼인 잔치 본문과 아가서의 아름다운 고백을 설교하기도

한다. "이는 내 뼈 중의 뼈요 살 중의 살이라"고 노래하는 창세기 2장 18-25절도 결혼 설교에 잘 어울린다.

내용 면에서는 어떤 메시지가 좋을까? 필자의 경우 대체로 결혼 생활에 임하는 태도에 초점을 둔다. 본문 강해에 기초하지만, 적용의 방향을 주로 그쪽에다 맞춘다. 행복한 가정은 말처럼 그리 쉽게 이루어지지 않는다. 하나님의 은혜와 더불어 두 사람의 성실한 노력이 요구된다. 아내는 아내의 자리에서, 남편은 남편의 자리에서 주님이 정하신 원리와 명령을 살뜰히 실천할 때 비로소 행복한 가정을 맛볼 수 있다. 그런 의미에서 설교의 톤은 권면 혹은 당부의 톤이 적합할 것이다. 그러나 결혼 예식에 어울리는 공기는 역시 축복이다. 반듯한 부부의 삶을 권면하면서도, 언어의 향취는 축복의 촉촉함이 좋을 것이다.

다음으로, 누구를 향하여 설교할 것인가? 설교자로서 주된 청중을 누구로 할지를 미리 결정할 필요가 있다. 필자는 신랑과 신부에게 집중하는 편이다. 하객으로 참여한 성도들도 함께 말씀을 듣지만, 오늘은 두 사람의 날이 아닌가. 부르는 호칭이나 눈길(eye contact), 그리고 메시지까지 신랑 신부에게 초점을 맞춘다. 묘한 것은, 그렇게 할 때 오히려 하객들이 말씀에 더 집중하는 듯하다. 에베소서처럼 신랑 신부에게 주시는 말씀이 뚜렷이 구분된 경우는, 설교도 먼저 신랑을 향하여 설교하고 이어서 눈을 돌려 신부에게 설교한다. 전체 하객을 향하여 설교하는 분들도 많이 보았다. 그러나 신랑 신부에 집중하는 필자의 방법도 의미 있는 방법이라고 자평한다.

전체적인 비교를 위해 각 본문과 설교 개요를 간략하게 소개하겠다.

구상 1. 에베소서 5:22-33

서론	축하 인사, 행복한 가정을 이루는 길은?
대지 1.	신랑에게 – 아내를 온 마음 다해 사랑하라
대지 2.	신부에게 – 남편을 온 마음 다해 존경하라
대지 3.	모두에게 – 신실한 그리스도인이 되라

구상 2. 아가서 1:14-2:5

서론	축하 인사, 행복한 가정을 이루는 길은?
대지 1.	사랑을 소중히 여기라
대지 2.	사랑을 표현하며 살라
대지 3.	믿음 안에서 사랑하라

구상 3. 요한복음 2:1-11

서론	축하 인사, 행복한 가정을 이루는 길은?
대지 1.	신랑과 신부여, 신비의 포도주를 위해 기도하라
대지 2.	하객들이여, 이 가정을 위한 기도 후원자가 되라
대지 3.	주님이시여, 이 가정을 축복하소서

설교 1.

새로운 사랑의 시작 (엡 5:22-33)

서론	축하 인사, 행복한 가정을 이루는 길은?
신랑에게	아내를 온 마음 다해 사랑하라
신부에게	남편을 온 마음 다해 존경하라
모두에게	신실한 그리스도인이 되라

[서론 - 축하 인사, 행복한 가정을 이루는 길은?]

두 분의 결혼을 진심으로 축하드립니다. 하객들과 더불어 두 분의 행복을 진심으로 기원합니다. 눈에 보이지 않지만 살아계신 하나님께서도 두 분의 행복을 응원하십니다. 하나님은 누군가를 응원하실 때 말씀으로 하십니다. 두 분의 행복을 위해 주시는 하나님의 말씀 선물을 잘 듣고 마음에 새기셔서 행복한 가정을 이루시기 바랍니다.

[신랑에게 - 아내를 온 마음 다해 사랑하라]

우선 신랑에게 주시는 말씀입니다. "남편들아, 아내를 사랑하라." 신랑 ○○○군, 아내를 온맘 다해 사랑하시기 바랍니다. 아멘. 성경에는 "남자들아, 여자 친구를 사랑하라," 이런 말은 없어요. 말 안 해도 잘 하거든요. 안 가르쳐줘도 잘해요. 대신 성경은 "남편들아, 아내를 사랑하라." 이건 여러 군데 기록해 놓았습니다. 왜냐? 이건 잘 안하는 사람이 있어요. 연애할 때는 그렇게 사랑하다가, 결혼하면 싹 변해요. 그러지 말라는 거죠.

사랑해서 결혼한다고 생각하는 분들이 많아요. 맞는 말입니다. 사랑하니까 결혼하죠. 그런데 성경의 가르침은 무게중심이 조금 달라요. 결혼했으니 사랑하라, 여기에 무게 중심이 있어요. 사랑해서 결혼하지만, 이제 결혼했으니 더 사랑하라. 사랑이 달리기라면, 결혼식은 골인 지점이 아니라 오히려 출발선입니다. 새로운 사랑의 시작점입니다.

지금까지의 사랑은 연습이었어요. 오늘부터 새로운 사랑, 진짜 사랑이 시작됩니다. 연애 시절 사랑과는 달라요. 어떻게 다르냐? 묵직해요. 연애 시절 사랑도 좋지만, 이제는 더 묵직해야 합니다. 책임지는 사랑, 남자 친구의 사랑이 아니라 남편의 사랑. 그래서 더 묵직한 사랑. 성경은 이렇게 표현합니다. "남편들아, 아내 사랑하기를 그리스도께서 교회를 사랑하시고, 교회를 위하여 자신을 주심같이 사랑하라." 자신을 주심같이? 다른 말로 자신을 희생하심과 같이. 성경이 말하는 사랑은 희생입니다.

○○씨, 곁에 선 신부를 위해 희생할 각오가 되어 있습니까? 예,

그게 사랑입니다. 그런데 희생 중에서도 성경이 기대하는 희생은 조금 커요. 예수님처럼 희생하라. 예수님이 교회를 위해 생명을 내어주신 것처럼, 아내를 사랑하라. 신랑 ○○○씨, 신부를 위해 그렇게 희생하시겠습니까? 제가 지금 주례로서 묻고 있지만, 사실은 저기 앉아계시는 신부의 부모님을 대신해서 묻는 겁니다. 저분들이 신랑의 대답에 관심이 많아요.

"눈에 넣어도 아프지 않다." 신랑은 이 말이 무슨 뜻인지 알아요? "눈에 넣어도 아프지 않다." 저분들은 알아요. 옆에 있는 신부가 저분들한테 그런 사람입니다. 눈에 넣어도 아프지 않는 내 딸. 묵직한 사랑은 바로 그 부모의 마음입니다. 그 마음으로 아내를 사랑하라. 신랑이 지금까지 부모님을 사랑하고, 여동생을 사랑하고, 친구들도 사랑하고, 일도 사랑하고. 그런데 이제는 신랑의 마음속 제일 큰 사랑은 아내 ◇◇씨에게 주어야 합니다. 그렇게 하시겠어요? 예, 실천하셔서 행복한 가정 이루시기 바랍니다.

[신부에게 – 남편을 온 마음 다해 존경하라]

이제 신부에게 주시는 말씀입니다. ◇◇◇씨, 결혼 축하드립니다. 행복하시기 바랍니다. 신부에게 주시는 하나님의 말씀, "아내들이여, 자기 남편에게 복종하기를 주께 하듯 하라." 남편에게 어떻게? 복종하라. 복종하라는 말이 조금 부담스러울 수 있는데, 조금 다듬으면 이렇게 읽으면 돼요. "존경하라" 혹은 "신뢰하라."

왜 존경하라고 말씀하시느냐? 남녀차별하자고 주시는 말씀이 아니에요. ◇◇씨에게 좋은 남편을 선물하기 위해서. ◇◇씨를 사랑하는 우리 하나님께서 ◇◇씨에게 정말 좋은 남편을 선물하기 위해서, 그래서 주시는 말씀이, "남편을 존경하라."

물건마다 적합한 주머니가 있어요. 돈은 지갑에다 담아요. 김치는 김치 냉장고. 그렇다면 남편은 어디에 담느냐? 존경하는 마음에 담습니다. 바가지에 담는 거 아니에요. 남자친구는 호감의 주머니, 사랑의 주머니에 담지만, 남편은 무슨 주머니? 존경의 주머니에 담습니다. 하나님께서 오늘 신부에게 정말 좋은 남편을 선물로 주고 싶어 하십니다. 그래서 주시는 말씀, 남편을 존경하라.

◇◇씨가 지금까지 살아오면서 존경하는 분들이 많았을 거예요. 먼저는 부모님이죠. 아버지를 존경하고, 어머니를 존경하고. 학교 선생님을 존경하고, 교회에도 존경하는 분들이 있을 것이고, 존경하는 분들이 많이 있었을 텐데, 이제 그 마음을 누구를 향하여? 내 남편을 향하여 그 마음을 품으라는 겁니다.

존경 받는 남편은 아내를 배신하지 않아요. 신뢰 받는 남편은 쓰러지지도 않아요. 광고에 그런 게 있었죠. "진짜 피로회복제는 약국에 있습니다." 그런데 남자에게 진짜 피로회복제는 가정에 있어요. 아내의 존경과 신뢰입니다. 이게 남자를 강하게 만들고, 이게 철없는 남자를 사나이로 만듭니다. 내 남편을 믿어주세요. 남편을 진심으로 존경하고 신뢰하는 귀한 아내가 되시기 바랍니다. 그러면 최고의 남편이 ◇◇씨에게 선물로 주어질 것입니다. 아멘.

[모두에게 - 신실한 그리스도인이 되라]

마지막으로 두 사람에게, 이 말씀 꼭 드리고 싶어요. 귀한 성도가 되라. 가정의 행복이라는 게 두 사람의 노력만으로 되지는 않아요. 우리 삶에는 사람의 힘으로 되지 않는 게 많은데, 가정의 행복도 그래요. 주님의 도우심이 필요합니다. 기도하세요. 서로를 위해 기도하시고, 둘이 한 몸 되어 이룬 우리 가정을 위해 기도하시기 바랍니다.

더불어 부모님께 효도하세요. 옛말에 내리사랑은 있어도 치사랑은 없다. 아무리 해도 자식이 부모 마음 따라가지 못한다는 겁니다. 저도 그랬습니다만, 자기는 뭐 하늘에서 뚝 떨어진 줄 알아요. 자식 낳아 키워보면, 부모 마음 알게 됩니다. 부모님께 효도하고 사시기 바랍니다. 두 사람이 행복하게 잘 사는 것이 제일 큰 효도라는 것, 잊지 마시고!

두 분의 결혼을 진심으로 축하드립니다. 그리고 정말 간절히 두 분의 행복을 기원합니다. 주례로서 오늘 저에게 할당된 행복이 있다면, 오늘 만큼은 제가 기꺼이 두 분에게 내어 드리고 싶어요. 아마 여기 모인 하객들 모두의 마음이 그럴 겁니다. 세상에서 가장 행복한 부부가 되시기를 우리 주님의 이름으로 축원 드립니다. 아멘.

설교 2.

아름다운 사랑 (아 1:14-2:5)

서론   축하 인사, 행복한 가정을 이루는 길은?
대지 1.   사랑을 소중히 여기라
대지 2.   사랑을 표현하며 살라
대지 3.   믿음 안에서 사랑하라

[서론 – 축하 인사, 행복한 가정을 이루는 길은?]

두 분의 결혼을 진심으로 축하드립니다. 결혼을 축하하면서 성경 말씀 중에 아가서 말씀을 선물로 드립니다. 아가서는 "아름다운 노래" 혹은 "노래 중의 노래"라는 뜻인데, 하나님이 두 분께 주시는 결혼 선물로 받으시기 바랍니다. 한 대목 읽어드리면,

"나의 사랑하는 자는 내 품 가운데 몰약 향주머니요,
  나의 사랑하는 자는 엔게디 포도원의 고벨화 한 송이로구나.
  나의 사랑하는 자여, 어여쁘고 어여쁘다.
  그대 눈이 비둘기 같고 그대 어린 사슴 같구나."

성경에 이런 구절이 있는지는 혹 알고 계셨어요? 애틋한 사랑 노래입니다. 한 쌍의 남녀가 주거니 받거니. 거룩한 연애편지라고 할까요. 예수 믿고 구원받아라, 이런 것만 있을 거 같은데, 하나님은 성경에 이런 핑크빛 말씀도 넣어주셨어요. 이유가 뭘까요? 행복하라고. 깊은 이유들이 있겠지만, 그 중에 빠질 수 없는 이유, 우리의 행복을 위해서. 특히 오늘은 결혼하는 두 분의 행복의 길잡이로 주시는 말씀입니다. 주시는 말씀을 마음에 새기시고, 실천하셔서 행복한 가정 이루시기 바랍니다.

[대지 1. 사랑을 소중히 여기라]

우선 첫째, 사랑을 소중히 여기라. 행복한 인생이 되고자 하느냐? 무엇보다 사랑을 소중히 여기라. 이 말씀으로 받으시기 바랍니다. 이 땅에는 소중한 것들이 참 많아요. 돈도 소중하고, 건강도 소중하고, 친구와의 우정도 소중하고. 그리고 가슴에 품은 꿈. 모름지기 꿈이 있어야 행복하잖아요. 그런데 정말로 행복하고 싶다면, 제일 먼저 무엇을 소중히 여기라? 사랑을 소중히 여기라. 진심으로 사랑하며 살아라. 그때 참된 행복이 찾아올 것이다.

저는 두 분이 정말 행복했으면 좋겠어요. 꿈을 이루는 위대한 인생도 좋고, 세상 모든 사람이 우러러 보는 존경받는 인생도 좋지만, 주례로서 제가 제일 바라는 것은 두 분이 행복한 사람이 되었으면 좋겠다. 양가 부모님의 생각도 크게 다르지 않으실 겁니다. 내 아들, 내 딸이 정말 행복했으면 좋겠다. 어떻게 하면 행복할 수 있을까? 성경이 그 비결을 일러주십니다. 사랑하라. 사랑을 소중히 여기며 살라.

○○씨, 행복하고 싶으시죠? 네, 그렇다면 아내를 진심으로 사랑하세요. 돈도 많이 버시고, 꿈도 이루세요. 그렇지만 내 삶의 제일 앞자리에 옆에 있는 ◇◇씨 사랑하는 일을 제일 앞자리에 두시기 바랍니다. 사랑 받는 아내도 행복하고, 사랑하는 남편도 행복하고. 정말로 깊은 행복, 바위처럼 묵직한 행복이 ○○의 삶을 가득 채울 것입니다. 신부 ◇◇씨, ◇◇씨도 행복하기를 바라시죠? 어떻게 할까요? 옆에 있는 남편을 진심으로 사랑하세요. 내 남편 사랑하는 일을 제일 소중히 여기십시오. 하나님이 약속하십니다. 정말로 행복한 인생이 되실 겁니다.

[대지 2. 사랑을 표현하며 살라]

이어서 두 번째, 하나님이 일러주시는 행복의 길, 두 번째는 표현하라. 표현하며 살라. 무얼 표현할까요? 사랑을 표현하라. 사랑을 소중히 여기되, 그 사랑을 마음에 담아두지 말고, 말로 행동으로 표현하라. 예를 들면, 이렇게.

"내 마음으로 사랑하는 자야,
 여인 중에 어여쁜 자야,

나의 사랑하는 자는 내 품 가운데 몰약 향주머니요,
나의 사랑하는 자는 내게 엔게디 포도원의 고벨화 한 송이로구나."

아가서는 3천 년 전에 기록된 성경인데, 정말 옛날이죠. 진한 사랑 표현은 굉장히 터부시되던 그런 시절입니다. 그런데 하나님이 이 사랑 노래를 지어서 사람들에게 가르치셨어요. 요즘 나오는 유행가 가사 못지않아요. "당신에게선 꽃내음이 나네요. 잠자는 나를 깨우고 가네요." 노래를 잘하시면, 기타 배워서 아내를 위해 이런 노래 한 번 불러줄 만도 합니다.

가슴에 사랑을 품은 사람이 행복합니다. 그런데 더 행복한 사람이 있어요. 그 사랑을 표현하는 사람입니다. 가슴에 품은 사랑을 입으로 표현하는 사람이야말로 정말 행복한 사람입니다. ○○씨, 표현하고 사시기 바랍니다. 지금이야 신혼이니까 잘하는데, 갈수록 줄어들어요. 언젠가 그런 날이 올 수도 있어요. 표현하고 싶은데, 어떻게 표현해야 할지 잘 모르겠다, 그럴 땐 어떡하느냐? 아가서를 펼쳐보시면 됩니다.

"내 마음으로 사랑하는 자야,
나의 사랑하는 자는 내게 엔게디 포도원의 고벨화 한 송이로구나."

아가서를 빌려도 좋고, 직접 써도 좋고, 내 마음에 품은 사랑을 아름다운 언어로 표현하며 사세요. 신부도 마찬가지, 남자만 표현하는 것 아니에요. 아가서는 주거니 받거니. 여인이 남자를 향해, 아내가 남편을 향해 고백하는 내용도 많이 있습니다. 한 대목 읽으면.

"남자들 중에 나의 사랑하는 자는 수풀 가운데 사과나무 같구나.
　내가 그 그늘에 앉아서 심히 기뻐하였고
　그 열매는 내 입에 달았도다."

요즘 말로 풀면, "내 남편은 군계일학. 다른 남자들이 잡풀이면 내 남편은 우뚝 솟은 거목일세. 내 남편의 그늘에서 나는 한 없이 행복하고 또 행복하여라." 아내에게서 이런 말 들으면 그 남편은 정말 행복하겠죠. ◇◇씨, 가끔 내 남편을 세상에서 가장 행복한 남편으로 만들어 주시기 바랍니다. 남편만 행복한 게 아니에요. 표현하는 내가 더 행복합니다.

우리 조상들은 마음에 묻어둔 사랑을 좋아했어요. 이심전심, 말 안 해도 알아. 그런데 성경의 생각은 달라요. 마음에 묻어둔 사랑도 좋지만, 어떤 사랑? 입으로 표현한 사랑이 더 좋습니다. 마음에 담아만 두지 말고, 사랑한다고 고백하며 사시기 바랍니다.

[대지 3. 믿음 안에서 사랑하라]

마지막으로 이 말씀 드리고 싶어요. 두 분의 사랑에는 믿음의 울타리가 있기를 바랍니다. 믿음 안에서 서로를 뜨겁게 사랑하시기 바랍니다. 아가서의 고백은 단지 두 사람 서로를 향한 고백만은 아닙니다. 나중에 보면 이 고백은 예수님과 교회의 고백이 됩니다. 예수님은 신랑, 교회는 신부, 그렇게 서로를 향한 고백이 됩니다. 아가서의 이 깊은 세계에도 들어갈 수 있기를 바랍니다. 둘을 향해서도 고백하지만, 둘이 하나가 되어 주님을 향하여 이 고백을 할 수 있다면, 우리 삶의 정말 깊은 행복으로 들어가는 통로가 될 것입니다. 서로를 진심으로 사랑하고, 또 진솔하게 그 사랑을 표현하시되, 주님 안에서 사랑하시는 귀한 가정이 되시기를 주님의 이름으로 축원합니다. 아멘.

설교 3.
행복의 포도주 (요 2:1-11)

서론 - 축하 인사, 행복한 가정을 이루는 길은?
대지 1. 신랑과 신부여, 신비의 포도주를 위해 기도하라
대지 2. 하객들이여, 이 가정을 위한 기도 후원자가 되라
대지 3. 주님이시여, 이 가정을 축복하소서

[서론 - 축하 인사, 행복한 가정을 이루는 길은?]

두 분의 결혼을 진심으로 축하드립니다. 행복한 가정 이루시기 바랍니다. 정말로 행복한 가정, 세상에서 가장 행복한 가정이 되기를 바랍니다. 그런데 이게 쉬운 일은 아닙니다. 세상에 거저 되는 일이 없지만, 절대로 거저 되지 않는 일이 행복한 가정입니다. 오늘 결혼에 즈음하여 행복한 가정을 위해 우리가 무엇을 해야 할지를 잠시 묵상하겠습니다. 마음에 새겨서 꼭 행복하시기 바랍니다.

[대지 1. 신랑과 신부여, 신비의 포도주를 위해 기도하라]

우선, 신랑 신부에게 주시는 말씀입니다. 신비의 포도주를 위

해 기도하라. 무엇을 위해? 신비의 포도주. 오늘 본문에 신비한 포도주가 나오죠. 예수님이 만드신 물로 된 포도주. 이게 뭐냐? 저는 이렇게 이름 붙이고 싶어요. 행복의 포도주, 가정의 행복을 가져다 주는 신비의 포도주. 이 포도주가 늘 공급되도록 기도하라.

오늘 본문이 혼인 잔치잖아요. 한 가정이 탄생하고 있어요, 오늘처럼 말이죠. 그런데 이 가정에 위기가 닥쳐요. 포도주가 떨어졌어요. 어느 잔치나 음식이 중요한데, 당시 전통으로 결혼 잔치에 절대 빠져서는 안 되는 음식이 포도주였어요. 그런데 하필 그게 떨어진 거예요. 상징적인 사건이죠. 결혼의 흥이 깨진 것이고, 이 가정에 위기가 닥친 상황으로 보시면 됩니다.

두 분의 삶에도 그럴 수가 있어요. 그런 일이 없기를 바라지만, 두 분의 삶에도 위기가 닥칠 수 있어요. 아무리 우리가 열심히 살고, 본분을 지켜도 어쩔 수 없이 그럴 때가 있어요. 그때 어떻게 극복하느냐? 신비의 포도주, 주님이 공급하시는 행복의 포도주. 어려움을 극복하게 합니다. 그래서 결혼하시는 두 분께 제일 먼저 이 말씀 드리고 싶어요. 기도하세요. 행복한 가정을 위해 늘 기도하세요. 주님, 우리 가정을 지켜주세요. 늘 기도하시기 바랍니다.

내가 힘쓰고 내가 애쓰는 것은 물론 당연해요. 남편은 아내를 진심으로 사랑하고, 또 아내는 남편을 진심으로 존경하고, 그래서 반듯한 아내, 성숙한 남편이 되어야 합니다. 그런데 살다보면 내 손을 떠나는 일들이 많아요. 모든 일이 그렇지만, 가정의 행복이 특히 그래요. 사람 계산으로 되는 일이 아니에요. 주님의 도우심이 필요합니다. 그래서 기도가 필요합니다. 우리 가정 행복하게 지켜주세요. 두 분이 손잡고 늘 기도하시기 바랍니다. 주의 도우심이 두 분의 가정에 함께하실 것입니다. 아멘.

[대지 2. 하객들이여, 이 가정을 위한 기도 후원자가 되라]

이제는 하객들에게 당부의 말씀을 드립니다. 두 분의 결혼을 축하하기 위해 참석하신 하객 여러분, 이 가정을 위해 늘 기도해 주시기 바랍니다. 안 그래도 늘 마음이 쓰일 것이고, 늘 기억하며 기도하시겠지만, 주신 말씀이기에 다시 한 번 말씀으로 당부 드립니다. 오늘 새롭게 태어난 이 가정을 위해 늘 기도해 주시기 바랍니다.

오늘 본문이 참 독특한 것이, 이 가정에 위기가 닥쳤는데, 정작 당사자들은 몰라요. 포도주가 떨어졌다는 사실을 신랑 신부가 몰라요. 그런데 감사하게도 이걸 알고 뒤에서 조치하는 사람이 있어요. 마리아입니다. 육신으로는 예수님의 어머니셨죠. 저는 이분을 일컬어 이렇게 부르고 싶어요, 기도의 후원자. 이름이 적합한가요? 기도의 후원자. 예, 그렇습니다. 이분이 이 가정을 위해 기도합니다. 주님 앞에 간곡하게 이 가정을 위해 기도합니다. 그래서 이 가정이 오늘의 위기를 극복할 수 있었어요. 하객 여러분도 마리아처럼 이 가정을 위해 늘 기도해 주시기 바랍니다.

결혼식에 하객으로 오는 것은 두 가지 의미가 있습니다. 우선 증인의 의미죠. 이 두 사람이 이제 하나님 앞에 부부가 되었음을 증언해 주는 증인으로 오신 겁니다. 그리고 또 한 가지는 기도의 서약입니다. 이 가정을 위해서 내가 기도의 후원자가 되겠습. 먼저 살아 보셔서 아시겠지만, 인생이라는 게 인력으로 안 되는 일이 많아요. 특히 행복, 가정의 행복. 이게 사람 계산대로 되는 게 아닙니다. 이 가정을 위해서 기도해 주시기 바랍니다. 이 가정을 위한 기도의 후원자가 되어주시기 바랍니다. 그렇게 하시겠어요? 아멘.

[대지 3. 주님이시여, 이 가정을 축복하소서]

그리고 저도 약속합니다. 주례로서 이 가정을 위해 기도하겠습니다. 잊지 않고 이 가정을 위해 기도하겠습니다. 앞으로도 그렇지만, 바로 지금 이 순간 두 사람을 위해 기도하고 싶습니다. 하객들도 같이 기도해 주시고, 또 신랑 신부도 늘 기도하시겠지만, 지금 저와 함께 간절히 기도하시면 좋겠습니다.

거룩하신 하나님, 하나님의 섭리 가운데 오늘 두 사람이 한 몸을 이루게 하심을 감사합니다. 하나님과 하객들 앞에서 서약한 두 사람의 맹세가 일생동안 굳건하게 지켜지게 하옵소서. 아내를 진심으로 사랑하는 남편이 되게 하시고, 남편을 진심으로 존경하고 따르는 지혜로운 아내가 되게 하옵소서. 두 사람이 살아가는 동안 평탄한 길을 허락해 주옵소서. 그러나 혹 어려움을 만난다 하더라도 이겨낼 수 있는 힘을 주시고, 무엇보다 함께 이겨낼 수 있는 지혜를 주옵소서. 아멘.

제10장
출생 설교를 어떻게 할 것인가?

위대한 탄생

목사로서 제일 반가운 소식 가운데 하나가 임신과 출산이다. "목사님, 방금 태어났어요. 기도해 주셔서 감사합니다." 얼마나 반가운 전화인지 모른다. 특히 근자에는 난임으로 근심하는 이들이 많은지라, 출산 소식이 더욱 반갑고 기쁘다. 한나의 심정으로 간절히 기도하며 아기를 기다리는 모든 이들에게 예쁜 아기의 선물이 주어지기를 기원한다.

여인이 행할 수 있는 가장 아름다운 일이 출산이 아닐까. 어쩌면 사람이 행할 수 있는 제일 아름다운 일이라 해도 과언이 아닐 것이다. 풍전등화의 나라를 구한 불세출의 장군과 위대한 학자, 거기다 우리 역사상 최고의 성군을 합쳐도 여인 한 사람을 당할 수 없다. 우리나라 지폐를 보면서 재미삼아 떠올려 본 생각이다. 이순신 장군이 100원, 대학자인 퇴계 이황과 율곡 이이가 각각 1,000원과 5,000원, 한글을 창제한 성군 세종대왕이 기껏해야 10,000원인데, 신사임당이 50,000원권에 얼굴을 올렸다. 나라를 구한 일도 크지만, 비록 5,000원짜리 아들이지만 아기를 출산한 일이 그만큼 크다는 의미가 아닐까.

여인은 아름답지만, 어머니는 위대하다. 모든 어머니들에게, 그리고 함께 한 아버지들께도 물론, 감사와 경의를 표합니다. 더불어 마음으로 아기를 낳은 부모님들에게도 진심으로 경의를 표한다. 입양하는 분들을 보면 절로 고개가 숙여진다. 개인적으로 생각을 안 해 본 것은 아니지만, 도무지 엄두가 나질 않는다. 그 용기와 헌신은 하나님의 마음을 가까이 닮았다. "너희는⋯ 양자의 영을 받았으므로."(롬 8:15) 하나님이 우리를 자녀 삼으시는 과정이 입양의 과정과 흡사하지 않은가. 마음으로 그리고 몸으로 귀한 생명을 출산한 모든 분들께 경의를 표하며, 우리 하나님의 풍성한 복이 아기와 가족들에게 임하기를 기원합니다.

출생 설교의 유형들

출생에 즈음해서는 어떤 설교가 좋을까? 설교를 대하는 마음이 어느 때보다 설렌다. 예배는 언제나 주님을 향한 거룩한 마음이지만, 오늘은 아기의 뽀얀 피부에 어울리는 맑은 마음도 필요할 듯하다. 더불어 기쁨에 겨워하는 부모들에게 응원의 의미도 담겨야 하겠고, 초유와 같이 아이에게 먹이는 첫 영적인 양식임을 감안할 필요도 있겠다. 여하튼 어떤 설교보다도 마음과 정성을 모으고 싶은 순간이다. 묵상 중에 아래와 같은 설교를 구상해 보았다. 감탄형, 축복형, 기대형, 그리고 입양의 의미를 묵상하는 설교다.

구상 1. 감탄형

생명을 빚어내시는 하나님의 솜씨를 감탄하는 메시지다. 산모는 다른 사람이 경험하지 못하는 오묘한 신비를 경험한다. 내 안에서 아이가 만들어지는 신비다. 정말 신비롭지 않은가. 하나님이 나의 몸을 사용하셔서, 세상 그 어떤 예술가도 빚어내지 못할 아름다운 아기를 빚어내신다. 곁에서 아내를 지켜보는 것만으로도 신비한데, 제 뱃속에서 아기가 발차기를 하고, 나의 심장과는 다른 또 하나의 심장이 콩닥콩닥하는 걸 느끼는 산모는 얼마나 신비로울까. 시편 139편, 그 중에서도 세 번째 연인 13-18절이 생명과 잉태의 신비를 감사하고 묵상하기에 참 좋다.

구상 2. 축복형

축복의 말씀은 어느 순간이나 반갑지만, 사랑하는 아기의 탄생에 즈음해서는 더욱 빛을 발한다. 설교를 통해 교훈을 얻고, 훈계를 받을 수도 있지만, 사랑하는 아기를 향해 마음껏 축복하는 설교는 전하는 자도 즐겁고 듣는 이도 행복하다. 많은 본문들이 가능하겠지만, 누가복음 2장 52절 "예수는 지혜와 키가 자라가며 하나님과 사람에게 더욱 사랑스러워 가시더라." 이 구절을 가지고 내 아기도 예수님 닮은 아기가 되기를 축복할 수 있다. 세상에서 가장 아름다운 아기는 단연 우리 예수님이 아닌가. 내 사랑하는 아기도 주님 닮은 아이가 되기를 바라는 마음을, 우리 주님께서도 격려해 주실 것이다. 창세기 49장 22-26절을 본문으로 야곱이 그토록 사랑했던 아들 요셉에게 선포한 축복을 아이에게 선포하는 것도 의미가 있을 것이다.

구상 3. 기대형

아기를 통해 하나님께서 이루실 놀라운 일들을 기대하는 설교다. 역사는 언제나 한 사람을 통해 이루어졌고, 하나님의 역사는 더욱 그러하다. 모세를 통해 출애굽을 이루셨고, 사무엘을 통해 어두운 사사 시대를 끝내고 왕정 시대를 열어가셨는데, 그들도 처음에는 갓난아기였다. 무엇보다 아기 예수님을 통해 이 땅에 구원의 빛이 임하였다. 아기를 향한 기대라면 아무리 커도 과하지 않고, 아기를 향한 꿈이라면 아무리 분수에 지나쳐도 주책이 아니다. 아기는 무한가능의 씨앗이다. 사무엘과 모세의 본문도 좋고, 룻기를 본문으로 나오미의 가정에 찾아온 귀한 아기를 본문으로 삼아도 좋을 것이다.

구상 4. 입양의 의미

근자에 입양을 통해 아기를 얻는 복된 가정이 많다. 설교를 통해 입양의 의미를 되새기는 것도 시의적절할 것이다. 우리 민족은 유교의 영향 때문인지 핏줄에 대한 집착이 유난히 크다. 그런 마음의 장벽을 극복하고 아기를 입양한 부모들은 하나님의 마음을 많이 닮은 정말로 귀한 분들이다. 우리가 하나님의 자녀가 되는 길은, 성경을 보면 출생보다 입양에 가깝다. "너희는 다시 무서워하는 종의 영을 받지 아니하고 양자의 영을 받았으므로 우리가 아빠 아버지라고 부르짖느니라."(롬 8:15)

설교 1.
심히 기묘하심이라 (시 139:13-18)

시편 139편의 3연을 본문으로 한 감탄형 설교다. 전체적으로 139편은 나를 돌보시는 하나님을 노래하는 시편인데, 특히 3연은 출생에 초점을 맞춘다. 오밀조밀 시인이 노래하는 출생의 신비가 얼마나 섬세한지 모른다. 한 절 한 절이 정말로 아름답다. 이 설교는 특별한 구조 없이 그저 한 절 한 절을 담담하게 풀어주면 된다. 산모와 대화하듯 주거니받거니 말씀을 풀면서 함께 읽어나가면 된다. 개인적으로 필자가 제일 좋아하는 출생 설교인데, 조분조분 말씀 나눌 때 눈물을 흘리는 산모도 있었다. 대략적인 흐름을 소개하면 다음과 같다.

서론 아기의 탄생을 축하합니다
대지 1. 하나님이 아기의 몸을 신비롭게 지어주셨습니다
대지 2. 하나님은 우리보다 먼저 이 아기를 알고 품으셨습니다
대지 3. 하나님은 아기를 향한 보배로운 계획을 갖고 계십니다

[인사]

축하드립니다. 정말 수고 많으셨어요. 지금까지 살면서 이런 일, 저런 일, 많은 일들을 하셨을 텐데, 그 어떤 일보다 오늘 제일 큰 일을 하신 거예요. 생명을 낳는 일, 이거보다 더 큰일이 어디 있겠어요. 정말 수고 많으셨고, 몸 잘 회복하시기 바랍니다.

[절별 강론]

오늘처럼 기쁜 날, 시편 139편을 함께 보려고 합니다. 평소에도 귀한 말씀이지만, 특히 아기가 태어났을 때 읽으면 더 마음에 와 닿아요. 13절에 "주께서 내 내장을 지으시며 나의 모태에서 나를 만드셨나이다." 아기를 누가 지으셨다고요? 주께서. 하나님이 지으셨다는 거예요. 정말 그래요. 내 뱃속에서 아기가 자라지만, 내가 만든 아기가 아니잖아요. 이게 참 신비해요. 분명히 내 뱃속에 있는데, 내가 만든 게 아니에요. 하나님이 나를 통해 우리 아기를 빚어주신 거죠.

그리고 참 감사한 게, 내가 만들었으면 이렇게 예쁜 아기가 나올 수가 없어요. 이렇게 예쁜 눈, 예쁜 코. 보시니까 예쁘죠? 어떻게 이렇게 예쁘게 나왔느냐? 14절 보실까요. "내가 주께 감사하옴은 나를 지으심이 심히 기묘하심이라." 우리 하나님이 솜씨가 참 좋으시거든요. 들에 꽃이 예쁘고, 새들도 예쁘고, 사슴도 예쁘고. 하나님의 솜씨가 참 아름답잖아요. 바로 그 하나님이 최고의 정성으로 오늘 우리 아기를 이렇게 예쁘게 빚어주셨습니다. 예쁜 아기 예쁘게 잘 키우시기 바랍니다.

그리고 16절에 정말 고마운 말씀이 있어요. "내 형질이 이루어지기 전에 주의 눈이 보셨으며." 우리는 오늘 처음 이 아기를 만났잖아요. 그런데 하나님은 처음이 아니라는 거예요. 내 형질이 이루어지기 전에, 요즘말로 고치면 우리 아기 몸의 세포도 하나 생기기 전에 벌써 하나님은 우리 아기를 아셨다는 거예요. 이 예쁜 아기를 품에 품고는 누구 집에 보내면 잘 키울까, 고민하다가 오늘 이 댁에 보내신 거죠. 하나님의 기대에 부응하는 좋은 부모가 되시기 바랍니다.

오늘은 참 기쁜 날이기도 하지만, 한편으로 어깨가 묵직한 날이기도 합니다. 막중한 책임을 지는 날이거든요. 부모가 되는 게 정말 큰일이잖아요. 그렇다고 너무 걱정하지는 마세요. 하나님이 우리한테만 맡기시지는 않아요. 바로 뒤에 "나를 위하여 정한 날이 하루도 되기 전에 주의 책에 다 기록이 되었나이다." 하나님이 이 아기를 위한 계획을 갖고 계신다는 겁니다. 부모로서 아이를 향한 꿈이 있잖아요. 우리 아이가 이렇게 되었으면 좋겠다, 저렇게 되었으면 좋겠다. 그런데 우리만 그런 게 아니에요. 이 아이를 향하여 더 큰 꿈을 품고 있는 분이 있어요. 우리 하나님.

17절 "하나님이여 주의 생각이 내게 어찌 그리 보배로우신지요. 그 수가 어찌 그리 많은지요." 시인이 성령의 인도 안에 주님 곁에 있는 책을 살짝 보았는데, 나를 향한 계획이 죽 기록되어 있는 거예요. 나도 모르는 계획들. 그것도 너무 아름다운 계획들. 아니, 어떻게 저런 생각을 다하셨지? 나 같은 게 뭐라고. 그런데 이게 시인에게 주신 말씀이기도 하지만, 오늘 우리 아기를 향한 약속의 말씀입니다. 하나님은 이 아기를 향하여 정말 아름다운 계획을 갖고 계십니다. 우리의 생각 이상으로 보배로운 계획.

그리고 18절에 "내가 세려고 할지라도 그 수가 모래보다 많도소이다." 또 그 계획이 엉성하지 않다는 거예요. 얼마나 세밀하고 촘촘한지, 모래알처럼 빼곡하게 계획을 세우고 계신다. 그리고 그 계획을 이루어 가신다는 거예요. "내가 깰 때에도 여전히 주와 함께 있나이다." 주님이 함께하실 겁니다. 두 분만 이 아기를 키우는 게 아니라, 우리 하나님께 같이 키워주시고, 정말 귀한 아기로 자라나게 하실 것입니다. 이 믿음 품고 아기 잘 키우시기 바랍니다. 세상에서 제일 행복한 아기가 되기를 주님의 이름으로 축원합니다. 아멘.

설교 2.
예수님을 닮은 아이 (눅 2:52)

예수님의 어린 시절을 본문으로 한, 축복형 메시지다. 예수님이야말로 세상에서 가장 귀한 아기였다는 데 이의를 달 사람은 없을 것이다. 육신적으로는 태어나던 순간부터 고생을 많이 하셨지만, 가장 반듯하고 아름다운 아기셨다. 우리 아이도 주님 닮은 아이가 되게 하소서! 주님의 어린 시절을 묘사한 누가복음 2장 52절을 본문으로, 함께 기도하는 마음으로 묵상하면 된다. 간략하게 구도를 소개하면 다음과 같다.

서론   주님 닮은 귀한 아이가 되게 하소서
대지 1.   지혜로운 아이가 되게 하소서
대지 2.   건강한 아이가 되게 하소서
대지 3.   사랑받는 아이가 되게 하소서
결론   좋은 부모되길

[서론 : 주님 닮은 귀한 아이가 되게 하소서]
축하드립니다. 정말 수고 많으셨어요. 몸 잘 추스르시고, 미역

국도 많이 드시고, 빨리 회복하시기 바랍니다. 오늘 말씀이 우리 아기에게는 생애 첫 말씀이 될 텐데요, 온 마음을 다해 우리 예쁜 아기를 축복하고 싶습니다. 말씀의 제목은 "우리 아이가 예수님 닮은 귀한 아이가 되게 하소서." 부모님의 마음인가요?

예수님이 정말 귀한 분이시잖아요. 짤막한 한 구절이지만, 예수님의 어린 시절 그분이 얼마나 귀한 아이였는지를 요약합니다. "예수는 지혜와 키가 자라가며 하나님과 사람에게 더욱 사랑스러워 가시더라." 아름다운 구절이죠. 이 구절처럼, 우리 아이도 예수님 닮은 아이가 되게 하소서. 말씀 마음에 담아두셨다가 늘 아이를 위해 이렇게 기도하시면 좋겠어요.

[대지 1. 지혜로운 아이가 되게 하소서]

제일 먼저, 우리 아이가 지혜로운 아이가 되게 하소서. "예수는 지혜가 자라며." 예수님이 지혜로운 분이셨듯이, 우리 아이도 지혜로운 아이가 되게 하소서. 살면서 필요한 게 참 많아요. 돈도 필요하고, 건강도 필요하고, 그런데 성경은 제일 먼저 지혜를 이야기합니다. 지혜는 지식보다 큽니다. 공부보다 커요. 우리 아이 나중에 공부 잘하는 아이가 되기를 바랍니다. 그런데 거기에 더하여 지혜가 뛰어난 아이가 되기를 바랍니다. 참과 거짓을 구별할 줄 아는 지혜, 사람을 이롭게 할 줄 아는 지혜. 나설 때와 물러설 때를 아는 지혜. 주님이 지혜로우셨듯이, 내 아이도 지혜로운 아이가 되게 하소서.

[대지 2. 건강한 아이가 되게 하소서]

두 번째는, 우리 아이가 건강한 아이가 되게 하소서. "예수는 지혜와" 또 무엇이 자라며? "키가 자라가며." 아이가 몇 센티까지 자라면 좋으시겠어요? 그 소원 이루어지기를 바랍니다. 여기서 키를 언급하시는 것은 단지 키만이 아니죠. 건강하게 자라셨다는 말입니다. 이런 말이 있잖아요. 돈을 잃으면 조금 잃은 것이요, 친구를 잃으면 많이 잃는 것이요, 건강을 잃으면 전부 다 잃는 것이다. 일리가 있는 말이죠. 우리 삶에 정말 건강이 중요하잖아요. 우리 아기는 나중에 돈도 많이 벌고, 친구도 많이 사귀고, 거기에 더하여 건강한 아이가 되기를 주님의 이름으로 축원합니다. 아멘. 그러기 위해서 우리 어머니가 먼저 좋은 거 많이 드세요. 나를 위해서도 그렇지만, 특히 아기를 위해서. 젖을 통해 아기한테로 가잖아요. 그러니 물 한 잔을 마셔도 깨끗하고 정갈하게, 좋은 음식 많이 드시기 바랍니다.

[대지 3. 사랑받는 아이가 되게 하소서]

마지막 셋째로, "하나님과 사람에게 더욱 사랑스러워 가시더라." 참 아름다운 구절이죠. 이 말씀이 우리 아기에게 임하기를 바랍니다. 누군가에게 사랑을 받는다는 거, 이게 보통 복이 아니죠. 우리 아기는 일생동안 하나님과 사람으로부터 사랑을 많이 받는 아이가 되기 바랍니다. 어떻게 하면 사랑스러운 아이가 될 수 있을까, 어떻게 하면 우리 아이가 사랑 받는 아이가 될 수 있을까? 제일 우선은, 부모님이 아이를 많이 사랑해 주시면 됩니다. 사랑 받고 자란 아이가 사랑스러워요. 언어유희가 아니라, 이게 현실이에요. 사랑을 많이 받고 자란 아이는, 남들을 사랑할 줄 알아요. 그래서 또 남들로부터 사랑을 많이 받아요. 아이를 키울 때 밥만 먹이면 안 돼요. 사랑을 먹여야 합니다. 사랑한다고 말도 많이 해주시고, 마음으로 많이 사랑해 주시기 바랍니다.

[결론 : 좋은 부모되길]

오늘부로 아기의 인생이 시작됨과 더불어 두 분께는 부모의 삶이 시작됩니다. 좋은 부모 되시고, 두 분 슬하에서 우리 아기가 세상에서 제일 행복한 아기가 되기를 주님의 이름으로 축원합니다. 아멘.

설교 3.
최고의 선물 (룻 4:13-17)

룻기의 마지막 대목을 본문으로 한, 기대형 메시지다. 아기가 태어난다는 것은, 이 땅에 새로운 희망과 새로운 가능성이 공급됨을 의미한다. 아기 모세가 그랬고, 아기 사무엘이 그랬고, 무엇보다 아기 예수님이 그러했다. 오늘은 특히 룻의 아기를 통해 내 아기를 향한 기대를 묵상하려 한다. 알다시피 그리 대단한 탄생은 아니었다. 몰락한 집안이었고, 어미인 룻은 이방인이었다. 우리식으로 말하면 다문화 가정이었다. 그런데 이 여인의 태를 통해 위대한 왕 다윗의 할아버지가 태어났다. 모든 아기는 위대한 꿈의 씨앗이다. 설교를 통해, 부모와 한 마음으로 아기를 향한 아름다운 꿈을 품는 시간이 되기를 바란다. 대략적인 흐름을 소개하면 다음과 같다.

서론   아기를 낳는 것은 정말로 귀하고 위대한 일입니다
대지 1. 아기는 그 자체로 가능성과 소망의 씨앗입니다
대지 2. 룻의 아기를 향한 큰 기대가 그대로 이루어졌습니다
대지 3. 우리에게 주신 아기를 향한 우리의 기대도 이루어지기를 바랍니다

[인사]

축하합니다. 정말 수고 많으셨어요. 제가 딸아이한테 가끔 이런 질문을 해요. "너 엄마가 태어나서 지금까지 한 일들 중에 제일 잘한 일이 뭔지 알아?" 딸아이가 뭘까, 하고 쳐다보면 답하기를, "바로 너를 낳은 거야." 이러면 애가 참 좋아해요. 생각하면 정말 그래요. 사람이 할 수 있는 일 중에 제일 큰일이 아기를 낳는 일이 아닌가 싶어요. 이순신 장군도, 세종대왕도 신사임당보다는 못해요. 50,000원이잖아요. 이순신 장군은 100원, 세종대왕은 10,000원인데, 신사임당은 50,000원. 왜 그런지 아세요? 아기를 낳았으니까. 여자는 예쁘지만, 엄마는 위대하다. 좋은 엄마되시기 바랍니다. 또 좋은 아빠가 되시고, 그래서 우리 아기가 세상에서 제일 행복한 아기가 되기 바랍니다.

[대지 1. 아기를 향해 기대를 품으라]

좋은 부모가 되려면 어떻게 해야 할까? 아기를 사랑하고, 아기를 잘 돌보고, 그게 좋은 부모가 되는 길이죠. 그런데 거기에 더해서 정말 중요한 길이 있어요. 아기를 향해 기대를 품는 겁니다. 아기를 향해 무얼? 기대를 품으라. 14절 후반부에 "이 아이의 이름이 이스라엘 중에 유명하게 되기를 원하노라." 기대잖아요. 바라기는, 우리 아기의 이름도 우리나라에서 유명한 아기가 되기를 바랍니다. 누군가를 향해서 기대를 품는 것, 이게 사랑입니다. 기대가 사랑이고,

또 사랑한다면 기대하게 돼요. 그래서 아이를 바라볼 때도 어떤 눈빛으로? 기대하는 눈빛으로.

오늘 본문의 아기는 사실 그리 대단한 아기가 아니었어요. 집안이 많이 어려웠거든요. 경제적으로 몰락한 집안입니다. 룻기 초반부를 보면 이 집안이 지나온 세월을 이야기하는데, 정말 험한 세월을 보냈어요. 일제강점기에 간도로 끌려간 우리 조상들처럼. 얼마나 어려운 집안인지 몰라요. 그리고 아기의 어머니가 이방인이에요. 다문화 가정에 대해 조금 불편한 시선을 보내는 경우가 있는데, 이 당시는 더 심했어요. 그런데 이 아기를 향해서 사람들이 하는 말이 "이 아이의 이름이 이스라엘 중에 유명하게 되기를 원하노라."

이게 진심이었는지, 아니면 그냥 해본 말인지는 잘 몰라요. 제가 보기에, 동네 사람들이 그냥 한 말이 아니었을까 싶어요. 그냥 별 뜻 없이, 그냥 듣기 좋으라고. 그런데 말이죠, 놀랍게도 이 말이 그대로 이루어집니다. 17절 마지막에 "그의 이름을 오벳이라 하였는데 그는 다윗의 아버지인 이새의 아버지였더라." 이 아기가 누구냐? 그 위대한 다윗 왕의 할아버지입니다. 이 몰락한 집안, 그것도 이방 며느리의 태에서 이스라엘의 왕이 태어난 거죠.

[대지 2. 그것도 큰 기대를 품으라]

아기는 그 자체로 희망이고, 가능성입니다. 이 땅에 아기가 태어난다는 것은, 이 땅에 새로운 희망과 새로운 가능성이 공급되는 겁니다. 하나님이 무언가 일을 하실 때에는 항상 사람을 보내셨어요. 아기가 태어났다는 말이죠. 모세가 그랬고, 사무엘이 그랬어요. 정말 어두운 시대였는데, 하나님이 아기 모세를 보내셨죠. 그래서 출애굽의 대역사를 일으키셨고, 어두운 사사 시대에는 아기 사무엘을 보내어서 그 어둠을 걷어내셨습니다. 우리 아기도 그런 귀한 사람이 되기를 바랍니다. 저는 그냥 하는 말은 아니에요. 그냥 듣기 좋으라고 하는 말이 아니에요. 정말 기대를 품고, 오늘 말씀에 근거해서 믿음을 품고 선포합니다. 이 아기가 우리나라에서 정말 유명한 사람, 위대한 사람이 되기를 바랍니다.

[대지 3. 기대한 대로 기도하라]

너무 꿈이 큰가요? 더 커도 좋아요. 아기를 향한 꿈이라면 너무 큰 꿈은 없어요. 아기를 향한 기대라면 너무 큰 기대란 건 존재하지 않아요. 왜냐? 아기는 무한가능성이고, 무한희망이기 때문입니다. 무슨 나무든지 그 씨앗은 작아요. 겨자씨 비유를 잘 아시잖아요. 씨앗의 크기는 눈금자로 재는 게 아니라 기대로 잽니다. 부모로서 아기에게 줄 수 있는 최고의 선물 가운데 기대가 빠질 수 없어요. 기대하세요. 기대를 품고 키우시고, 또 아기를 위해 기도하실 때에도 기대를 품고 하시기 바랍니다. 주님, 내 아이가 정말 귀한 사람이 되게 해 주십시오. 집안의 희망이 되게 하시고, 크게는 우리나라, 이 땅의 희망이 되게 해주십시오. 그 기대가 반드시 이루어질 것입니다. 아멘.

설교 4.
양자의 영 (롬 8:14-15)

입양의 의미를 설명하는 설교다. 입양의 경험이 없는 필자로서 설교를 작성하려니, 근본적인 한계를 느낀다. 입양의 설렘과 수고, 기쁨과 고뇌를 몸소 경험한 설교자라면 보다 풍성한 말씀을 준비할 수 있으리라 기대한다. 그러나 필자에게도 입양'된' 경험은 있다. 우리의 구원이 곧 입양이 아닌가. 오직 예수님의 아버지이신 하나님이, 예수님 안에서 우리도 주님의 자녀로 입양해 주셨고, 그것이 우리에게 임한 구원이 아닌가. 설교의 대략적인 흐름은 다음과 같다.

서론	아기의 탄생을 축하합니다
마디 1.	귀한 결단에 경의를 표합니다
마디 2.	우리도 입양을 통해 하나님의 자녀가 되었습니다
마디 3.	하나님처럼 자녀를 희생적으로 사랑하는 부모가 되시기 바랍니다

[인사]

아기의 탄생을 축하드립니다. 아기의 탄생이 맞나요? 그렇죠.

오늘 이 가정에 정말 예쁘고 소중한 아기가 탄생했습니다. 주님이 주신 귀한 선물인 우리 아이가 오늘 이 집에 탄생했습니다. 예쁘고 건강하게, 사랑스럽게 무럭무럭 잘 자라기를 바랍니다. 부모로서 아이를 소중하게 사랑과 정성으로 잘 양육하시기 바랍니다.

[마디 1. 칭찬과 격려]

설교를 통해 우선 두 분을 칭찬하고 싶어요. 정말 귀한 결단하셨어요. 누구나 할 수 있는 결단이 아니죠. 무엇이든 말은 쉬워요. 실천이 어렵죠. 사랑하라는 말은 쉽지만, 실제로 누군가를 사랑하는 것은 결코 쉽지 않죠. 입양도 마찬가지, 귀한 일이라는 것은 누구나 알죠. 우리 사회에 꼭 필요한 일이라는 것도 누구나 잘 알아요. 그런데 그 일을 내가 해야겠다고 마음먹는 것이 어렵고, 실제로 행동에 옮기는 것은 더 어렵죠. 그런데 두 분이 하셨잖아요. 주님의 이름으로 두 분을 칭찬합니다. 정말 잘하셨습니다. 귀한 부모를 만난 우리 아기에게도 축하의 인사를 전하고 싶습니다.

[마디 2. 우리도 입양된 사람이다]

그런데, 사실은 두 분도 누군가에게 입양되신 분입니다. 설교하는 저도 그렇고, 누구에게? 바로 하나님께. 그게 바로 오늘 본문이에요. 15절에 "무릇 하나님의 영으로 인도함을 받는 사람은 곧 하나님의 아들이라." 우리의 구원 과정을 이야기하는데, 성령님이 인도하셨다는 거예요. 그런데 그 성령님께 별명이 있어요. 다음 구절 15절 중간에, 어떤 영? 양자의 영. 성령님은 양자의 영이다. 왜냐? 그분을 통해 우리가 하나님의 양자가 되기 때문입니다. 그래서 성경은 성령님을 양자의 영이라고 불러요. 혹은 입양의 영.

그러니까 구원받은 우리 모두는 하나님의 입양 아들인 것이죠. 원래 우리는 하나님의 자녀가 아니었잖아요. 심지어 죄로 인해 원수가 되었던 존재들인데, 주님이 우리를 자녀 삼아주셨습니다. 그게 바로 우리에게 임한 구원의 은혜인 것이죠. 그런데 은혜는 돌고 돈다고 했던가요. 주님께 받은 은혜를 오늘은 두 분이 아기에게 베풀고 있습니다. 제가 오늘 두 분을 너무 치켜세우나요? 그렇다고 교만하시면 안 됩니다. 여하튼 사실이 그래요. 두 분 정말 귀한 일을 하셨습니다. 그만큼 앞으로도 좋은 부모가 되시기 바랍니다.

[마디 3. 부모 노릇을 잘 감당하라]

부모 노릇은 낳는 것에서 시작되지만, 그것으로 끝나지 않죠. 부모는 순간의 이름이 아니라 오랜 세월의 이름입니다. 고된 시간도 있겠죠. 내 아이를 진심으로, 또 끝까지 사랑하시기 바랍니다. 진심으로 기대하고, 끝까지 기대하시기 바랍니다. 진심으로 베풀고 또 베풀고, 주님이 우리에게 하셨듯이 끝까지 베푸시기 바랍니다. 주님께 받은 은혜를 아이에게 나누시기 바랍니다. 그래서 세상에서 가장 행복한 아이를 키우는, 행복한 부모가 되시기를 축원합니다. 아멘.

제11장
문병 설교를 어떻게 할 것인가?

질병과 더불어 사는 인생

세상에 무언가 하나를 없애버릴(cancel) 수 있는 권한이 주어진다면, 나는 암(cancer)을 없애고 싶다. (무의미한 언어유희지만, "cancer"를 "cancel"해버리고 싶다.) 암이라는 몹쓸 놈만 없어도, 우리 사는 세상이 한결 평온하지 않을까. 아주 나쁜 무언가를 일컬어 흔히 '암적인 존재'라고 하는데, 수많은 병들 중에 왜 하필 암을 거명하는지 조금은 이해가 된다. 메르스(MERS)도 무섭고 당뇨와 신부전도 고통스럽지만, 곁에서 지켜본 바로는 암이 참 무겁고 아프다. 당사자는 물론 가족들에게도 무거운 고통과 짐을 안겨주는 그야말로 암적인 존재다. 오늘도 암과 싸우고 있는 모든 분들에게 주님의 위로와 치유의 은혜가 임하기를 바란다.

고통과 더불어 질병도 풀리지 않는 신비다. 하나님이 만드신 아름다운 세상에 왜 고통이 존재할까? 변신론(theodicy)의 중심 난제가 고통인데, 그 고통의 한가운데 질병이 있다. 하나님이 만드신 이 아름다운 세상에 왜 이런 고통스러운 질병들이 존재할까? 이것들도 하나님의 창조물일까, 아니면 인간의 죄악에서 돋아난 부산물일까? 창세기의 창조 기사에는 분명 메르스나 암은 나오지 않는다. 도대체 이놈들은 어디서 왔으며, 하나님은 왜 당장 없애주시지 않는 걸까? 시원한 답이 없다.

분명한 것은, 우리 사는 세상에 질병이 존재한다. 우리는 그런 세상을 살고 있다. 하나님의 자녀들도 예외는 아니다. 주님의 사랑하는 자녀들도 때로 몸에 열이 나고, 마취하고 수술대에도 오르고, 심지어 중환자실에 격리되기도 한다. 그리고 목회자로서 우리는 그런 성도들을 찾아가서 위로하고 주의 말씀을 전해야 한다. 병원으로 가는 길에 자주 드는 생각이, 주께서 나에게도 강력한 치유의 은사를 주시면 좋겠다. 주님처럼 성도들에게 손을 얹고 기도하면, 금방 열이 떨어지고 수술대에서 벌떡 일어난다면 얼마나 좋을까. 그러나 필자를 비롯한 대부분의 목사에게 주님은 치유의 능력보다 말씀을 주셨다. 육신의 치유도 귀하지만, 말씀을 통한 영의 치유가 더 근본적이기 때문이 아닐까, 조심스레 생각해 본다.

병원 심방에 어울리는 설교는?

병원 침상은 어쩌면 세상에서 가장 낮은 자리다. 사람의 마음이 가장 가난해지는 자리. 평소에 좀 교만한 사람도, 사회적으로 힘있는 사람도 병상에서는 그저 한 사람의 약한 환자에 불과하다. 젊은 의사의 말에도 고분고분 순한 양이 되고, 덩달아 주의 말씀을 향해서도 그 어떤 순간보다 마음을 활짝 여는 순간이다. 수련회에 가면 뜨거운 준비 찬양을 통해 청중의 마음을 열려고 애를 쓰는데, 병상은 그 자체가 준비 찬양이 된다. 병자는 물론 그 가족들까지 말씀과 기도를 향하여 겸손하게 마음을 여는 거룩한 순간이다. 물론 그러자고 사랑하는 성도들이 병상에 눕기를 바랄 순 없지만, 주어진 기회이니 잘 선용하는 것도 지혜일 것이다.

병상에 누운 성도에게는 어떤 설교가 좋을까? 내용 측면에서 다음 네 가지 유형을 추천하는 바이다. 간구형, 감사형, 섭리형, 그리고 동행형. 다른 편에서도 첨언했지만, 유형의 명칭 자체에 크게 의미를 두지 않기를 바란다. 단지 구분을 위한 것이니 메시지 흐름에 유의하기 바란다.

구상 1. 간구형 – "주여, 나를 치료하여 주소서"

믿음으로 치유를 간구하는 내용의 설교다. 병상은 기도의 자리다. 설교와 기도는 실과 바늘처럼 언제나 함께 가는데, 무게 중심은 주로 설교에 있다. 설교를 다하고 마칠 무렵 간략한 기도로 마무리하는 식이다. 그런데 병원 심방의 경우는 무게 중심이 오히려 기도에 쏠리기도 한다. 몸통인 설교를 간략한 기도로 마무리하는 게 아니라, 설교를 징검다리 삼아 오늘의 몸통인 병자를 위한 기도로 나아가는 상황도 자주 발생한다. 주객이 전도되었다고 불편하게 여길 수도 있겠지만, 병상에 누운 성도의 마음이 그만큼 가난하고, 그만큼 기도에 의지하는 상황이다.

대표적으로 시편 121편을 설교할 수 있다. "내가 산을 향하여 눈을 들리라. 나의 도움이 어디서 올까?"(1절) 병상에서 주의 도우심을 구하는 성도의 마음을 엿보는 듯하다. "나의 도움은 천지를 지으신 여호와에게서로다."(2절) 주님이 우리의 치료자가 되신다. 참 감사한 것은 "이스라엘(우리 그리고 병자)을 지키시는 이는 졸지도 아니하시고 주무시지도 아니하시리로다."(4절) 이 귀하신 하나님께 도움 구하기를 권면하면서 기도로 나아가면 된다.

복음서의 치유 기사도 간구형 설교의 좋은 본문이 된다. 주님께서는 치유의 은혜를 베푸실 때, 많은 경우 간절히 구하는 자에게 그리하셨다. 병자 자신이 간구하기도 했고(눅 18:35-43의 맹인), 혹은 병자의 가족(눅 8:40-56의 야이로), 혹은 주변 친구들이 주님께 간절히 매달리기도 했다(막 2:1-12의 중풍병자의 친구들). 주님을 향한 그들의 믿음을 하나의 모범으로 소개하면서, 병상의 성도와 함께 기도로 나아갈 수 있다.

구상 2. 감사형 – "나를 위해 대가를 치르신 주님께 감사합니다"

앞서 간구형이 주님의 치유 능력에 초점을 맞추었다면, 이번 유형은 나를 위해 대가를 치르신 주님의 은혜에 초점이 있다. 세상에 공짜는 없다. no pain, no gain! 우리의 치유도 마찬가지, 누군가 나음을 입으려면 대신 누군가 고통을 당해야 한다. 우리의 치유는 단지 주님의 능력의 결과가 아니다. 우리의 회복과 나음을 위해 주님이 대신 고통을 당하셨다.

마태복음 8장 14-17절이 이 메시지를 전하기에 참 좋은 본문이다. 주님께서 베드로의 장모를 치유하시는 장면인데, 말미에 이런 해설을 덧붙인다. "이는 선지자 이사야를 통하여 하신 말씀에 우리의 연약한 것을 친히 담당하시고 병을 짊어지셨도다 함을 이루려 하심이더라."(17절) 우리가 흔히 '치유의 기적'이라 부르는 사건이, 실상 주님께는 '짊어짐의 희생'이었던 것이다. 우리에게 임했던 질병의 고통은 허공으로 사라지는 게 아니었다. 한 올 한 올 우리 주님의 어깨로 옮겨갔고, 그 귀결이 십자가의 죽음이었다. 주님의 십자가가 그토록 무거웠던 것은 우리의 죄와 더불어 질병의 고통도 한몫했다.

이 설교 역시 기도로 마무리하게 되는데, 모든 기도가 그러하지만 특히 이 기도는 감사의 기도여야 한다. "나를 위해 대가를 치르신 주님께 감사를 드립니다." 더불어 깊은 송구함을 표현하는 것이 도리일 것이다. "주님께는 너무 송구하지만, 오늘 우리 성도의 고통을 주님 어깨에 감당해 주옵소서."

구상 3. 섭리형 - "이 병이 더 큰 주님을 만나는 기회가 되게 하소서"

병상에는 고통과 근심만 있는 게 아니다. 가난한 마음이 있고, 겸손한 성찰이 있고, 생전 하지 않던 기도의 눈물도 있다. 아픈 만큼 성숙해진다고 했던가, 병상에는 성숙도 있다. 안 그래도 존경하는 존 파이퍼 목사를 더 존경스럽게 만드는 설교가 있다. 제목이 "Do not waste your cancer! (당신의 암을 허비하지 마세요, 2006년 2월 15일)" 실제 강단에서 선포한 설교인지, 아니면 서신 형식으로 전한 설교인지는 확인하지 못했다. 어느 쪽이든 묵직한 영적 거장의 풍모를 느낄 수 있는 설교다. 의역을 가미하여 골격만 추리면,

"당신을 찾아온 암도 당신을 위한 하나님의 계획임을 믿지 않는다면, 당신은 암을 허비하고 있습니다. … 암이 선물이 아니라 저주라고 여긴다면, 당신은 암을 허비하고 있습니다. … 이 기회에 죽음에 대해 진지하게 생각하지 않는다면, … 당신에게 암 투병이라는 것이 단지 오래 생존할 뿐, 주님을 더 깊이 사모하는 시간이 아니라면, … 암에 대해 너무 골몰한 나머지 하나님을 묵상하지 못한다면, 당신은 그 귀한 암을 허비하고 있습니다. … 사람들로부터 고립되거나, 소망 없는 사람처럼 단지 슬퍼만 하거나, 완치율에 기댄 나머지 하나님을 의지하지 못한다면, 당신은 그 귀한 암을 허비하고 있습니다. … 겸손히 나의 죄와 허물을 성찰하는 기회로 삼지 못한다면, 그리스도의 영광과 진리를 드러내는 도구로

사용하지 못한다면, 당신은 그 귀한 암을 허비하고 있습니다."

2인칭이 나열되지만, 사실은 1인칭 고백이었다. 존 파이퍼 자신이 암투병 중에 선포한 말씀이라고 한다. 하나님이 우리 시대에 참 귀한 설교자를 주셨다. 아무한테나 선포할 수 있는 말씀은 아니다. 아무나 선포해서도 안 되는 말씀이다. 듣는 이의 그릇이 준비되어야 하고, 선포하는 설교자의 그릇도 준비되어야 한다.

이 메시지를 담아낼 본문으로는 고린도후서 12장 7-10절, 사도 바울의 고백이 적합해 보인다. 육체에 임한 가시를 없애 주시기를 세 번이나 간구하였지만, 주님이 거절하셨다. 사탄의 사자라고 부를 만큼 고통스러운 가시였지만, 주님의 응답은 "내 은혜가 네게 족하도다. 이는 내 능력이 약한 데서 온전하여짐이라."(9절) 겉보기엔 아픈 가시지만, 실상 바울을 귀한 사람으로 빚어가시는 하나님의 도구라는 말이다. 아무나 받을 수 있는 말씀은 아니다. 신앙도 상중하와 같은 급수로 나눌 수 있다면, 하수나 중수한테는 너무 버거운 말씀이다. 주님의 능력과 섭리를 깊이 깨달은 신앙의 고수들만이 받을 수 있는 말씀이다.

욥의 고백도 의미 있는 본문이 될 수 있다. "내가 주께 대하여 귀로 듣기만 하였사오나 이제는 눈으로 주를 뵈옵나이다."(욥 42:5) 고통의 대명사로 통하는 욥이다. 그 고통이 얼마나 고통스러웠을까. 그런데 욥에게 임한 고통은 단지 아픔만은 아니었다. 이전에 만나지 못했던 더 큰 하나님을 만나는 통로가 되었다. 견우와 직녀가 오작교에서 만나듯, 욥은 고통의 병상에서 하나님을 만난다. 혹 '난 그런 하나님 안 만나도 좋으니, 그냥 조용히 살고 싶어요.' 식의 인간적인 고백이 나올 법도 하지만, 그릇이 준비된 자에게는 아름다운 양식이 될 수 있는 말씀이다.

구상 4. 동행형 – "병상에서도 나와 함께하시는 하나님, 감사합니다"

병상은 참 외로운 자리다. 우리 민족은 유난히 병문안을 많이 하는 민족이라고 한다. 기쁜 일도 찾아가서 축하해 주지만, 병상에 있는 친구를 위해서도 꼭 찾아가서 문안하고 정(情)을 나눈다. 질병 관리 측면에서는 다소 위험한 문화일 수 있다지만, 얼마나 아름다운 모습인가. 그런데 우리의 병상에 찾아오는 친구는 가족이나 교회 집사님들만이 아니다. 우리와 늘 함께 머무는 참 좋은 친구가 있으니, 바로 우리 주님이시다. 임마누엘. 주님의 이름은 늘 고맙지만, 병상에서 더욱 감사하다. 외로운 병상에 누운 성도에게 이 이름을 확인시켜 주는 것이 참 요긴할 것이다. "주님이 지금도 성도님과 함께하십니다."

이 메시지를 위해, 개인적으로 시편 23편을 자주 펼친다. 특히 4절에 "사망의 음침한 골짜기로 다닐지라도." 사망의 음침한 골짜기가 묘하게 어두운 병실과 대비된다. 혹은 더 어두운 수술실. 이 대목을 1절로 자주 연결하는데, "사망의 음침한 골짜기로 다닐지라도, 여호와는 나의 목자시니 내게 부족함이 없으리로다." 어두운 골짜기 같은 병상에서도, 더 어두운 수술실에서도 주님이 나와 함께 하신다는 약속의 말씀으로 받을 수 있다. 이 약속이 병상에 누운 성도에게 큰 힘이 되리라 기대한다.

가벼운 언사일지 모르나, 시편 23편은 '만능 본문' 같다. 병상에도 잘 어울리지만, 장례식에서도 참 잘 어울린다. 갓 태어난 아기를 위해서도, 사회에 첫발을 내딛는 청년들의 가슴에도, 어느 곳에나 잘 어울리는 전천후 본문이다. 어쩌면 이건 본문의 특성이 아니라, 우리 주님의 성품일 것이다. 우리 주님의 온화한 미소가 어울리지 않는 곳이 어디 있으랴. 어디서건 힘과 용기를 주시는 주님이시다. 오늘은 병상의 외로운 성도에게 주님의 따스한 미소를 전달하면 된다.

구상 5. 복합형 – 둘 이상의 메시지가 서로 연결된 주제

둘 이상의 메시지를 혼합한 복합형도 충분히 가능하다. 간구형 메시지 뒤에 감사형 메시지를 덧붙일 수 있고, 섭리형 메시지를 선포한 후 그럼에도 가장 솔직한 소망은 "치유하여 주옵소서." 하면서 마무리할 수 있다.

심방 설교의 특징은 무정형(informal)이라고 할 수 있다. 예배 안에서 많은 성도들을 상대하는 대중 연설 형식의 설교에서는 서론-본론-결론의 정제된(formal) 형식이 효과적이다. 이에 반해 심방 설교는 대화하듯, 혹은 실제로 대화를 해가면서 주거니 받거니 진행할 수 있다. 물론 설교의 흐름이 끊어질 정도의 과한 대화는 금물이다. 자연스러운 분위기 안에서, 본문에서 중심되는 몇 구절을 풀어주듯 전달하면 된다.

다른 심방도 그러하지만, 특히 병상 설교는 부드러운 톤이 주효하다. 선지자적 선포보다는 제사장적인 위로가 필요한 상황이 아닌가. "경우에 합당한 말은 아로새긴 은쟁반에 금사과니라."(잠 25:11) 가난한 마음의 병자에게 따스한 손길 같은 설교가 제격일 것이다. 설교'문'만이 아니라 설교자의 말투도 따스함을 유지해야 한다. 발음과 표정까지, 기도할 때 잡아주는 손의 따스함까지 주님의 위로를 담아낼 수 있어야 할 것이다.

설교 1. 간구형

시편 121편

문안과 도입	
우리의 확신	하나님은 나의 치료자
하나님의 약속	졸지도 않고 내가 너를 지키리라
마무리 권면	믿음으로 승리하라

[문안과 도입]

집사님, 몸은 좀 어떠세요? 견딜 만하신가요? 몸도 마음도 많이 무거우실 텐데, 믿음으로 꿋꿋하게 이겨나가시는 모습이 많은 분들에게 귀감이 됩니다. 목사로서 참 감사합니다. 남은 치료 과정도 믿음으로 잘 이겨내시기 바랍니다. 오늘 본문은 익히 잘 아시는 말씀이죠. 시편 121편. 이스라엘 백성들에게도 참 힘든 일이 많았어요. 그때마다 이 말씀으로 힘을 얻고, 기도하며 어려움을 이겨내었던 말씀입니다. 오늘은 다른 누구보다 바로 집사님에게 주시는 말씀입니다. 꿋꿋하게 병마와 싸우시는 집사님께 우리 하나님이 주시는 응원의 말씀, 또 약속의 말씀으로 받으시기 바랍니다.

[우리의 확신 - 하나님은 나의 치료자]

"내가 산을 향하여 눈을 들리라 나의 도움이 어디서 올까?" 어려움이 닥치면 우리 사람은 본능적으로 주변을 둘러보게 되어 있어요. 혹시 나를 도와줄 사람이 없나. 물에 빠져도 그렇고, 돈이 모자라도 그렇고, 이렇게 병상에 누웠을 때도 그래요. 누가 날 좀 도와줄 사람이 없을까. 2절에 "나의 도움은 천지를 지으신 여호와에게서로다." 집사님, 이 말씀 믿으십니까? 아멘. 나의 도움은 오직 하나님으로부터. 의사가 나를 돕고, 간호사가 나를 도와주지만, 궁극적인 도움은 우리 하나님에게서 나옵니다. 우리 하나님이 능력이 많으시잖아요. 천지를 지으신 전능하신 하나님. 믿음으로 기도하며 나아갈 때에 전능하신 주께서 건강하게 회복시켜주시리라 믿습니다. 아멘.

[하나님의 약속 - 졸지도 않고 내가 너를 지키리라]

주님께서 집사님에게 주시는 약속이 있어요. 3절에 "여호와께서 너를 실족하지 아니하게 하시며." 넘어지지 않게 하실 것이다, 이 말씀이죠. 비록 어려운 과정을 거쳐야 하지만, 절대 쓰러지지 않게 붙잡아 주실 것이다. 그리고 뒷부분이 참 든든하고 감사해요. "너를 지키시는 이가 졸지 아니하시리로다." 치료의 모든 과정 속에서 주님이 졸지 않고 집사님을 돌보실 것입니다. 믿으십니까? 아멘. 그 믿음으로 이기시기 바랍니다. 확실하게 하기 위해 하나님이 한 번 더 못 박아 주세요. 4절에 "이스라엘을 지키시는 이는 졸지도 아니하시고 주무시지도 아니하시리로다."

[마무리 권면 – 믿음으로 승리하라]

집사님, 오늘 저녁은 특별히 편안히 주무시면 좋겠어요. 왜냐하니, 하나님께서 졸지도 않고 주무시지도 않고 집사님을 보호하실 것입니다. 사람은 피곤하잖아요. 의사도 밤 되면 자야하고, 간호사도 졸릴 때가 있고, 곁에서 간호하시는 가족도 때로 깜박할 때가 있어요. 그런데 오직 한 분 밤새 눈꺼풀 한 번 깜박이지 않고 집사님을 돌보시는 분이 계세요. 우리 하나님. 그래서 그분의 이름이 5절에 "여호와는 너를 지키시는 이시라." 주님이 집사님과 함께하십니다. 주님이 집사님을 지켜주실 것입니다. 이 믿음으로 치료 잘 받으시고, 질병과의 싸움에서 승리하시기 바랍니다. 기도하겠습니다.

설교 2. 감사형
마태복음 8장 14-17절

쾌유 기원
쾌유 확신
쾌유 다짐 / 섬김의 삶을 살라
쾌유 다짐 / 감사의 삶을 살라
마무리 권면

[쾌유 기원]

오늘 이 말씀이 권사님께 임하기를 바랍니다. 아멘. 베드로의 장모님이 오늘 권사님처럼 앓아누운 적이 있었어요. "예수께서 베드로의 집에 들어가사 그의 장모가 열병으로 앓아누운 것을 보시고." 그분도 연세가 많으셨든지, 아니면 자식 뒷바라지한다고 고생을 많이 하셨는지 열병이 들었어요. 정확하게 병명이 뭐였는지는 잘 모르나, 꽤 무거운 병이었나 봐요. 그런데 15절에 "그의 손을 만지시니 열병이 떠나가고 여인이 일어나서 예수께 수종들더라." 바로 이 말씀이 우리 권사님께 임하시기를 바랍니다. 베드로의 장모님처럼 쾌유하시기 바랍니다. 아멘.

[쾌유 확신]

　제가 주님의 마음으로 기도하겠습니다. 주님을 대신해서, 우리 주님이 사랑하시는 권사님을 위해 기도하겠습니다. 우리가 함께 마음을 모아 기도할 때에, 주님이 이 자리에 오실 줄 믿습니다. 오셔서 베드로의 장모를 안수하셨듯이, 주님이 친히 권사님께 안수해 주실 줄로 믿습니다. 그래서 베드로의 장모님이 쾌차하셨듯이, 우리 권사님도 곧 건강하게 회복되실 줄로 믿습니다.

[쾌유 다짐 / 섬김의 삶을 살라]

　그때 권사님이 해야 할 일이 있어요. 두 가지가 있는데, 우선은 교회를 더욱 열심히 섬기셔야 해요. 15절 말미에 "열병이 떠나가고 여인이 일어나서 예수께 수종들더라." 건강을 회복하자마자 어떻게? 예수님께 수종들더라. 이분도 권사님처럼 섬기기를 참 좋아하셨나 봐요. 속히 회복하셔서 지금까지 그러셨던 것처럼, 주님의 몸인 교회를 더욱 열심히 섬기시기 바랍니다. 속히 그런 날이 오기를 바랍니다.

[쾌유 다짐 / 감사의 삶을 살라]

　그리고 두 번째, 주님께 진심으로 감사하시기 바랍니다. 오늘 본문에 정말로 중요한 구절이 있는데, 17절입니다. "이는 선지자 이사야를 통하여 하신 말씀에 우리의 연약한 것을 친히 담당하시고 병을 짊어지셨도다 함을 이루려 하심이더라." 무슨 말이냐? 세상에 공짜는 없다는 거예요. 베드로의 장모님이 열병에서 나음을 받았잖아요. 어떻게 그렇게 되었느냐? 열병의 고통을 대신 누가? 우리 예수님이 짊어지신 거죠. 주님이 대신 지셨으니, 베드로의 장모가 나았더라. 얼마나 감사해요.

[마무리 권면]

권사님이 쾌유하실 때 감사할 분들이 많아요. 수고한 의사 선생님께 감사하고, 잘 보살펴 준 간호사, 그리고 곁에서 잘 봉양해 준 며느님, 다들 얼마나 감사해요. 여기에 제일 큰 감사는 누구? 우리 예수님. 나를 위해 십자가에 달려 죽어주신 예수님. 우리 예수님이 왜 그렇게 고통스러운 십자가에 달리셨느냐? 우리의 죄를 사하시기 위함도 있지만, 오늘 본문이 가르치기를, 우리의 질병도 짊어지신 거예요. 그래서 주님의 십자가가 더 무거웠어요. 나를 위해 질병의 고통도 짊어져 주시는 주님, 주님의 은혜에 진심으로 감사합니다. 속히 쾌유하셔서 함께 주님의 교회도 섬기고, 또 주님의 은혜를 찬양하며 감사할 수 있기를 바랍니다. 아멘.

설교 3. 섭리형

욥기 42장 5절

도입	
주제	병상에서의 시간을 허비하지 말라
예화	존 파이퍼 목사의 "Do not waste your cancer!"
권면	병상에만 있는 보화들을 챙기라
마무리	더 귀한 성도가 되는 계기가 되길!

[도입]

오늘 말씀은 아무나 받을 수 있는 말씀이 아닙니다. 목사로서 참 조심스러운 설교입니다. 그런데 제가 기도하는 중에 장로님 정도면 이 말씀을 충분히 받을 수 있겠다는 확신이 왔어요. 그래서 이 말씀을 드리는데, 믿음으로 받으시기 바랍니다.

[주제 – 병상에서의 시간을 허비하지 말라]

장로님, 병상에서의 시간을 허비하지 마시기 바랍니다. 병상이라는 게 결코 반가운 길은 아니죠. 가능하면 피하고 싶은 어두운 길입니다. 그런데 때로 이 길에 귀한 보화가 있어요. 다른 곳에서 얻을 수 없는 귀한 깨달음이 있고, 다른 곳에서 경험할 수 없는 귀한 만 남이 있습니다. 오늘 본문이 욥의 고백인데, "내가 주께 대하여 귀로 듣기만 하였사오나 이제는 눈으로 주를 뵈옵나이다." 그런데 이게 어디서 나온 고백이냐? 병상에서 나온 고백입니다. 가장 고통스러운 병상에서 고백하기를, "내가 이제야 정말 살아계신 하나님을 만납니다."

[예화 – 존 파이퍼 목사의 "Do not waste your cancer!"]

미국에 존 파이퍼 목사님이라고 계세요. 참 귀한 분인데, 이분의 설교 가운데 "Do not waste your cancer!" 당신의 암을 허비하지 마세요, 이런 제목의 설교가 있어요. 제목이 묘하죠. 암을 허비하지 마세요. 암이 무슨 요긴한 물건도 아닌데, 그걸 허비하지 말라. 이분도 암투병을 하셨어요. 얼마나 힘드셨겠어요. 그런데 그 험한 암 속에도 보화가 있었나 봐요. 거기서 하나님을 더 깊이 만났어요. 거기서 이전에 알지 못하던 나의 연약함을 알았고, 그래서 더욱 하나님을 붙들게 되었어요. 뭐도 약에 쓸 데가 있다고, 암도 그런 모양이에요. 그래서 성도들에게 당부하기를, 암 속에 있는 이 귀한 보화들을 놓치지 마세요.

[권면 – 병상에만 있는 보화들을 챙기라]

정말 이런 설교 아무한테나 하면 안 되겠죠. 잘못하면 마음에 상처가 될 수도 있어요. 그런데 장로님께는 한 번쯤 이 말씀을 드리고 싶었어요. 힘드시죠? 그런데 장로님, 믿음의 용장으로서 이 시간을 허비하지 마세요. 이 험한 길 안에 있는 귀한 선물들을 잘 챙기시기 바랍니다. 바라기는, 이 길을 오래 걷지는 마세요. 가능하면 짧게 끝내고 나오시기 바랍니다. 그런데 챙길 건 꼭 챙기고 나오시기 바랍니다. 우리가 얼마나 연약한 인생인지, 그래서 우리에게 전능하신 하나님이 얼마나 필요한지, 우리에게 베푸신 주님의 은혜가 얼마나 큰지, 영생의 소망을 주신 우리의 신앙이 얼마나 위대한지, 이런 저런 깨달음의 열매를 꼭 챙겨서 나오시기 바랍니다.

[마무리 - 더 귀한 성도가 되는 계기가 되길!]

무엇보다 이전에 경험하지 못했던 하나님과의 깊은 만남도 경험하실 수 있기를 바랍니다. 우리 하나님을 만나기에는 호텔 응접실보다 병상이 훨씬 가깝고 친밀하죠. 어쩌면 더 뜨겁고. 그 하나님을 꼭 만나시기 바랍니다. 그래서 더 귀한 장로님 되시면 좋겠어요. 교회와 성도들을 더 뜨겁게 섬기는 귀한 종이 되시기 바랍니다. 그리고 먼 훗날 이 날을 돌아보면서 "하나님, 그때 나에게 그 병을 주셔서 너무나 감사합니다." 이런 기도를 함께 올릴 수 있기를 바랍니다. 아멘.

설교 4. 동행형
시편 23편

문안과 도입
적용적 해석, 하나 – 여호와는 나의 의사시니
적용적 해석, 둘 – 여호와는 음침한 수술실에서도 나의 의사시니
마무리 권면

[문안과 도입]

성도님, 몸은 좀 어떠세요? 이제 곧 수술실에 들어가실 텐데, 마음의 준비는 되셨어요? 담대하게 수술 잘 받고 나오시기 바랍니다. 수술을 앞두고 주님께서 성도님께 주시는 선물이 있어요. 우리 주님은 주로 말씀의 선물을 주시는데, 시편 23편입니다. "여호와는 나의 목자시니 내게 부족함이 없으리로다." 많이 들어본 말씀이죠. 수술실에 들어가실 때 이 말씀 갖고 들어가시기 바랍니다.

[적용적 해석, 하나 – 여호와는 나의 의사시니]

이렇게 바꾸어 읽어도 좋아요. "여호와는 나의 의사시니 내게

아무 걱정 없으리로다." 여호와 하나님이 나에게 누구시라고요? 나의 의사시니. 우리 하나님은 이름도 많고, 직업도 참 많으세요. 어떤 날은 목자, 어떤 날은 아버지, 또 어떤 날은 용맹스럽게 싸우는 전사. 하나님께 명함이 있으면 굉장히 길 거예요. 이걸 다 적으면 얼마나 길겠어요. 그런데 오늘은 뭐예요? 오늘은 의사, 여호와는 나의 의사시니. 하나님이 우리의 아버지도 되시고, 우리를 지켜주는 울타리도 되시고, 오늘은 성도님을 위해 의사가 되어주실 것입니다. 의사이신 하나님 믿고 수술 잘 받으시기 바랍니다.

[적용적 해석, 둘 - 여호와는 음침한 수술실에서도 나의 의사시니]

4절에 이런 구절이 있어요. "내가 사망의 음침한 골짜기로 다닐지라도 해를 두려워하지 않을 것은." 이건 또 어떻게 읽느냐, "내가 어둠침침한 수술실로 들어갈지라도 두려워하지 않을 것은." 저도 수술실에 한 번 들어가 보았는데, 마음이 그래서 그런가 무슨 골짜기로 들어가는 거 같아요. 어쩌면 성도님 눈에도 그럴지 몰라요. 두렵거든요. 그런데 시편 23편이 일러주기를 "내가 어두운 수술실로 들어갈 때에도 두려워하거나 염려하지 않을 것은." 그 다음 구절이 "주께서 나와 함께하심이라." 누가 함께하세요? 우리 주님께서 나와 함께하심이라. 우리 주님은 교회에만 계신 분이 아니에요. 우리 가정에만 있는 분이 아니에요. 지금도 우리와 함께하시고, 그리고 또 수술실에도 주님이 함께하실 겁니다. 우리 주님이 먼저 가 계실 겁니다. 그러니 걱정하지 마시고, 담대하게 수술 잘 받으시기 바랍니다.

[마무리 권면]

"여호와는 나의 의사시니 내게 아무 걱정 없으리로다." 마취가 들어올 때 이 구절 암송하시고, 또 마취에서 깨어나실 때 이 구절로 감사하시면 좋겠어요. 주님께 다 맡기고 평안히 잘 다녀오세요. 기도하겠습니다.

제12장
장례 설교를 어떻게 할 것인가?

누구나 처음 겪는 일

이른 아침 한 성도의 다급한 전화가 걸려왔다. "목사님, 방금 남편이 하늘로 떠났어요." 믿기지가 않았다. 불과 사흘 전 주일 점심 때 마주앉아 이런 저런 이야기를 나누었던 분이다. 회사에서 상당한 고위직에 임명되어 축하인사를 나눈 지 일주일도 채 지나지 않았는데, 갑자기 심장마비로 숨을 거두었다. 슬프지 않은 장례가 있으랴만 그 날도 많이 슬프고 마음이 아팠다. 집례하는 목사 마음도 그러한데, 남겨진 아내와 아직 어린 남매는 얼마나 황망하였을까. "그러므로 모든 육체는 풀과 같고 그 모든 영광은 풀의 꽃과 같으니 풀은 마르고 꽃은 떨어지되."(벧전 1:24)

장례가 더 당황스러운 것은, 누구에게나 처음 겪는 일이기 때문이다. 아버지가 여럿 있는 것도 아니고, 남편이 여럿 있는 것도 아니다. 그저 한 분 아버지에 한 분 어머니인데, 장례를 통해 헤어지게 되니 얼마나 슬프고 안타까운 일인가. 자식을 먼저 앞세우는 경우는 차마 바라보기도 힘든 격한 슬픔이 있다. 사회적인 경험이 많은 분들도, 연세가 지긋한 어른들도 장례 앞에서는 꽤 당황하는 모습을 볼 수 있다. 유족들을 위로하면서 목회자가 잘 이끌어 줄 필요가 있다. 그러기 위해서는 먼저 목회자가 장례의 흐름과 절차를 잘 숙지해 두어야 한다.

교회마다 전통이 조금씩 차이가 있지만, 통상 위로 예배, 입관 예배, 발인 예배, 그리고 하관 예배로 마무리된다. (예배라는 명칭에 불편함을 느끼는 분도 있을 터인데, 신학적인 엄밀성을 잠시 보류하고 통상적인 이름으로 부름을 양해 바란다.) 그 날의 장례가 필자에게 많이 당황스러웠던 것은, 고인의 갑작스런 죽음 때문이기도 하지만, 담임 목회를 하면서 처음 맞는 장례였기 때문이다. 다행인 것은 부교역자 시절 몇 차례 장례식을 치러보았던 터라, 대략적인 흐름은 알고 있었다.

소천 소식이 전파되면 대체로 바로 그 날 저녁에, 즉 소천된 날 저녁에 위로 예배를 드린다. 늦은 시간에 소천되어 미처 빈소가 마련되지 않은 경우에는 다음 날 저녁에 드리기도 한다. 입관이 보통 다음날 아침에 이루어지는데, 입관을 마친 후 입관 예배를 드린다.

통상 3일장을 하니 사흘째 아침에 발인 예배를 드리고 장지로 출발하고, 장지에 도착하여 마련된 묘에 관을 안장하고는 하관 예배로 마무리한다. 화장을 하는 경우에는, 화장터에서 기도 후 화장을 시작하고, 유골을 납골당에 봉안하면서 마지막 봉안 예배를 드리기도 한다.

장례식에는 어떤 설교가 적합할까?

장례식에는 어떤 말씀이 어울릴까? 비록 아프고 슬픈 순간이지만, 장례식은 복음을 선포하기에 좋은 장을 제공한다. "때를 얻든지 못 얻든지 항상"(딤후 4:2) 복음을 선포하는 것이 목사의 사명인데, 장례는 그 사명을 실천하기에 좋은 기회가 된다. 신앙 여부를 떠나 죽음 앞에는 모두가 겸손한 경청자가 된다. 결혼식은 혹 조금 소란한 경우가 있지만, 장례식은 아이들마저 고요하다. 마음 밭이 가장 부드럽게 열리는 순간이라고 할 수 있다. 이때 거룩한 열정을 담아 예수 복음을 선포하기를, "나는 부활이요 생명이니 나를 믿는 자는 죽어도 살리라."(요11:25) 생명의 복음이 청중의 마음에 깊이 심겨지기를 바란다.

설교의 기조는 위로와 선포의 적절한 조화가 요긴할 것이다. 선포를 통한 위로, 혹은 위로 가운데 선포다. 사랑하는 가족을 잃은 이들에게 제일 필요한 것은 역시 위로다. 고압적인 다그침이나 훈계보다는 아픈 마음을 달래주는 따뜻한 위로가 설교에 충분히 묻어나야 한다. 그러나 그러면서도 예수 복음의 위대함이 진중하게 선포되어야 한다. 죽음 앞에서는 의사도 손을 떼고, 돈도 권력도 아무 소용이 없다. 사랑하는 가족들도 눈물만 보낼 뿐, 할 수 있는 일이 없다. 오직 예수 복음을 붙들고 고인의 영혼을 주님께 맡기는 수밖에 없다. 예수 신앙은 우리의 일생에 행복한 동반자가 되지만, 죽음 앞에서 더욱 빛을 발한다. 사랑하는 가족의 영혼을 믿고 맡길 데가 있다는 게 얼마나 행복한 일인지 모른다.

설교의 대상에 관해서는, 필자는 대체로 유족들에게 집중하는 편이다. 결혼식에서 신랑과 신부에게 집중하듯이, 장례식에서는 유족들을 염두에 두고 말씀을 준비하고, 설교시의 시선도 대체로 유족들을 향한다. 주인공이라는 말이 조금 어색하지만, 오늘의 주인공은 유족들이 아니겠는가. 물론 다른 조객들을 배제하는 것은 아니다. 함께 말씀을 받으니 모두가 청중으로 고려해야 한다. 그러나 누구보다 유족들을 위로하고, 누구보다 유족들의 마음에 부활 생명의 소망을 심어주는 것이 필요한 순간이다. 그래서 의도적으로 유족들에게 집중하는데, 묘한 것은 유족들에게 집중할수록 나머지 조객들도 더 말씀에 집중하는 듯하다. (결혼식에서도 유사한 느낌을 자주 받는다. 신랑 신부에게 집중할수록 나머지 하객들도 더 말씀에 집중하는 듯하다.)

설교 내용은 다양한 본문에 다양한 메시지가 가능하겠는데, 필자가 기본으로 쓰는 네 편의 설교를 간략한 요지와 함께 소개하면 아래와 같다. (여기에 더해서 시편 23편도 자주 설교하고, 요한계시록 14장 13절도 요긴하다. "지금 이후로 주 안에서 죽는 자들은 복이 있도다 하시매 성령이 이르시되 그러하다 그들이 수고를 그치고 쉬리니 이는 그들의 행한 일이 따름이라 하시더라.")

위로 예배 (마 11:28)

"수고하고 무거운 짐 진 자들아." 주님이 우리 인생을 부르시는 이름이다. 수고하고 무거운 짐 진 자들아. 조금 어두워도 참 위로가 되는 이름인 것이, 우리에게 쉼을 주시기 위해 부르시는 이름이다. 고인과의 이별을 아쉬워하는 유족들의 마음을 위로하기에 좋은 본문이다. 하나님이 고인을 데려가는 것은 다른 이유보다, 이제는 쉼을 주시기 위함이라고 전달하면 된다.

입관 예배 (요 14:1-3)

"너희는 마음에 근심하지 말라." 입관을 위해 염을 할 때 유족들이 많은 눈물을 흘린다. 생각보다 야윈 고인의 육신이 너무 연약해 보이고, 비록 시신이지만 아버지를 혹은 어머니를 좁은 관 속에 넣는 마음이 참 송구하다. 이런 마음을 향해 주께서 말씀하시길 (물론 설교적인 적용을 가미하여) "너희는 마음에 근심하지 말라. …

내 아버지 집에 거할 곳이 많도다." 고인의 거할 곳은 좁은 관이 아니라 주님의 집임을 선포하면 된다. 주님이 먼저 하늘로 가신 이유는, 우리를 위한 거처를 마련하기 위함이라고 하셨는데, 그 중에 고인을 위한 거처도 있을 것이다.

발인 예배 (계 21:1-4)

"내가 새 하늘과 새 땅을 보니." 이제는 관을 들고 장지를 향하여 출발하는 시간이다. 오직 주님만을 의지하며 고인을 전송하도록 권면하면 된다. 요한계시록의 약속이 유족들에게 큰 위로가 된다. "하나님이 그들(고인)과 함께 계시리니 그들은 하나님의 백성이 되고 하나님은 친히 그들과 함께 계셔서, 모든 눈물을 그 눈에서 닦아 주시니 다시는 사망이 없고 애통하는 것이나 곡하는 것이나 아픈 것이 다시 있지 아니하리니 처음 것들이 다 지나갔음이러라." 투병 중에 떠난 고인이라면, "아픈 것이 다시 있지 아니하리니"라는 대목이 특히 유족들에게 위로가 될 것이다.

하관 예배 (요 11:25-26)

"나는 부활이요 생명이니." 흙에서 나온 인생이 흙으로 혹은 한줌의 재로 돌아가는 순간이다. 그러나 예수 안에 있는 우리는 흙에서 나왔을지 모르나 흙으로 돌아가는 존재가 아니다. 우리의 영원한 아버지이신 하나님께로 돌아가는 존귀한 존재다. 나사로의 무덤 앞에서 주님이 선포하기를, "나는 부활이요 생명이니 나를 믿는 자는 죽어도 살리라." 그리고는 확인하듯 마르다 물으시기를 "이것을 네가 믿느냐?" 유족들을 향하여 동일한 질문으로 부활 신앙을 확인하고 장례를 마무리하면 된다.

설교 1. 위로 예배

수고하고 무거운 짐 진 자들아 (마 11:28)

하나님이 우리를 부르시는 이름
하나님이 오늘 고인을 부르시는 이름
고인의 아버지가 부르시는 이름

[하나님이 우리를 부르시는 이름]

"수고하고 무거운 짐 진 자들아." 하나님이 우리 인생들을 부르시는 이름입니다. 그리 밝고 환한 이름은 아니죠. 예를 들어, "기쁘고 행복한 사람들아." 혹은 "능력 있고 훌륭한 인재들아." 이런 밝은 이름도 있는데, 다 제쳐두고 "수고하고 무거운 짐 진 자들아." 조금 어둡잖아요. 무겁기도 하고.

그런데 저는 이 이름이 참 좋아요. 다른 이름도 좋지만, 이 이름이 참 귀한 이름이라는 생각이 들어요. 주님이 우리를 아시는구나, 그런 생각이 들어요. 실로 우리 인생이 수고가 많잖아요. 우리 삶에 무거운 짐들이 꽤 많잖아요. 나름 능력도 있지만, 살다보면 때로 힘에 부칠 때도 많잖아요. 하나님이 그걸 아시는 거죠. 그래서 우리를 부르시기를, "수고하고 무거운 짐 진 자들아." 이해받는 느낌이랄까. 그래서 조금 어두워도 이 이름이 참 좋다, 그런 생각이 드는 거죠.

그런데 이 이름이 더 좋은 이유가 있어요. 우리에게 쉼을 주시기 위해서 부르시는 이름이기 때문입니다. "수고하고 무거운 짐 진 자들아." 이래놓고 일해! 이러면 이상하잖아요. 이건 무슨 일을 시키기 위해서 부르는 이름이 아닙니다. 일거리 하나 더 얹어주시려고 부르시는 이름이 아니에요. "내가 너희를 쉬게 하리라." 이건 잘했니 저건 못했니, 따지고 나무라기 위해서 부르시는 이름도 아닙니다. 다만 이제는 쉼이 필요하구나. 그래, 이제는 평안히 쉬어라. 그래서 부르시는 이름이 "수고하고 무거운 짐진 자들아." 그러고 보면 참 좋은 이름이죠. 하나님이 주신 귀한 이름을 마음에 새겨두시기 바랍니다.

[하나님이 오늘 고인을 부르시는 이름]

그런데 특히 오늘은 누구를 부르시는 이름이냐? 먼저 고인이 되신 ○○○집사님을 부르시는 이름입니다. "수고하고 무거운 짐 진 ○○○집사야, 이제 내게로 오라. 내가 너를 쉬게 하리라." 아멘. 고인의 삶도 그리 평탄하지만은 않았죠. 가족들은 잘 아실 거예요. 살아생전 고인이 가족들을 위해 얼마나 애쓰고 수고했는지. 오늘 이렇게 유족들이 앉아 있습니다만, 주님의 은혜로 우리가 이 자리에 있지만, 더불어 먼저 가신 고인의 수고가 참 많았습니다. 발가벗은 채 세상에 나와서 이렇게 장성한 어른이 되신 게 그저 되는 일이 아니죠. 밤잠 설치며 자녀들을 키워내신 고인의 수고가 있었습니다.

목사로서 교회를 위한 수고도 잘 알고 있습니다. 우리 집사님은 참 섬기기를 좋아하는 분이셨어요. 말도 별로 없으시고. 무엇보다 교회와 목사를 위한 기도가 저한테 얼마나 큰 힘이 되었는지 몰라요. 이 자리를 빌려 고마움을 표하고 싶습니다. 더불어 질병의 수고도 참 무거웠을 거예요. 이래저래 수고하고 무거운 짐을 진 인생입니다.

그걸 주님도 잘 아시는 거죠. 그래서 부르시기를, "수고하고 무거운 짐진 사람아." 그리고는 쉼을 선물하시기를, "이제 내게로 오라. 내가 너를 쉬게 하리라." 유족들로서는 더 함께하고픈 아쉬움이 있겠지만, 가벼운 마음으로 보내드리시기 바랍니다. 이제는 쉬실 때가 되었구나. 이제는 안식할 때가 되셨구나. 그래서 하나님이 데려가셨구나.

[고인의 아버지가 부르시는 이름]

특히 오늘 고인을 데려간 분이 다른 분이 아니라 고인의 아버지라는 사실에서 위로를 받으시기 바랍니다. 낯선 사람이 낯선 곳으로 데려간 것이 아니라, 고인의 아버지가 원래 집으로 데려가셨어요. 이 땅에서 고인은 누군가의 어머니였습니다. 또 누군가의 아내였고. 그러나 원래 고인은 어머니가 아니라 누군가의 딸이었습니다.

고인에게도 아버지가 있었단 말이죠. 하나님 아버지. 오늘 그 아버지께서 사랑하는 딸을 당신의 품으로 불러가셨습니다. 이제는 쉼을 주기 위해서.

시편에 이런 구절이 있어요. "여호와께서 그의 사랑하시는 자에게는 잠을 주시는도다."(시 127:2) 잠이라는 게 평안이고 쉼이잖아요. 여호와께서 그의 사랑하시는 딸에게 오늘 잠을 주셨습니다. 이제 이 땅의 수고를 뒤로 하고 주님 품에 안겨 영원한 안식을 누리게 되실 것입니다. 주님이 보시기에 지금이 제일 적당하다고 판단하신 듯합니다. 우리가 보기엔 너무 이른 거 같아도, 주님 보시기엔 이제는 쉴 때가 된 모양입니다. 그래서 "수고하고 무거운 짐진 나의 딸아, 이제는 내게로 오너라. 내가 너를 쉬게 하리라." 오늘 이 말씀이 고인에게 임한 줄로 믿습니다. 더불어 이 말씀을 통해 유족들에게 하나님의 위로가 임하시기를 바랍니다. 아멘.

설교 2. 입관 예배
너희는 마음에 근심하지 말라 (요 14:1-3)

너희는 마음에 근심하지 말라
주님이 승천하신 이유
주님께 고인을 의탁하라

[너희는 마음에 근심하지 말라]

주님의 첫 마디가 참 따뜻하죠. "너희는 마음에 근심하지 말라." 오늘은 특별히 유족들에게 주시는 말씀입니다. 너희는 마음에 근심하지 말라. 왜 이런 말씀을 주시느냐? 여러분의 마음을 주님께서 잘 아시기 때문입니다. 장례를 치를 때면 많은 경우 얼굴이 어두워요. 당연한 것이 사랑하는 부모님을 먼저 떠나보내니 마음이 무거울 수밖에 없죠. 그리고 막연하게 드는 생각이, 우리 아버지가 거처할 곳이 없으면 어떡하나. 이 땅에서는 그래도 내가 돌보아 드렸는데, 이제 내 남편을 맞아줄 사람이 없으면 어떡하나. 인간적인 마음에 그런 생각이 드는 거죠. 그 마음을 아시는 주님이 주시는 말씀이 "너희는 마음에 근심하지 말라."

"내 아버지 집에 거할 곳이 많도다." 거처할 곳이 많다는 거예요. 오늘 고인을 위해서도 한 칸 충분히 떼어줄 정도로 주님께는 거처할 집이 많다. "그렇지 않으면 너희에게 일렀으리라." 주님이 참 친절하게도 말씀하시죠. "만일 거처가 없거나 모자라면, 내가 솔직하게 말했을 것이다. 그런데 많아. 그러니 너무 걱정하지 마라." 이 말씀 믿고 고인에 대한 염려를 내려놓으시기 바랍니다.

[주님이 승천하신 이유]

성경에서 참 아쉬운 대목 가운데 하나가 예수님의 승천입니다. 십자가에 달리실 때 제자들이 얼마나 슬펐겠어요. 얼마나 낙심이 되었겠어요. 그런데 이제 부활하신 거예요. 사망권세를 깨트리시고 사흘 만에 부활하셨어요. 그러니 이제 희망 한 가득, 무언가 거사를 도모할 수 있겠다. 이제 정말 제대로 복음을 전할 수 있겠다, 하는 기대감이 있는 거죠. 그런데 아쉽게도 주님은 하늘로 가버리셨어요. 하늘을 쳐다보는 제자들의 마음이 참 아쉬웠죠.

왜 그러셨을까? 왜 하늘로 가버리셨을까? 오늘 주님이 그 이유를 설명해 주시는데, "내가 너희를 위하여 거처를 예비하러 가노니." 우리를 위해 거처를 예비하러 먼저 하늘로 가셨다는 거예요. 집 없는 설움이 참 크잖아요. 제가 아직 한뎃잠은 안 자봤지만, 어릴 적 일곱 식구가 한 방에 산 적이 있어요. 아버지 어머니, 그리고 오남매가 겨우 이슬만 피하고 한 방에 자는데, 어린 마음에도 참 서러웠습니다. 집이란 게 참 중요하죠.

그런데 이 땅에도 집이 필요하지만, 죽음 너머에도 집이 필요해요. 우리 인생이 이 땅에 살지만, 또 언젠가는 죽음 너머로 길을 떠나야 하기 때문입니다. 그래서 이 땅에도 집이 있어야 하고, 또 죽음 너머에도 집이 있어야 합니다. 이 땅의 집은 어떻게 지을 수가 있어요. 그런데 죽음 너머의 집은 우리로서는 지을 재간이 없어요. 그 어떤 인생도 죽음 너머에선 집을 지을 수는 없습니다. 죽음 앞에서는 한없이 연약한 것이 인생이기 때문입니다. 오직 한 분 사망 권세를 이기신 주님만이 그 집을 지을 수가 있습니다. 그래서 주님이 이 땅을 떠나 죽음 너머, 하늘로 승천하셨습니다. 아멘.

[주님께 고인을 의탁하라]

그 주님을 믿고 고인을 잘 떠나보내시기 바랍니다. 방금 입관하고 오셨죠. 고인의 육신을 관속에 넣었습니다. 마음이 아프실 수 있어요. 관이 좁아 보이고, 답답해 보이죠. 관이라도 좀 널찍하면 좋겠다, 이런 생각이 들 수도 있어요. 그러나 너무 아쉬워 마시고, 너무 슬퍼도 마세요. 고인의 육신은 좁은 관에 들어가지만, 고인의 영혼은 우리 주님의 품으로 들어가십니다. 고인의 육신은 땅 속에 묻지만, 고인의 영혼은 우리 주님이 예비하신 아름다운 처소로 들어가실 겁니다. 오늘 주님이 약속해 주셨잖아요. "너희는 마음에 근심하지 말라. 하나님을 믿으니 또 나를 믿으라. 내 아버지 집에 거할 곳이 많도다."

그리고 기억할 것, 언젠가 우리도 가야 할 길입니다. 순서만 다를 뿐 모든 인생이 가야 할 길입니다. 그때가 되면 우리도 주님 믿고 담대하게 그 길을 갈 수 있기를 바랍니다. 예수 믿는 것은 참 행복한 일입니다. 우리가 가장 연약한 순간에 가장 듬직하게 의지할 수 있는 언덕이 되시는 분, 그분이 바로 우리 예수님입니다. 예수 믿고 사시고, 예수 믿고 고인을 보내시고, 또 때가 되면 예수 믿고 담대하게 인생 마무리하시는 복된 성도들 되시기를 주님의 이름으로 축원합니다. 아멘.

설교 3. 발인 예배

내가 새 하늘과 새 땅을 보니 (계 21:1-4)

천국의 소망을 품고 고인을 보내라
새 하늘과 새 땅의 나라
속속들이 따뜻한 나라
눈물과 고통이 없는 나라

[천국의 소망을 품고 고인을 보내라]

이제 장지를 향해 떠나는 시간입니다. 이것도 여행이라면 여행인데, 참 발걸음이 무거운 여행이죠. 유족들의 마음이 많이 아쉽고 무거우실 겁니다. 그러나 바라기는, 소망을 품고, 믿음의 기쁨을 품고 길을 나설 수 있기를 바랍니다. 예수님을 믿는 것은 언제나 기쁨이고 소망이지만, 특히나 힘겨운 순간 그 중에서도 죽음 앞에서 우리에게 한없는 용기와 위로를 줍니다. 모든 인간 능력이 손을 놓는 이 순간, 오직 예수 믿음만이 우리에게 힘과 용기를 줍니다. 믿음으로 선포하기를, 오늘의 여행은 장지를 향한 여행이 아니라, 주님을 향한 여행입니다. 오늘의 걸음은 차디찬 땅바닥을 향한 걸음이 아니라, 주님이 예비하신 아름다운 천국을 향한 여행입니다. 주님이 고인을 위해, 또 장차 우리를 위해 아름다운 천국을 준비하고 계십니다.

[새 하늘과 새 땅의 나라]

고인을 위해 예비된 천국, 그리고 장차 우리도 함께 누릴 천국, 그 나라가 어떤 나라인가? 참 좋은 나라입니다. 오늘 성경은, 새 하늘과 새 땅이라고 부릅니다. 새롭다는 거죠. 지금 하늘도 참 좋고, 지금 땅도 참 좋아요. 그래서 이걸 떠나려고 할 때 아쉬움이 많이 남아요. 고인을 떠나보내는 유족들도 그래서 아쉬워요. 그러나 주께서 말씀하시길, 우리를 위해 예비하신 천국은 이거보다 더 좋아요. 이 땅보다 더 좋은 땅이요, 이 하늘보다 더 좋은 하늘입니다. 그래서 붙인 이름이 새 하늘과 새 땅입니다.

[속속들이 따뜻한 나라]

겉모양만 아름다운 나라는 아닙니다. 속속들이 따뜻함과 온기가 스며있는 나라입니다. "또 내가 보매… 그 준비한 것이 신부가 남편을 위하여 단장한 것 같더라." 신부가 남편을 위하여 단장한 것 같더라. 표현이 참 따뜻하죠. 천국이 그렇다는 거예요. 따뜻한 환영과 간절한 기다림의 나라. 고인이 그 나라에 들어갈 때 결코 홀대받지 않을 것입니다. 절대로 냉대를 받거나 꿔다놓은 보릿자루 취

급을 받지 않으실 거예요. 오래 기다린 신랑이 오는데, 허투루 맞을 신부가 어디 있겠어요.

옛말에 버선발로 뛰어나온다고 하는데, 우리 주님이 고인을 그렇게 맞아주실 것입니다. 고인을 평안히 보내드리시기 바랍니다. 우리가 믿음으로 의탁하면 저 건너편에서 우리 주님이 고인을 잘 맞아주실 것입니다. 고인이 주님의 가족이잖아요. 유족들도 고인의 가족이지만, 사실은 더 우리 주님이 고인의 가족입니다. 하나님은 고인의 아버지요, 고인은 하나님의 아들입니다. 주님이 따뜻하게 맞아주실 것입니다.

[눈물과 고통이 없는 나라]

그리고 그 나라는 "눈물과 고통이 없는 나라"입니다. 마음 같아서는 고인이 더 우리 곁에 있으면 좋겠지만, 오히려 떠나보내는 것이 고인에게 더 유익인지 몰라요. 고통이 많았잖아요. 연약한 육신이 고인을 많이도 괴롭혔습니다. 인생의 질고, 그래서 눈물이 고인을 많이도 괴롭혔습니다. 이제는 "모든 눈물을 그 눈에서 닦아 주시니 다시는 사망이 없고 애통하는 것이나 곡하는 것이나." 특히 "아픈 것이 다시 있지 아니하리니."

이 시간 이 소망 품고 고인을 떠나보낼 수 있기를 바랍니다. 한 사람의 죽음은 언제나 남은 모든 사람을 향하여 던지는 주님의 메시지입니다. 우리도 언젠가 가야 할 길 믿음으로 사시고, 주께서 우리를 부르시는 날이 오면 우리도 동일한 믿음 품고, 동일한 소망 품고 그렇게 담대하게 나아갈 수 있기를 바랍니다.

설교 4. 하관 예배

나는 부활이요 생명이니 (요 11:25-26)

**예수 믿음의 행복
우리의 부활이신 예수님
우리의 생명이신 예수님
십자가의 은혜를 기억하라**

[예수 믿음의 행복]

  목사로서 정말 뿌듯한 순간이 이 순간입니다. 무덤 앞에서 이 말씀을 읽을 수 있다는 사실만으로도 목사가 된 것이 참 행복합니다. 이 말씀을 듣는 여러분들의 마음도 같으리라 믿습니다. "예수께서 이르시되 나는 부활이요 생명이니 나를 믿는 자는 죽어도 살겠고." 예수님의 이 말씀이 오늘 고인에게 임하신 줄로 믿습니다. 아멘.

  우리 주님은 이름이 참 많아요. 임마누엘, 선한 목자, 그리고 예수. 많은 이름들이 있는데, 오늘 참 감사한 주님의 이름을 만납니다. 부활, 그리고 생명. 이름이란 것이 본시 당사자를 위한 것이기도 하지만, 그 이름을 부르는 다른 사람들을 위한 것이 이름이죠. 오늘 주님의 이름도 그래요. 이 이름에 담긴 귀한 의미, 특히 그 이름을 부르는 우리에게 주시는 귀한 의미가 있어요.

[우리의 부활이신 예수님]

"나는 부활이요." 주님의 이름이 왜 부활이냐? 그분이 부활하셨기 때문에 그분의 이름이 부활입니다. 또한 그분을 믿는 자도 그분처럼 부활할 것이기 때문에, 그래서 그분의 이름이 부활입니다. 정말 귀한 이름이죠. "나는 부활이니… 나를 믿는 자는 죽어도 살겠고." 우리의 이야기이고 오늘 특히 고인의 이야기입니다. 우리 ○○○집사님, 지금은 죽었지만 다시 살아날 것을 믿습니다. 지금은 이 육신이 싸늘하게 식었지만, 장차 다시 따뜻한 온기로 살아날 것을 믿습니다. 그 믿음 가지고 고인을 전송하시기 바랍니다.

[우리의 생명이신 예수님]

이어서 "나는 생명이니." 부활과 더불어 우리 예수님의 이름은 생명입니다. 생명으로 충만한 분이기 때문에 그분의 이름이 생명입니다. 또한 우리에게 생명을 나누어주시는 분이기 때문에, 그래서 그분의 이름이 생명입니다. 요한복음에서 생명은 영원한 생명을 가리킵니다. 바로 이어서 풀이가 나오죠. "나를 믿는 자는 영원히 죽지 아니하리니." 지금 우리 육신의 생명이 연장된다는 말은 아닙니다. 지금 생명이 참 귀해보여도 약해요. 세월가면 결국 허물어질 것입니다. 주님이 우리에게 새로운 생명을 선물해 주실 것입니다. 죽음을 이기는 영원한 생명, 진정한 생명을 우리에게 나누어주실 것입니다. 그 생명이 오늘 고인에게 임한 줄로 믿습니다. 아멘. 그리고 언젠가 우리에게도 같은 생명이 임할 줄로 믿습니다. 그 믿음으로 고인을 잘 전송하시기 바랍니다.

[십자가의 은혜를 기억하라]

그리고 더불어 감사함으로 보내시기 바랍니다. 예수님의 그 생명, 예수님이 우리에게 주시는 그 생명은 그냥 만들어진 건 아닙니다. 값진 대가가 치러졌습니다. 십자가입니다. 부활이 열매라면 그 뿌리는 십자가입니다. 부활 생명이 우리에게 주시는 예수님의 선물이라면, 그 뿌리는 십자가의 고통입니다. 그 고통이 오늘 고인을 구원하고, 그 고통이 저와 여러분을 구원할 것입니다. 부활 생명 되신 예수님의 능력과 은혜가 우리 ○○○집사님을 인도하시기를 바라고, 저와 여러분의 남은 생애 가운데에도 충만하시길 주님의 이름으로 축원합니다. 아멘.

제13장
임직 설교를 어떻게 할 것인가?

일꾼을 향한 설교

오늘은 임직식 혹은 직분자 수련회를 염두에 둔 설교를 구상하려 한다. 이른바 일꾼을 향한 설교, 혹은 일꾼을 위한 설교이다.

우선 짚고 넘어가야 할 것이, 사실은 모든 성도가 일꾼이다. 어느 교회 주보에 "섬기는 이: 모든 성도"라고 기재되어 있다고 한다. 통상 교역자와 주요 직분자의 이름을 쓰는 란인데, 거기에 "모든 성도"가 씌어있다는 말이다. 언뜻 낯설다가도 이내 고개가 끄덕여지게 만드는 문구가 아닌가. 에베소서 4장에 기초한 것이라고 한다. "그가… 어떤 사람은 목사와 교사로 삼으셨으니 이는 성도를 온전하게 하여 봉사의 일을 하게… 하심이라."(엡 4:11-12) 목사의 사명은 성도로 하여금 "봉사의 일을 하게" 하는 것, 즉 성도를 일꾼으로 세우는 것이라는 가르침이다.

'모든 성도 = 일꾼'의 공식은, 에베소서 이전에 주님의 부르심에서 먼저 확인된다. "나를 따라 오라. 내가 너희를 사람을 낚는 어부가 되게 하리라."(마 4:19) 주님의 부르심은 구원의 부르심을 넘어 사역의 부르심이었다. 사람을 낚는 일꾼으로의 부르심이었다. 제자들에게 국한된 것이 아니다. "수고하고 무거운 짐 진 자들아 다 내게로 오라."(마 11:28a) 모든 이들을 향한 이 따스한 부르심의 귀결도 알고 보면 일꾼으로의 부르심이다. "나의 멍에를 메고 내게 배우라. 그리하면 너희 마음이 쉼을 얻으리니."(마 11:29b) 주님은 게으른 베짱이의 쉼이 아니라 주님의 멍에, 즉 주님의 일로 우리를 부르신다. 그래야 비로소 참된 쉼에 이르기 때문이다. 요컨대 원리상 모든 성도가 일꾼이다.

그러나 그럼에도 불구하고 조금 다른 차원의 일꾼이 구별되는 것도 사실이다. 장로와 집사, 권사 등의 직분이 있고, 교사와 소그룹 인도자를 비롯하여 일꾼으로 세움을 받아 주님의 몸인 교회를 섬기는 이들이 있다. 모두가 일꾼이지만 보다 구체적인 의미의 일꾼들이고, 모두가 일꾼이 되어야 하지만 먼저 일꾼이 된 자들이다. 이들을 향한 설교로는 어떤 메시지가 좋을까? 특히 임직식과 직분자 수련회 등 공적으로 일꾼을 상대하는 자리에서는 어떤 설교가 적합할까?

대표적으로 세 가지 길이 가능할 것이다. 모범 제시형, 서신 주해형, 그리고 예수님의 권면 설교다. 편의상 붙인 이름이니 명칭 자체에 과도한 신학적인 무게를 유추하지 않기를 바란다. 본문의 종류에 따라 나누어본 구분인데, 성경 인물들 가운데 일꾼으로서 모범이 될 만한 사례를 설교하는 모범 제시형, 목회 서신에 나오는 직분자의 자격 혹은 요구되는 덕목을 풀이하는 서신 주해형이 가능하다. 그리고 복음서에 보면 주님께서 제자들을 상대하여 가르치시고 당부하시는 장면이 더러 나오는데, 그 대목을 풀어서 설교하는 것도 좋은 길이 될 것이다. 이 설교에는 예수님의 권면 설교라는 이름을 붙여 보았다.

구상 1. 모범 제시형

성경에는 좋은 일꾼들이 많이 나온다. 하나님이 빚으신 귀한 일꾼들이다. 물론 완전한 일꾼은 아니다. 사람인지라 누구나 흠이 있고, 때로 치명적인 실수를 저지르기도 한다. 그러나 부족한 그들에게도 빛나는 순간이 있고, 일꾼으로서 아름다운 장면이 있다. 그런 장면을 설교를 통해 소개하면 직분을 받는 이들에게 도전이 되면서도 의미 있는 메시지가 될 것이다. 물론 인물들의 실책을 지목하면서 타산지석형 메시지를 선포할 수도 있다. 그런데 오늘은 좋은 날이 아닌가. 임직식에는 아무래도 부정적인 경고보다는 긍정적인 도전이 더 어울린다. 임직식이 아니라 직분자 수련회라면 타산지석형 메시지도 좋을 듯하다.

    제일 먼저 창세기 24장의 아브라함의 종을 소개하고 싶다. 아브라함이 고향으로 종을 보내어 며느리감을 구하는 장면인데, 주인의 심부름을 수행하는 종의 모습이 너무나 신실하고 귀하다. 우선은 그의 꼼꼼함이 눈에 들어온다. 주인의 말을 듣고 무작정 출발하지 않고, 일어날 수 있는 상황에 대해 주인의 지침을 꼼꼼하게 확인한다. "종이 이르되 여자가 나를 따라 이 땅으로 오려고 하지 아니하거든 내가 주인의 아들을 주인이 나오신 땅으로 인도하여 돌아가리이까?"(창 24:5) 자기 뜻이 아니라 주인의 뜻을 행하려는 의지의 발로다. 그것도 정확하게 행하겠다는 의지로 보인다. 더불어 신앙인답게 기도로 임무를 수행하는 모습이 모든 일꾼들의 모범이 된다(창 24:12-14). 여기에 더하여 참 인상적인 것이, 그의 이름이 나오지 않는다. 누군지 짐작은 가는데, 아무리 살펴도 그의 이름이 나오지 않는다. 기도할 때조차 그는 아브라함의 종으로서 '나'의 하나님이 아니라 주인의 하나님께 기도한다(12절). 이름 내기 좋아하는 사람은 죽었다 깨어나도 모를 아름다운 이름인 무명(無名)의 아름다움을 잘 아는 사람 같다.

    요셉도 참 귀한 일꾼이다. 어떤 면에서 그러할까? 필자의 생각에는 '작은 일에 충성한 큰 일꾼'으로 요약할 수 있을 듯하다. 이집트의 총리면 굉장히 큰 일꾼이다. 수많은 사람들을 대흉년에서 구해내고, 하나님의 백성이 번성할 수 있는 터전까지 마련하였으니 정말 큰 일꾼이 아닌가. 그러나 그 이전에 요셉은 작은 일에 충성한 사람이었고, 그렇기 때문에 이런 덩치 큰 일을 하나님이 그에게 맡기신 것이라 생각한다. 아버지의 심부름을 하던 시절부터, 보디발의 집에서 노예로 일하던 순간에도 요셉은 한결같이 충성된 일꾼이었다. 심지어 억울하게 갇힌 감옥에서도 그는 인정받는 일꾼이었다. 크고 화려한 일에 충성하려는 사람은 많다. 맡겨만 주면 혼신의 힘을 다하겠다는 결의를 보이는 이들도 많다. 그러나 하나님이 찾으시는 일꾼은, 지금 나에게 맡겨진 작은 일에 충성하는 신실한 일꾼이 아니겠는가.

모세와 여호수아도 귀한 일꾼이고, 사도행전의 바울도 빠질 수 없는 귀한 일꾼의 모범이다. 개인적으로 브리스길라와 아굴라 부부가 참 탐스러운 일꾼이라 생각된다. 최고의 일꾼은 단연 우리 하나님과 예수님, 그리고 성령님이시다. 그래서 "나를 따르라" 하신 주님을 본받아야 하지만 우리의 그릇을 아는지라, 기준을 낮추어 주님이 빚어내신 사람을 본받는 것도 귀한 일일 것이다. 사실은 그 사람 모범조차 못난 우리에게는 까마득한 역부족이지만, 그래도 바라보며 달라가야 하지 않겠는가. 임직식 설교는 단지 임직 받는 자들을 위한 설교가 아니라 설교하는 목사 자신을 향한 설교이기도 하다.

구상 2. 목회서신 주해형

목회서신을 풀어서 설교하는 것도 지혜로운 선택일 것이다. 목회서신은, 인간적으로 이해하면, 선배 목회자가 후배 목회자에게 주는 조언이다. 목회자로서 어떻게 처신하고 어떻게 사역해야 하는지를 구체적으로 일러준다. 그런데 목회자가 수행해야 할 중요한 사역 가운데 하나가 직분자를 세우는 일이 아닌가. 이를 잘 아는 사도 바울은, 성령님의 인도에 따라 어떤 사람을 직분자로 세워야 하는지에 대한 지침을 후배 목회자들에게 전달한다. 대표적으로 디모데전서 3장 1-13절과 디도서 1장 5-9절인데, 설교를 통해 그 지침을 임직자들의 마음에 새겨준다면 시의적절하면서도 의미 있는 설교가 될 것이다.

물론 이 본문들은 지나온 삶에 초점이 맞추어져 있다. 직분자가 앞으로 어떻게 처신해야 하는가보다, 과거에 어떻게 처신해온 사람을 직분자로 세워야 하는가에 대한 지침들이다. 그런 점에서 임직식에서 선포된다면 시간적으로 뒷북 설교가 될 수도 있다. 그러나 그렇게 살아온 사람을 직분자로 세워야 한다는 가르침을 뒤집으면, 임직 후에도 직분자는 당연히 그런 삶을 살아야 한다는 의미로 받을 수 있다. 문자적으로는 직분자 선출 전에 선포되기에 적합하지만, 의미상 임직의 순간에도 충분히 선포될 수 있는 메시지라고 생각한다.

기술적인 측면에서 이 설교에 어려움이 하나 있는데, 덕목들이 낱알로 흩어져 있다는 것이다. 이런 저런 덕목들이 다닥다닥 이어지는데, 짤막한 디도서 1장 5-9절에도 열 개 이상의 덕목이 나오고, 디모데후서 3장 1-13절에는 족히 스무 가지 이상이 열거된다. 하나하나 풀이하다보면 대지 개수가 너무 많아져서 설교의 다이내믹이 흩어질 수 있다. 설교는 내용도 중요하지만, 흐름이 중요하지 않은가. 흐름이 지루하고 밋밋하면 귀한 말씀이 길가에 뿌려진 씨앗이 될 수도 있다. 이럴 땐 '묶음형' 대지 설교가 좋은 해법이 된다. 관련 있는 덕목들끼리 한데 묶어서 대지 개수를 줄이는 것이다. 예를 들면, 디모데후서 3장 1-13절을 본문으로 필자는 다음과 같이 3대지 설교를 구성하였다.

주제   좋은 직분자가 되라
우산 질문   좋은 직분자는 어떤 사람인가?
대지 1.   삶이 건강한 사람 (1-3절, 7-9절)
대지 2.   특히 가정생활이 건강한 사람 (4-5절, 12절)
대지 3.   무엇보다 믿음의 비밀을 아는 사람 (9절, 13절)

구상 3. 예수님의 권면 설교

일꾼들을 향한 주님의 가르침을 직분자들의 마음에 새겨주는 것도 좋은 방안이다. 주님의 지상 사역의 중심에는 제자 삼는 사역이 있었다. 말씀으로 제자들을 키우셨고, 또한 친히 모범을 보이심으로써 주님은 일꾼을 빚어내셨다. 필자의 경우 특히 두 본문에 눈

길이 가는데, 마태복음 12장과 요한복음 21장이다. 마태복음 12장 1-8절에서 주님은 일꾼인 우리가 무엇에 집중해야 하는지를 일러주셨고, 요한복음의 끝자락인 요한복음 21장 15-19절에서는 어떤 마음 어떤 동기로 일해야 하는지를 새겨주신다. 사람, 그리고 사랑이다.

마태복음 12장은 제자들이 밀 이삭을 잘라먹은 사건이다. 1절이 일어난 사건을 객관적으로 진술한다면, 2절과 3절은 각각 이 사건을 바라보는 바리새인의 시각과 주님의 시각을 대조한다. 바리새인의 눈에 이 일은 "안식일에"(2절) 일어났다. 제자들이 안식일에 하지 못할 일을 한 것이다. 그런데 주님의 눈에 이 일은 제자들이 "시장할 때에"(3절) 일어난 사건이다. 같은 사건을 바라보는 바리새인의 눈과 주님의 눈이 달라도 참 많이 다르다. 바리새인이 안식일 계명에 집중했다면, 주님은 제자들의 배고픔, 즉 사람에 집중했다. 바리새인이 계명에 집중했다면, 주님은 사람을 지키려 하셨다. 계명을 소홀히 여기셨다는 말이 아니다. 다만 사람에게 마음을 모으셨다는 말이다. 일꾼으로서 우리가 지키고 남겨야 할 것이 있다면, 그건 무엇보다 사람이라는 가르침일 것이다. 설교만 남기고 사람을 남기지 못하는 설교자는 주님이 바라시는 일꾼이 아니다. 공과만 챙기고 아이들을 챙기지 못하는 교사 역시 주님이 바라시는 일꾼이 아니다.

일꾼으로서 교회를 섬기고 성도를 섬기는 동기는 무엇이어야 할까? 주께서 친히 말씀하시길, 주님 사랑이다. 요한복음 21장에서 주님은 일꾼 베드로에게 세 번이나 이것을 확인하신다. "요한의 아들 시몬아 네가 나를 사랑하느냐?" 주님을 사랑하기에 교회를 섬기고, 주님을 사랑하기에 성도를 섬기는 사람이 바로 주님의 일꾼이다. 세 번이나 반복해서 확인하시는 걸 보면, 직분자들에게 생명과도 같은 고갱이인 모양이다. 눈여겨볼 것이, 사람 사랑이 아니다. 자기 사랑도 아니지만, 양 떼를 향한 사랑도 아니다. 오직 주님을 향한 사랑이다. 물론 사람을 사랑하고, 양 떼를 사랑하는 마음으로 사역해야 하지만, 그 기초와 울타리는 주님을 향한 사랑이어야 한다. 설교를 통해 주님의 질문을 직분자들에게 그대로 던질 필요가 있다. 여러분은 주님을 사랑하십니까?

설교 1. 모범제시형

주님이 찾으시는 일꾼 (창 24:1-27)

서론	귀한 일꾼 되기를
대지 1.	주인의 뜻을 꼼꼼하게 헤아리는 사람
대지 2.	기도로 일하는 사람
대지 3.	무명(無名)을 즐기는 사람

[서론 : 귀한 일꾼 되기를]

일꾼이 된다는 것은 부담스러우면서도 참 행복한 일입니다. 어깨에 일을 짊어지니 부담스럽죠. 그러나 우리 삶에 의미를 더하고, 우리 삶에 가치를 더하는 것이 또한 일입니다. 특히 우리 인생의 주인이신 존귀하신 주님이 주시는 일이라면 더욱 그러합니다. 오늘 임직 받으시는 주님의 일꾼 여러분, 좋은 일꾼이 되시기 바랍니다. 아멘. 이 시간 선배 일꾼 한 분을 소개합니다. 아브라함의 종인데, 참 귀한 일꾼입니다. 말씀 받으시고, 우리도 이 사람처럼 귀한 일꾼이 되기를 바랍니다.

[대지 1. 주인의 뜻을 꼼꼼하게 헤아리는 사람]

첫째, 주인의 뜻을 꼼꼼하게 헤아리는 사람입니다. 일꾼은 자기 뜻을 행하는 사람이 아니잖아요. 누구의 뜻? 주인의 뜻입니다. 내 뜻이 아니라 나에게 일을 맡기신 주인의 뜻을 꼼꼼하게 확인하고, 그 뜻을 충실하게 행하는 사람, 그 사람이 정말 귀한 일꾼일 것입니다.

오늘 아브라함의 종이 그래요. 아브라함이 심부름을 보냅니다. "종아, 내 고향으로 가서 나의 외아들 이삭의 신부감을 구해오너라." 예 알겠습니다, 하고 바로 출발할 사람도 있을 거예요. 그런데 이 사람은 그러질 않아요. 5절에 "종이 이르되 여자가 나를 따라 이 땅으로 오려고 하지 아니하거든 내가 주인의 아들을 주인이 나오신 땅으로 인도하여 돌아가리이까?" 아브라함의 나이가 많으니 다녀오는 동안에 어떻게 될지도 모른다고 생각한 거 같아요. 그래서 미리 확인해 두는 거겠죠. "주인님, 며느리 되실 분이 가나안 땅으로 안 오시려고 하면 도련님을 모시고 그쪽으로 갈까요?"

큰일을 하려는 사람은 많아요. 멋있고 중요한 역할을 맡고 싶어하는 사람은 많아요. 그러나 정말로 하나님이 찾으시는 사람은 따로 있습니다. 지금 나에게 맡겨진 일에 충성하는 사람입니다. 나에게 주어진 과업과 역할을 정확하게 파악하고, 그것을 충실하게 수행하는 사람. 내 뜻을 펼치려는 사람은 일꾼이 아니라 주인입니다. 자기가 주인 된 사람입니다. 나름 귀한 사람인지 몰라도, 주님이 찾으시는 사람은 주인의 뜻을 꼼꼼하게 헤아리고, 나에게 맡겨진 일을 충실하게 행하는 사람입니다.

[대지 2. 기도로 일하는 사람]

두 번째는 기도입니다. 하나님의 일꾼은 자기 힘으로 일하는 사람이 아닙니다. 근력이나 지혜로 일하는 사람도 아닙니다. 기도로 일하는 사람입니다. 물론 주님이 주신 근력도 써야 하고, 주님이 주신 지혜도 동원해야 합니다. 그러나 주님의 일꾼이라면, 일하는 내내 놓지 않아야 할 끈이 있어요. 기도의 끈입니다. 기도로 시작하고 기도로 마치는 일꾼, 그 사람이야말로 진정 주님의 종이라 할 것입니다.

아브라함의 종이 그렇게 합니다. 12절에 "그가 이르되 우리 주인 아브라함의 하나님 여호와여 원하건대 오늘 나에게 순조롭게 만나게 하사 내 주인 아브라함에게 은혜를 베푸시옵소서." 주인 아브라함의 고향에 다다르자 우선 기도부터 합니다. 그리고 리브가를 만났어요. 그랬더니 26절에 "이에 그 사람이 머리를 숙여 여호와께 경배하고" 다시 감사의 기도를 올립니다. 기도가 거룩한 습관이 된 사람 같아요. 지면 관계상 두 번의 기도만 기록했을 뿐, 늘 기도로 일하는 사람으로 보입니다. 일꾼 여러분, 기도의 사람이 되시기 바랍니다.

[대지 3. 무명(無名)을 즐기는 사람]

개인적으로 이 분한테 반한 게 있어요. 꼼꼼하게 주인의 뜻을 헤아리는 것도 귀하고, 기도로 일하는 모습도 귀한데, 이분의 이름이 없어요. 오늘 본문이 굉장히 길죠. 총 67절이나 됩니다. 그런데 아무리 읽어도 이분의 이름이 안 나와요. 오직 자기 주인인 아브라함의 이름만 내세웁니다. 리브가 집에 가서 자기를 소개할 때도 아브라함의 종이고, 심지어 하나님께 기도할 때도 나의 하나님이 아니라 내 주인 아브라함의 하나님께 기도합니다.

좋은 일꾼이 어떤 사람이냐? 마지막 셋째로 이렇게 정리하고 싶어요, 무명을 즐기는 사람이다. 없을 무에 이름 명, 해서 무명을 즐기는 사람. 사람은 본시 자기 이름 내기를 좋아해요. 벽에 낙서를 할 때 주로 자기 이름을 쓰죠. 시멘트 마르기 전에 손가락으로 자기 이름을 새기고, 힘 있는 사람은 금강산 바위에다 큼지막하게 새겨 두기도 했습니다. 어쨌든 내 이름 드러나는 걸 좋아하는 게 우리의 본성인데, 그런데 귀한 일꾼은 다릅니다. 내 이름이 아니라 누구 이름? 주님의 이름이 드러나는 걸 좋아합니다. 일꾼 여러분, 여러분의 일을 통해 여러분의 이름이 아니라 여러분의 주인이신 주님의 이름이 드러나기를 바랍니다.

먼 훗날 우리가 천국에 가면 생소한 이름들을 많이 듣게 될 것입니다. 이 땅에서는 무명이었지만 하나님의 마음에는 큰 이름으로 남은 사람들입니다. 사람들 사이에서는 거의 회자되지 않았지만 하하님께서는 늘 눈여겨보셨던 사람들입니다. 없을 무(無)에 이름 명 (名), 거룩한 무명씨들. 이름 없이 빛도 없이 묵묵히 섬긴 무명의 일꾼들. 그분들의 이름이 하나님 앞에 영광스럽게 빛나고 있을 것입니다. 그 가운데 여러분의 이름이 있기를 바랍니다.

설교 2. 서신 주해형
'다운' 직분자 (딤전 3:1-13)

서론	'다운' 직분자가 되라
대지 1.	삶이 건강한 사람
대지 2.	가정생활이 건강한 사람
대지 3.	믿음의 비밀을 아는 사람

[서론: '다운' 직분자가 되라]

세상에 '다운'이란 말처럼 큰 말도 없어요. 국민다운 국민, 대통령다운 대통령, 아버지다운 아버지, 자녀다운 자녀, 학생다운 학생, 선생님다운 선생님. 그렇게만 될 수 있다면 우리 사는 세상이 정말로 아름다운 세상이 될 것입니다. 아름다운 가정에, 아름다운 학교. 교회도 마찬가지, 성도다운 성도, 목사다운 목사, 이러면 정말 하나님이 기뻐하시는 교회가 될 겁니다. 우리 교회가 그렇게 되기를 바랍니다.

오늘은 특히 직분자들에게 드리는 말씀입니다. 직분자 여러분, 다운 직분자가 되시기 바랍니다. 장로다운 장로, 집사다운 집사, 권사다운 권사. 저도 목사다운 목사가 되도록 노력하겠습니다. 직분을 받고자 하는 소망을 품은 분들은 많아요. 귀한 소망입니다. 오늘 본문에도 "직분을 얻으려 함은 선한 일을 사모하는 것이라"고 합니다. 그런데 더 귀한 소망이 있으니, 다운 직분자가 되려는 소망입니다. 직분자다운 직분자가 되려는 소망. 그 소망이 우리 안에 있기를 바라고, 주의 은혜로 그 소망이 우리 안에 이루어지기를 바랍니다. 아멘.

[대지 1. 삶이 건강한 사람]

직분자다움이 어떤 것이냐? 우선은 삶이 건강한 사람입니다. 일을 잘하는 것도 귀하지만, 그에 앞서 삶이 건강해야 합니다. 2절에 "그러므로 감독은 책망할 것이 없으며 한 아내의 남편이 되며 절제하며 신중하며 단정하며 나그네를 대접하며 가르치기를 잘하며." 감독은 오늘로 치면 장로와 특히 목사를 가리킵니다. 말미에 "가르치기를 잘하며"라는 대목이 눈에 띄죠. 그런데 가르치는 은사보다 훨씬 많은 부분이 그 사람의 삶에 할애되어 있습니다. 책망할 것이 없고, 절제하고, 신중하고, 나그네를 대접할 줄 아는 사람.

3절에는 "술을 즐기지 아니하며 구타하지 아니하며 오직 관용하며 다투지 아니하며 돈을 사랑하지 아니하며." 교회의 직무 이전에 그의 삶이 건강해야 한다는 것입니다. 그래서 7절에 "또한 외인에게서도 선한 증거를 얻은 자라야 할지니." 외인, 즉 교회 바깥에 있는 사람들에게도 칭찬을 듣는 사람이어야 한다는 것입니다. 직분자 여러분, 칭찬받는 사람이 되시기 바랍니다. 칭찬받을 만한 삶을 사시기 바랍니다.

[대지 2. 가정생활이 건강한 사람]

두 번째는 가정생활입니다. 모든 삶이 건강해야 하겠지만, 특히 성경은 가정생활을 중요하게 봅니다. 2절 중간에 "한 아내의 남편이 되며." 아내에게 신실하지 못한 사람이 어찌 주님께 신실할 수 있겠어요. 결혼 서약에 충실하지 못한 사람이 어찌 하나님 앞에서의 세례 서약에 충실하리라 기대할 수 있겠어요. 교회의 일은 사람을 섬기고 사람을 돌보는 일입니다. 그런데 그야말로 내 사람이라 할 수 있는 배우자에게도 신실하지 못하다면, 어찌 다른 사람을 섬길 수 있겠습니까.

4절을 함께 읽습니다. "자기 집을 잘 다스려 자녀들로 모든 공손함으로 복종하게 하는 자라야 할지며." 자녀는 부모의 거울이라 했습니다. 직분자 여러분, 자녀를 신앙으로 잘 양육하시기 바랍니다. 물론 자녀에 대해서는 그 누구도 자신 있게 말하기 어려워요. 선지자들 중에도 자식들이 엇나간 분들이 더러 있을 정도입니다. 그러나 해야죠. 힘을 쓰시기 바랍니다. 5절 말씀이 늘 우리 마음에 새겨져 있기를 바랍니다. "사람이 자기 집을 다스릴 줄 알지 못하면 어찌 하나님의 교회를 돌보리요."

[대지 3. 믿음의 비밀을 아는 사람]

마지막으로, 직분자다운 직분자가 어떤 사람이냐? 좋은 성도입니다. 다른 말로 믿음의 비밀을 아는 사람입니다. 9절에 "깨끗한 양심에 믿음의 비밀을 가진 자라야 할지니." 주님을 향한 믿음을 가지고 있되, 그 믿음이 양심에 거리낌이 없는 진심어린 믿음이어야 한다는 말입니다. 직분자 여러분, 여러분의 마음에 주님을 향한 믿음이 있습니까? "주는 그리스도시요 살아계신 하나님의 아들이십니다." 이 고백이 여러분의 고백입니까? 아멘. 우리는 일꾼 이전에 주님의 자녀가 되어야 하고, 직분자 이전에 성도가 되어야 합니다.

교회의 일은 사람 재주로 하는 게 아닙니다. 돈 계산 잘한다고 회계하고, 말 잘한다고 목사하고, 그런 게 아니에요. 구원도 주님의 은혜지만, 사역도 은혜로 합니다. 주님이 주시는 힘으로 일하고, 주님이 주시는 지혜로 일하고, 무엇보다 주님의 뜻대로 일해야 합니다. 그래서 주님과의 교제가 없는 사람은 일꾼이 될 수도 없고, 되어서도 안 됩니다. 좋은 신앙인이 좋은 직분자도 될 수 있습니다. 직분자 이전에 좋은 성도가 되시기 바랍니다.

설교 3. 예수님의 권면 설교

네가 나를 사랑하느냐? (요 21:15-19)

서론	주님의 질문에 대답할 준비가 되셨습니까?
대지 1.	네가 나를 사랑하느냐?
대지 2.	네가 이 사람들보다 나를 더 사랑하느냐?

[서론: 주님의 질문에 대답할 준비가 되셨습니까?]

오늘은 베드로의 임직식입니다. 파송식이라고 해도 좋겠죠. 주님께서 이 땅에 오셔서 물고기 잡는 어부 베드로를 부르셔서, 이제는 사람을 낚는 어부로 빚으셨습니다. 모난 성격에 부족함도 많은 사람이었지만, 주님께서 공을 들이고 들이셔서 이제는 꽤 쓸만한 일꾼이 되었습니다. 하늘로 가시기 전 마지막으로 주님은 베드로를 만나 마음에 담아주셨던 권면을 하시고는 현장으로 파송하십니다. 같은 말씀을 세 번이나 하시는데, 그게 뭐죠? "요한의 아들 시몬아, 네가 나를 사랑하느냐?" 오늘 임직 받으시는 직분자 여러분, 주님을 대신하여 저도 여러분에게 묻고자 합니다. 여러분은 주님을 사랑하십니까? 아멘.

[대지 1. 네가 나를 사랑하느냐?]

좋은 직분자가 어떤 사람이냐? 그 무엇보다 주님을 사랑하는 사람이 좋은 직분자입니다. 지식도 중요하고, 인품도 중요합니다. 지혜도 있어야 하고, 능숙한 리더십이 있으면 더 좋겠죠. 그런데 모든 직분자의 주인이신 주님께서 확인하시는 것은 따로 있습니다. 사랑입니다. 직분자 여러분, 재주 있는 사람도 좋지만, 마음에 사랑을 품은 사람이 되시기 바랍니다. 바깥 일은 능력으로 하는지 몰라도, 교회의 일은 사랑으로 합니다.

특히 누구를 사랑하라? 주님을 사랑하라. 자기 사랑이 아닙니다. 이웃 사랑도 아닙니다. 이웃을 사랑해야죠. 성도를 사랑해야죠. 그래야 좋은 직분자입니다. 그런데 주님의 말씀을 잘 보세요. 베드로야, 네가 누구를? 나를 사랑하느냐. 주님은 베드로가 당신을 사랑하시는지를 확인하고 있습니다. 자기 사랑에 빠지면 이기적일 수 있고, 사람 사랑에 빠지면 자칫 어긋난 길로 갈 수도 있어요. 사랑이라는 이름으로 벌어지는 불미스러운 일이 얼마나 많아요. 그런 사랑이 아닙니다. 거룩한 주님을 향한 사랑입니다.

[대지 2. 네가 이 사람들보다 나를 더 사랑하느냐?]

좋은 직분자가 어떤 사람이냐? 주님을 더 사랑하는 사람입니다. 주님이 잘 안 그러시는데, 오늘은 비교를 하십니다. 15절에 "네가 이 사람들보다 나를 더 사랑하느냐?" 곁에 다른 제자들이 있었을 터인데, 그들도 주님을 사랑합니다. 그런데 베드로에게 묻기를, 너는 저 사람들보다 나를 더 사랑하느냐? 성도라면 모두 주님을 사랑하고, 누구나 주님을 의지하고 삽니다. 그런데 직분자는 더 주님을 사랑하고, 더 주님을 의지하는 사람이어야 한다는 가르침입니다. 선의의 경쟁이라는 말이 있죠. 여기에 써도 좋을 듯합니다. **(이하 생략)**

나가며
: 경우에 합당한 설교를 향하여

> "경우에 합당한 말은 아로새긴 은 쟁반에 금 사과니라." (잠 25:11)

말의 중요성은 아무리 강조해도 지나치지 않을 것이다. 지혜로운 삶을 가르치는 잠언에, 말에 관한 잠언이 묵직하게 많이 나온다. 신약의 잠언이라 일컫는 야고보서에도 말에 관한 가르침이 사무치게 많이 나온다. "우리가 다 실수가 많으니 만일 말에 실수가 없는 자라면 곧 온전한 사람이라."(약 3:2) 두 성경 가르침에 공통점이 있는데, 진실한 말을 넘어 지혜로운 말을 요구한다는 점이다.

좋은 말의 중심은 당연히 진실함에 있다. 성도의 말은 무엇보다 진실해야 한다. 거짓 가득한 세상에 살지만, 언제나 진실을 말할 수 있어야 한다. 그런데 진실하다고 해서 말에 관한 성도의 책임을 다한 것은 아니다. 진실과 더불어 경우에 합당한 말이어야 하고, 지혜로운 말이어야 한다. 지혜 없는 진실의 말은 때로 괜한 오해와 상처가 되기도 한다. 설교도 마찬가지다. 좋은 설교란 어떤 설교일까? 당연히 진실한 설교요, 진리를 선포하는 설교다. 그런데 더 좋은 설교가 있다면, 진실함에 더하여 경우에 합당한 설교일 것이다. 우리의 설교가 진실한 설교에 더하여, 경우에 합당한 지혜로운 설교이기를 바란다.

사람 눈치를 보는 설교에 대한 거부감이 있다. 설교자는 모름지기 오직 하나님만 바라보고 설교해야지, 사람 눈치를 보면 안 된다는 말인데, 옳은 말이고 당연한 말이다. 그런데, '눈치를 보지 않는' 설교와 '눈치도 없는' 설교는 구분할 필요가 있다. 사람 눈치를 보지 않는 설교와 사람의 마음을 헤아리지 못하는 설교는 전연 다른 차원이다. 지혜로운 설교자는 진리의 말씀을 굳게 붙들되, 사람의 마음을 헤아릴 줄도 안다.

사람의 마음은 쉽게 열 수 있는 게 아니다. 심지어 우리 주님마저 문밖에 서서 두드리기도 하시지 않는가. 하물며 우리이랴. 마음을 여는 지름길은, 마음을 헤아리는 것이다. 진리를 선포하되, 사람의 마음을 잘 헤아려야 한다. 그래서 가장 적합한 시간에 가장 요긴한 진리를 선포해야 한다. 진리의 말씀을 전하되, 경우에 합당한 설교가 되어야 한다는 말이다. 이 책이 작은 도움이 되기를 바란다.

두어 번 책을 내면서 느끼는 것이, 낼 때마다 두려움이 생긴다.

글에는 책임이 따르기 때문일 것인데, 이번 글은 목회적인 연륜이 필요한 글인지라 더욱 조심스럽고 두렵다. 넓은 마음으로 받아주길 바란다. 부족한 글이지만, 이 책이 성경 진리에 굳게 서되 경우에 합당한 설교를 추구하는 현장 설교자들에게 작은 도움이 되기를 바란다.